春秋戰國時代

史記 5 | 思想의 命運

일·만·년·중·국·역·사·의·장·대·한·드·라·마

사마천 지음 ― 유소림 이주훈 엮음

사기

3

사상의 명운 · 역사의 저류

사사연

| 해설 |

  사마천은 옥중에 있던 친구 임안(任安)에게 보낸 글 속에서 이렇게 이야기하고 있다.

  "문왕(文王)이 「주역(周易)」을 발전시킨 것은 유리(羑里)에 유폐되었기 때문이며, 공자가 「춘추(春秋)」를 편찬한 것은 진(陳)·채(蔡)의 액난을 만나고서이며, 굴원(屈原)의 「이소(離騷)」는 추방이라는 비운(悲運) 속에서 탄생했습니다. 좌구명(左丘明)은 실명하여 「국어(國語)」를 저술하고, 손빈은 다리를 절단당하여 「손자(孫子)」를 엮었으며, 여불위는 촉에 유배되어 「여씨춘추(呂氏春秋)」가 세상에 전해지고, 한비(韓非)가 진(秦)에 억류당하여 「설난」「고분(孤憤)」의 2편이 씌어졌습니다. 생각컨대 인간에겐 울적한 생각을 풀 수 없을 때, 지난날을 이야기하며 미래에 희망을 건 명저가 태어나는 것이겠지요.

  이것은 사마천 자신의 운명과 고대의 사상가·문화인의 그것과를 결부시킴으로써 「사기(史記)」를 집필한 내적 이유를 이야기한 것이라고 해도 좋다.
  「사기(史記)」에 그려진 사상가·문화인의 대개는 야릇한 운명의 휩싸인다. 가령 굴원은 군주를 생각하고 나라를 사랑했기에 도리어 군주에게서 멀어지고 나라에서 추방을 당했다. 그

비운을 계기로 명작 〈이소〉가 탄생한다. 그런 운명의 장난, 이 것이야말로 사상을 낳는 힘이다. 「사기(史記)」의 붓을 들면서 사마천의 생각 속에는 이런 생각이 항상 맴돌고 있었던 것이 아닐까.

1. 사상(思想)의 운명(運命)

중국 고대의 사상사의 흐름을 보았을 적에 우리들은 거기에서 이와 똑같은 운명의 장난을 보지 않을 수 없다.

공자는 덕치주의를 제창하여, 인간의 윤리적 발전에 의해 사회의 혼란을 구하려 했다. 그는 널리 제자를 모아 교육하며 그 사상의 보급에 힘썼다. 여기에 뒷날 유가(儒家)라고 불리우는 중국의 사상적 학파가 탄생했다. 이어서 전국 시대 초기에 유가의 비판자로서 묵자(墨子)가 나타나 묵가(墨家)를 형성했다. 이 유가와 묵가의 두 조류(潮流) 안에서, 또 이들에 대한 비판 속에서 여러 학파가 형성되어, 제자백가라고 불리는 많은 사상가가 태어났다.

제자백가의 선두에 나타난 사상가가 한비(韓非)다. 그는 제자백가의 사상을 시대의 요청에 따라 하나의 정치 기술로 정리했는데 이것이 천하를 통일한 진시황의 통치에 사상적 근간이 되었다.

한비는 이렇게 이야기하고 있다.

"명군(明君)이 다스리는 나라라면 책은 무용지물이다. 법 그 자체가 가르침인 것이다."
"학자들은 현행법에 이의를 제기하고 군주의 마음을 산란하게 만들고 있다."

시황제는 이 생각을 그대로 실행했다.
실용적으로 소용되는 농업·의학·점술 따위의 서적 외에는 모든 서적을 불태워 버렸다. 많은 학자·사상가가 생매장을 당했다. 이것이 악명 높은 분서갱유이다.
얄궂게도 공자에서 비롯되어 춘추 전국의 세상에 꽃핀 사상, 학문은 그것이 낳은 귀자(鬼子) 한비에 의해 사형선고를 받은 셈이다.
하지만 한(漢)의 무제 시대에 이르러 유가는 부활했다. 유교는 국정(國定)의 학문이 되고, 공자는 성인(聖人) 이상의 신격화된 존재로 떠받들어졌다. 하지만 그것은 이미 천하를 움직이는 사상으로는 되지 못했다. 위험한 사상가로서 제국으로부터 경원당해 상가(喪家)의 개처럼 유랑의 길을 떠돈 공자의 사상은, 절대 군주제 밑에서 제일 안전한 체제를 유지하기 위한 사상적 도구로서 재생하는 수밖에 없었다. 이것도 또한 사상이 갖지 않으면 안 되는 운명이었다.

2. 사상적(思想的) 배경

▷ 공자(孔子)의 시대

　1957년에 발굴한 하남성(河南省) 신양(信陽)의 분묘(기원전 500년 전후의 것으로 추정된다)에서 크고 작은 13개로 되어 있는 한 조(組)의 동종(銅鐘)이 발굴되었다. 이것을 두드리면 악률의 음에 맞는 갖가지 소리를 낸다. 동시에 문자가 기록된 죽간(竹簡)과 모필·붓꽂이·창칼과 작은 톱을 넣은 상자가 발견되었다. 창칼과 톱은 죽간을 수정하기 위한 용구이다.
　그런 것이 발굴된 신양 땅은, 춘추 시대에는 초나라에 속했다. 초는 중원에서 멀리 있어 문화가 늦은 만이(蠻夷)의 나라로 평가되고 있었다. 그 초나라 땅의 분묘에는 동종이며 죽간이 부장되었던 것이다. 이것은 그때에 얼마나 악(樂)과 문자(文字), 즉 문화가 존중되고 있었던가를 나타내고 있다.
　공자는 그 때에 살았다. 씨족 사회의 해체에 따라 주(周) 왕조의 봉건 제도의 기초가 무너져가던 격동의 시대다.
　공자가 태어난 노나라는 중원제국 가운데에서도 재빨리 그런 정치·사회의 변화에 휩쓸린 나라 중의 하나다. 3환씨(三桓氏)라고 불리우는 맹손(孟孫)씨·숙손(叔孫)씨·계손(季孫)씨의 3씨가 공실(公室)을 뛰어넘는 실권을 장악하고 있었다. 이 3환씨가 군사를 3분하여 사군으로 재편성한 것이 공자가 16세 때였다.

이런 정치 사회상의 변화는 사상·문화면에서도 나타났는데 춘추 시대 이전에는 학술 문화가 소수의 귀족들에게 독점되어 있었다. 천문학·의학이나 야금(冶金)·건축 따위의 기술은 관부에서 고용한 사가(史家)·점쟁이·의사·신관(神官)이나 공사(工師) 사이에서만 인계되고 주요한 전적(田籍)은 왕실에 속한 제관밖에는 열람이 허락되지 않았다. 그런데 춘추 시대에 이르러 그때까지의 정치·사회 제도가 붕괴하자, 학술 문화도 관부 독점의 테두리를 넘어 전파되게 되고, 사회의 각층, 하급 귀족인 선비 사이에 퍼졌다.

　비교적 경제력이 허락되는 선비 계급은 해방된 학술 문화를 배워, 세력 증강을 꾀하기 위해 우수한 관료를 구하려는 경·대부(大父) 등의 고급 귀족 아래에서 일하는 자가 많았다.

　공자도 그런 선비 계급의 한 사람이다. 그는 지식을 가지고 벼슬길을 구했을 뿐만 아니라, 선비 계급의 자녀를 교육하기 위해 중국 최초의 사숙을 열었다. 거기에 모인 제자의 수는, 「사기(史記)」에는 그 수 3천, 그 중에 6예(六藝)에 통하는 이가 72인이라고 기록되어 있으나, 실수는 약 70인이었다고 한다.

　노자(老子)는 공자와 같은 시대에 살았으며, 이 두 사람은 주(周)의 서울에서 만났다고 「사기(史記)」에는 기록되어 있다. 하지만 그의 경력은 불분명하다. 「사기(史記)」에서 볼 수 있는 「노자전(老子傳)」도 극히 간단하며 애매 모호하다. 그렇기 때문에 그의 존재를 의심하여 가공의 인물이라는 설도 있지만, 일반적으로 노자는 기원전 6~5세기에 생존하고 〈무위자연설(無爲自然說)〉을 제창한 은둔자적 사상가라고 알려져 있다.

노자가 실재했었는지 없었는지 어떻든간에, 춘추 시대의 동란기에 그런 사상을 가진 인물이 많이 출현했으리라는 것은 쉽게 추측할 수 있다. 공자가 제국을 방랑했을 때, 그의 앞에 나타난 은자들도 아마 그런 분류의 사상가였으리라 생각된다.

공자와 은자들과는 한편 정반대이다. 전자는 한결같은 정열을 가지고 사회 개혁을 꿈꾸고 후자는 그런 삶의 방법에 비평을 가해 무위를 주장한다. 이 양자의 표시 방법은 반대이지만, 다같이 시대를 혼명(昏冥)으로서 포착하는 것은 공통되고 있다. 양자는 원류를 함께 하면서 한편은 행동으로, 다른 한편은 은둔으로 향했다고 판단함도 좋으리라. 특별히 만년의 공자는 고독했다. '난 하늘에게서 버림받은 것이다'라고 절망의 중얼거림을 입에 올렸을 때, 그의 가슴에는 일찍이 만났던 은자의 말에 대한 공감이 치솟아 오른 것이 아닐까.

▷ 백가쟁명(百家爭鳴)의 시대

전국 시대는 전쟁이 그치지 않던 동란의 시대였지만, 동시에 또 농업·상업·공업이 비상한 발전을 이룬 시대이기도 하다.

경제의 발전은 도시의 번영을 가져온다. 각 국의 도시 가운데에서도 제(齊)의 국도(國都) 임치(臨淄)는 둘레 20킬로의 성벽에 에워싸인 제일 번화한 도시였다.

이 임치의 성문 가운데의 하나인 직문(稷門) 밖에는 위왕에 의해 직하의 학(學 : 학문 연구소)이 마련되어(기원전 357년) 천하의 학자·사상가를 맞아 학술의 장려에 힘썼다.

그들에게는 대저택이 주어지고, 더구나 열대부(列大夫)의 지위가 또 주어졌으며, 그러면서도 일정한 직무는 없고, 매일 저작이나 강의에 전념하면 되었다. 학자는 학문적 토론의 꽃을 피우고, 저마다 사상적 우열을 겨루었다. 그것을 〈백가쟁명〉이라고 한다.

많을 때에는 수천 명이나 되는 학자·사상사가 모였다고 한다. 그때 가장 유력한 학파였던 유가의 맹자·순자(荀子), 도가(道家)의 송견(宋銒)·윤문(尹文)·전병(田騈)·신도(愼到) 등이 여기서 학문의 연찬에 힘썼다. 아마 이런 교류의 결과이리라. 맹자의 사상 가운데는 도가나 묵가(墨家)의 사상적 영향도 보인다. 하기는 이 시대의 학파는 뒷날 있어서 분류될 정도로 엄밀한 것은 없고, 각기 교류 영향을 주는 것이 있었다. 가령 노장이라고 불리우며 노자의 호흡을 받았다고 지목되는 장자만 해도 유가의 출신이라고 보는 설도 있다.

이런 문화인 및 학문에 대한 우대는 규모의 대소는 있어도 전국 각처에서 볼 수 있는 전국 시대의 일반적 풍조였다. 전국의 4공자(四公子)로서 이름난 제(齊)의 맹상군(孟嘗君), 조(趙)의 평원군(平原君), 위(魏)의 신릉군, 초(楚)의 춘신군은 저마다 수백 수천의 학자·사상가를 거느리고 있었다(제2권 참조). 세상은 학술 발전의 황금 시대였다.

그렇다고는 해도 각 국의 왕이나 재상·대신들이 어떤 목적도 없이 그들을 양성한 것은 아니다. 전국의 난세에 살아남기 위해 유능한 인재를 확보하는 데 목적이 있었다. 그들은 평소엔 생활 보장을 받고 우아한 생활을 하고 있으나, 일단 유사시에는 그 보은이 기대되었다. 그리고 그 공로에 따라 더욱 우대를 받았고 위로는 재상·대신의 지위를 얻는 것까지 가능했다. 그들은 다투어 각 국의 권력자에게 지혜를 제공하고, 생명을 걸고 공을 구했다. 그것이 제국을 돌아다닌 전국 시대 사상가들의 모습이다.

전국 시대에 활약한 주요 사상가들을 열거하면 아래와 같다 (공자·노자·관중은 전국 그 이전의 사람이다).

유가(儒家) … 공자(孔子)·맹자(孟子)·순자(荀子)
묵가(墨家) … 묵자(墨子)
명가(名家) … 혜시(惠施)·공손용(公孫龍)
도가(道家) … 노자(老子)·장자(壯者)
법가(法家) … 관중(管仲)·상앙(商鞅)·신불해(申不害)
　　　　　　 한비(韓非)
음양가(陰陽家) … 추연(鄒衍)
종횡가(縱橫家) … 소진(蘇秦)·장의(張儀)
병법가(兵法家) … 오자(吳子)·손자(孫子)

▷ '혁명(革命)' 논쟁

사마천이 봉사한 한의 무제가 사는 서울 장안은 중국의 정치·경제·문화의 중심지였다. 당시의 로마와 함께 세계 유수의 도시다. 장안의 성벽 둘레는 25킬로미터, 전국 시대의 최대의 도시 임치를 5킬로미터 상회한다. 성문에는 저마다 3개의 문동(門洞)이 있고 동의 폭은 약 8미터, 그때의 마차가 2대 나란히 지나갈 수 있다. 즉 성문은 6대의 마차가 바로 통과할 수 있는 너비였다. 성 안에는 화폐며 곡물이 연이어 반입되어 창고에 다 들어갈 수 없는 쌀이 그대로 비를 맞고, 돈 꾸러미를 꿰는 실이 썩어서 끊어질 정도였다고 한다.

이와 같이 한 제국이 융성해짐에 따라 그것을 내부에서 유지할 사상이 필요하게 된다. 무제의 시대에 이르러 그것이 확정되었는데, 그 직전의 사상계의 동향은 본권에 기록된 학술 고문관 원고생과 도가의 학자 황생(黃生) 사이의 논쟁에 여실히 기록되고 있다.

원고생은 유교 본래의 덕치주의에 편승, 맹자의 '혁명'론의 입장에 서로 탕(湯)·무(武)의 걸(傑)·주(紂) 토벌에 찬성한다. 하지만 황생은 그때에 벌써 이미 유교의 주류가 되어 가고 있던 명황론, 즉 지배자의 절대적 권위를 인정하는 이론을 방패로 삼아 그것을 비판한다. 그 말을 듣고 있던 경제(景帝)로서는 어느 쪽에 가담할 수도 없어 논쟁을 중지시켰다.

유교의 사상 내용에 근본적인 변화가 나타난 것은, 전국 말의 유학자 순자에 의해 명분론이 주입되고 나서부터다. 그 뒤에 유교는 지배자 계급 옹호의 사상을 차츰 짙게 해왔다.

▷ 무제(武帝)의 시대

경제(景帝)가 서거하고, 뒤에 왕위에 오른 무제는 국도 강안으로 상징되는 융융한 한제국의 사상적 지주로서 유학을 국정의 학문으로 채택했다. 유교가 벌써 '혁명'을 설파하지 않고 위험성이 없는, 오히려 지배 계급에게 유익한 사상이 되어 있었기 때문이다.

그 방책을 건의한 것은 경제 시대에 박사가 된 그때 일류의 유학자 동중서(董仲舒)였다. 동중서의 진언에 의해 유학의 필수적인 교양이라고 하는 「역(易)」「서(書)」「시(詩)」「예(禮)」「춘추(春秋)」를 전문으로 가르치던 박사관이 마련되게 되었다.

박사관을 마련한 목적은 적어도 둘이 있다. 그 가운데 하나는 강대한 중앙 집권 국가를 유지, 발전시키기 위한 유능한 관료를 육성하는 일, 그리고 유교로 사상을 통일함으로써 국가에 유해한 다른 사상을 추방하는 일이다.

유가 사상은 춘추 시대부터 그때까지 관부(官府)에 독점되어 있던 학술 문화가 해방됨에 따라 하급 귀족이었던 선비 속에 탄생했다. 그런데 그 5백 년 뒤, 유가의 사상은 관에 고용되어 사상 통일을 위한 도구로서 살아남으려 한다. 앞에서 사유한 말을 다시 한번 반복하면, 이것도 사상의 운명이다.

무제가 한제국의 국정 학문으로서 유교를 채택한 것은, 법가 사상보다도, 윤리성을 갖는 그것의 통치 효과에 착안했기 때문이리라.

사마천은 이런 때에 살았다. 유교가 통치 계급의 사상적 무기가 되어 가고 있을 적에 청년기를 보냈다. 그의 학문적 소양이 유교였음은 이야기할 나위도 없다. 하지만 공자에 대한 사마천의 이미지는 당시의 절대주의 밑에서 유가들이 조작해 낸 것과는 상통할 수 없는 것이 있었다. 〈공자세가(孔子世家)〉에는 한결같은 정열을 가지고 사회 개혁을 지향, 또 실패해 가는 인간 공자의 모습이 똑똑히 그려져 있다. 거기에는 유교가 단순히 군왕이 신하를 통치하는 도구로 타락해버린 슬픔이 내포되어 있다고 해도 과언은 아니다. 그가 사물을 바라보는 눈길에는 그의 부친과 마찬가지로 도가적 요소가 많이 포함되어 있다.「사기(史記)」가 단순한 역사의 교과서가 아니고, 온갖 가치관으로 충만되어 있는 것은 그렇기 때문이기도 하다.

| 차례 |

●史記·5 思想의 命運●

■ 해설 · 5

Ⅰ. 상가(喪家)의 개

1. 모국(母國)을 떠나서 — 공자(孔子) · 25
   사생아(私生兒) / 인자(仁者)의 전별(餞別) / 유자(儒者)란?
   회맹에 즈음하여 / 위기를 구하다 / 사직하다

2. 유랑의 길 · 40
   천의(天意)가 내게 있다 / 거듭되는 굴욕(屈辱) / 위기일발(危機一髮)
   집 없는 개 / 또다시 위나라로 / 은자(隱者)의 권고 / 광야를 헤매다
   봉황(鳳凰)이여, 떠나라

3. 사제애(師弟愛) — 안회(顔回) · 자로(子路) · 56
   단사표음(簞食瓢飮) / 깡패에서 유자(儒者)로 / 유능한 행정관
   죽더라도 갓은 벗지 않는다

4. 하늘만이 안다 — 공자(孔子)의 죽음 · 65
   무엇을 남길 것인가 / 그 때에 73세 / 공자묘(孔子廟)의 유래
   후계자(後繼者)

5. 세계를 움직이는 변설(辯說) — 자공(子貢) · 73
   공자의 지명(指名) / 노(魯)를 구원하는 것은
   오(吳) · 월(越)을 움직이다 / 국제 무대의 주역

II. 비분(悲憤)을 안고

1. 두 사람의 병가(兵家) ― 손무(孫武)와 손빈(孫臏) · **87**
   여인 부대의 연병 / 두 다리를 잘리다 / 경마에서 큰돈을
   일석이조(一石二鳥) / 아궁이의 계략 / 놈을 출세시켜 주는구나

2. 멱라(汨羅)에 투신한 시인(詩人) ― 굴원(屈原) · **96**
   우수에 부닥치다 / 진애(塵埃) 밖에 부유(浮遊)하다
   1편에 세 번 뜻을 나타내다 / 모두 취했는데 내가 홀로 깨다
   멱라(汨羅)에 투신(投身)하다

3. 창과 방패 ― 한비(韓非) · **108**
   말더듬이 / 어려운 일은 / 이런 상태는 위태롭다 / 상대방에게 접근하는 요령
   안 다음이 문제 / 역린(逆鱗) / 때는 벌써 늦었다

III. 상황(狀況)에 살다

1. 행동하는 비평가 ― 노중련(魯仲連) · **121**
   조(趙)의 위기 / 진왕이 제호(帝號)를 칭한다면 / 천하(天下)의 현사(賢士)
   시문(矢文) / 명예(名譽)와 실리 / 작은 일에 구애받지 말라

2. 학자(學者)의 효용 ― 숙손통(叔孫通) · **135**
   황제의 세상에 모반 없다 / 제자(弟子)보다 먼저 / 황제(皇帝)의 맛
   적자(嫡子)는 폐(廢)할 수 없다 / 황제는 잘못이 없다

3. 돼지를 죽인 유자(儒者) ― 원고생(轅固生) · **145**
   수명논쟁(受命論爭) / 경골무비(硬骨無比)

4. 환상을 파는 사나이 ― 이소군(李少君)과 문성(文成) · **149**
   나이 6백 세 / 불로불사(不老不死)의 술법 / 정령(精靈)의 술법

5. 궁정시인(宮廷詩人)의 전력(前歷) — 사마상여(司馬相如) · 154
　왕실의 일자리를 찾으려고 / 부호의 딸을 / 아랫도리만 가리고
　마침내 무제의 눈에

6. 골계가(滑稽家)의 이야기 — 동방삭(東方朔) · 161
　금마문(金馬門) 안에 숨다 / 옛날은 옛날, 지금은 지금 / 괴수의 이름

7. 거리의 역자(易者) — 사마계주(司馬季主) · 170
　역자(易者)는 천한가 / 흉기를 갖지 않은 도적
　준마(駿馬)는 늙어도 당나귀와 짝 짓지를 않는다 / 영화를 쫓다 잃은 목숨

8. 명의(名醫)의 진단(診斷) — 편작(扁鵲) · 179
　명의의 탄생 / 꿈 속의 예언 / 환후(桓侯)의 죽음 / 관의(官醫)의 질투

Ⅳ. 치욕(恥辱)을 무릅쓰고

1. 「사기(史記)」에 붙이다 — 사마천 자전(自傳) · 189
　사마천(司馬遷)의 가계 / 태사공(太史公) 담(談)의 철학
　제학파(諸學派)의 장단 / 도가(道家)의 설(說) / 젊은 사마천
　아버지의 유촉(遺囑) / 「춘추(春秋)」와 「사기(史記)」(1)
　「춘추(春秋)」와 「사기(史記)」(2) / 분을 터뜨리다
　정본(正本)은 명산(名山)에 소장하다

2. 환관(宦官)의 슬픔 — 임안에게 보낸 답서 · 210
　혼자 우울하게 / 궁형(宮刑)은 최대의 수치 / 이능(李陵) 사건의 진상
　사람은 한 번 죽는 법 / 저술(著述)에 대한 집착 / 치욕은 차차 더해지다

Ⅴ. 朝鮮列傳

1. 왕험(王險)에 도읍을 정하다 · **227**
    조선(朝鮮) 공략 / 조선(朝鮮)의 멸망

● *史記 6 歷史의 底流* ●

■ 해설 · **237**

Ⅰ. 의협(義俠)의 정신(精神)

1. 유협(遊俠)의 무리 · **249**
    유협이란 / 유협의 계보

2. 궁조(窮鳥), 품안에 들어오면 — 주가(朱家) · **256**
    의지할 수 있는 사나이 / 상금이 붙은 목

3. 이 사람을 얻으니 한 나라를 얻은 것 같다 — 극맹(劇孟) · **262**

4. 거물의 조건 — 곽해(郭解) · **264**
    곽해라는 사나이 / 내 생질이 나쁘다 / 내 수양이 모자라기 때문이다
    중재(仲裁) / 곽해의 최후

5. 자기를 알아주는 자를 위해 죽다 — 예양(豫讓) · **273**
    진(晋)의 내분 / 원수의 의복만이라도

Ⅱ. 중류(中流)의 지주(砥柱)

1. 좋아하니까 받지 않는다 — 공의휴(公儀休) · **281**
2. 범인(犯人)은 아버지였다 — 석사(石奢) · **284**
3. 오판의 책임 — 이이(李離) · **286**
4. 변명보다는 먼저 행동 — 직불의(直不疑) · **288**
5. 강직한 자의 보은 — 주건(朱建) · **290**
6. 입이 무거운 사나이 — 주문인(周文人) · **294**
7. 근직일가(謹直一家) — 만석군(萬石君) · **296**
   만석군(萬石君)의 연유 / 은퇴하고도 강직한 만석군(萬石君)
   장자(長子) 건(建)과 막내아들 경(慶)

Ⅲ. 인간(人間)의 굴레

1. 장검(長劍)이여, 돌아오라 — 맹상군(孟嘗君)과 풍환(馮驩) · **305**
   파렴치한 / 대부금(貸付金) 징수인(徵收人) / 증서를 태워버리다
   감복(感服)한 맹상군 / 진(秦)·제(齊) 양국을 제멋대로
   식객에게는 죄(罪)가 없다
2. 윤활유(潤滑油) — 우맹(優孟)·순우곤(淳于髡)·우전(優旃) · **314**
   말의 장례식 / 재상(宰相)은 되고 싶지 않다 / 기지(機智)의 사나이
   인색 / 즐거움이 지나치면 슬픔으로 된다
3. 묵계는 죽은 뒤에도 — 계찰(季札) · **324**

4. 친우가 원수로 — 장이(張耳)와 진여(陳餘) · **326**
   두 사람의 대립 / 두 젊은이 / 진섭(陳涉)의 반란군에 가담하다
   조(趙)의 고관(高官)으로 / 친우의 배신 / 진여(陳餘)의 죽음

5. 진정한 비예(非禮) — 월석보(越石父) · **338**

6. 근친간의 싸움 · **340**
   피의 숙명 / 민공(湣公)의 즉위 / 불륜(不倫)의 결과

7. 궁중(宮中)의 가화(假花) — 등통(鄧通)·한언(韓嫣)·이연년(李延年) · **345**
   색(色)으로 봉사한 남자들 / 황제의 종기를 빤 사나이
   황제의 동생을 땅바닥에 꿇어앉히다 / 내시의 운명

Ⅳ. 여인군상(女人群像)

1. 부부의 정리(情理) · **355**

2. 미녀(美女)의 간계 — 춘신군(春申君)의 비극 · **359**
   당신의 아들을 / 운명(運命)의 기로 / 암살

3. 딸과 아내와 어머니 · **365**
   아버지냐 남편이냐 / 마부(馬夫)의 아내 / 편애의 결과

4. 한 제국의 궁중 비화 · **370**
   여씨(呂氏) 일문(一門)의 번영과 멸망 / 박후(薄后)의 전화위복
   세력 다툼 / 무제의 여인들

Ⅳ. 정치(政治)의 원점(原點)

1. 민중(民衆)의 마음 · **386**
   최선의 정치란 / 강제(强帝)는 받아들여지지 않는다
   민중(民衆)의 선량(善良)함과 정치(政治) / 법령(法令)의 한계(限界)
   요(堯)에서 순(舜)으로

2. 변혁의 논리(論理) ― 탕세 · **394**

Ⅶ. 경제의 역할

1. 의식이 만족해야 · **400**
   경제 활동은 인간의 본능 / 경제는 정치 도덕의 기초
   공자를 뒷받침한 재력 / 마지막 목표는 부
   습속(習俗)도 경제에 영향을 미친다

2. 계연(計然)의 경제이론 · **407**
   경제의 전망

3. 소봉가(素封家)들 ― 백규(白圭)·이씨(伊氏)·청녀(淸女)·탁씨(卓氏)·편씨(郵氏)·조간(刁間)·임씨(任氏)·무염씨(無鹽氏) · **410**
   황제도 머리 숙인다 / 착안점 / 인색한 것도 철저하면
   물건을 훔쳐도 요령이 있어야

I

상가(喪家)의 개

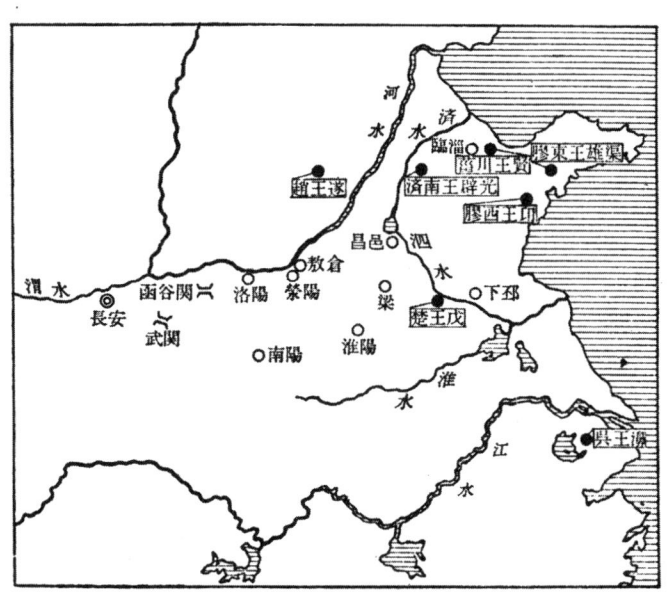

공자가 순방한 행로(行路)

1. 모국(母國)을 떠나서
— 공자(孔子) —

옛날의 중국에서는 많은 도시에 공자를 모신 묘사(廟祠)가 마련되어 있었다. 공자묘는 각 왕조에서 공자에게 준 시호를 따서 '선성묘(宣聖廟)', '선사묘(先師廟)' 등으로 불려지며, 그 제일(祭日)에는 묘사 앞이 많이 붐볐다.

우리나라에 있어서도 이조 시대에 유교가 사상·도덕의 규범이 됨과 함께 공자묘가 각지에 생겨, 공자는 선비들의 사표로서 추앙을 받았다.

그 여러 묘사에 모셔진 공자상이 발하는 공자의 이미지는, 사상계에 군림하는 절대 군주의 모습이었다.

하지만 공자는 그가 산 춘추 시대에 있어서는 세상 이야기들로부터 군자(君子)로 지목된 데 불과하다.

사마천이 봉사한 한의 무제 시대(공자의 사후 500년)에 유교가 국교로서의 권위를 확립해감과 함께 공자는 성인 이상의 신격화된 존재로 받들어지고 신비스러운 전설이 부가되어 갔다.

그뒤 2천 년의 긴 세월에 걸쳐 공자는 한자 문화권에서 '문(文)'의 총수로서 권위를 지녀 온 것이다.

공자는 과연 후세의 '아류(亞流)'에 의해 떠받들려진 것 같은 '성인'이었을까. 사마천의 눈을 통해 그려진 공자는, 그런 이미지와는 아주 다른 것을 우리에게 준다.

'상가(喪家)의 개(집 없는 개)', 세상 사람들에게서 던져진 이 말에 나타난 바와 같이 제국을 유랑한 공자의 모습, 이것이야말로 말할 것도 없이 중국에 있어서의 사상가의 원상이다.

▷ **사생아(私生兒)**

공자는 노나라의 창평향(昌平鄕)에 있는 추(陬)라는 마을에서 태어났다. 그의 집은 4대 전인 공방숙(孔防叔)의 대에 송나라에서 노나라로 건너왔다. 공방숙의 아들이 백하(伯夏)이고, 백하의 아들이 공자의 아버지에 해당된다. 부친의 이름은 흘(紇), 자(字)는 숙량(叔梁)이다. 그는 안(顔)씨 집안의 딸과 살았는데, 정식 혼인 관계는 없었다. 이구(尼丘)의 신(神)에 빌어 공자를 낳았다. 노나라의 양공(襄公) 22년의 일이다. 공자는 갓 태어났을 때에 머리의 꼭지가 움푹 패어져 있어, 그 둘레가 언덕처럼 올라와 있었기에 구(丘)라고 이름지었다고도 한다. 공(孔)은 성(姓)이며, 자(字)는 중니(仲尼).

공자가 어릴 때 부친이 죽고 노도(魯都)의 동쪽에 있는 방산에 묻었다. 철이 들면서 공자는 부친의 무덤이 어디 있는지 알고 싶어했지만 모친은 가르쳐 주지 않았다. 그것은 공자에게 출생의 비밀을 알리고 싶지 않았기 때문이다. 그 결과 공자는 소년 시절에 제기를 늘어놓고 제사지내는 시늉을 하면서 놀게 되었다.

그뒤 모친도 죽었다. 공자는 부친의 무덤을 몰랐으므로 매장할 수가 없어서, 한때 모친의 유해를 노도(魯都)의 오보(五父)라는 거리에 안치하여 가장을 했다. 얼마 뒤, 부친의 장례 때 수레를 끈 사나이의 모친이 부친의 무덤을 가르쳐 주었기에 모친의 유해를 부친의 무덤으로 가져다가 합장할 수가 있었다.

공자가 면학에 힘쓰게 되고 나서 계씨(季氏)가 거리와 마을의 유지

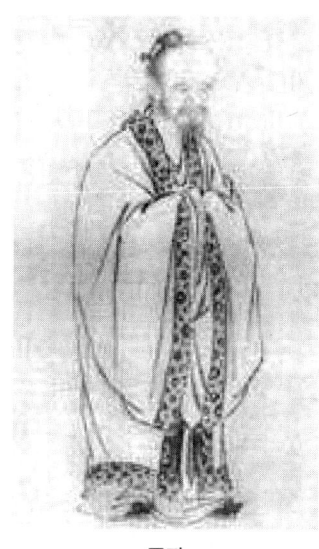

공자

들을 모아 잔치를 베푼 일도 있다. 공자도 그 자리에 출석했더니, 계씨의 가신인 양호(陽虎)가 공자의 얼굴을 보더니 이렇게 말했다.

"훌륭한 분들이 모이는 자리다. 너 같은 어린애가 올 곳은 아냐."

공자는 맥이 빠져 돌아섰다. 이 때 공자의 나이 17세였다.

공자는 천한 집안에서 가난하게 자랐다. 어른이 된 뒤, 계씨의 창고지기가 되었는데, 됫박의 눈을 공평하게 보았다. 또 목장지기도 했는데, 가축은 순조롭게 자랐다. 이런 실적이 뒤에 노나라의 사공(司空)으로 발탁되는 한 원인이 되었다.

이 세 집안은 환공(桓公)과의 인연으로 하여 3환이라고도 한다.

이 세 집안의 세력은 절대적인 것이어서, 가끔 공실(公室)을 능가했을 정도였다. 그 가운데에서도 계씨는 제일 번영한 가계이다.

공자가 17세였던 소공(昭公) 7년은 계무자(季武子)가 죽고 계평자(季平子)가 대(代)를 이었으므로 여기서 이야기하는 계씨는 이 두 사람 가운데 어느 한 사람을 말한다.

계씨의 계보는 다음과 같다.

      장공(莊公)
      맹손씨(孟孫氏)
환공(桓公) 숙손씨(叔孫氏)
      계손씨(季孫氏)―계문자(季文子)―계무자(季武子)―
      계평자(季平子)―계환자(季桓子)―계강자(季康子)

▶ 조두(俎豆) 놀이

'공자는 소년 시절에 제기(祭器)를……'을 가리켜 '조두(俎豆) : 제기(祭器)) 놀이'라고 하며, 공자가 어릴 적부터 얼마나 예(禮)의 연찬에 힘쓰고 있었는가 하는 예증으로 거론되고 있는데 부친을 매장할 수 없는 자기의 채워지지 않는 마음을 이 놀이로 달랬다고 생각하는 게 자연스로울 것이다.

▷ 인자(仁者)의 전별(餞別)

어느 땐가 공자에게 제자로 들어간 남궁경숙(南宮敬叔)이 노나라의 군주에게 부탁했다.

"공선생과 함께 주도(周都)로 수학하러 가게 해 주십시오."

노군(魯君)은 이를 허락하여 쌍두마차 한 대를 준 뒤, 시종 한사람이 따라가게 했다.

공자는 경숙과 같이 주나라로 가 예에 대해서 배웠다. 이 때, 노자를 방문한 모양이다. 공자가 돌아올 때, 노자는 전송하러 나와 이렇게 말했다.

"사람을 보내는 데 부자는 재물로써 전별하고 인자는 말로써 전별한다고 한다. 나는 부자가 아니므로 인자의 흉내나 내 볼까."

말을 이었다.

"총명하고 통찰력이 깊으면서도 죽음의 위험에 직면하는 사람이 있는데, 그것은 남을 지나치게 비판하기 때문이다. 웅변이고 또 박식하면서도 그 몸을 위태롭게 하는 사람이 있는데, 그것은 남의 악을 폭로하기 때문이다. 모름지기 사회 속에 사는 자는 자기 주장을 사양하지 않으면 안될 것이다."

노나라로 돌아온 뒤, 공자의 제자가 되는 사람이 차츰 많아 졌다.

▷ 유자(儒者)란?

공자가 35세 때의 일이다. 노나라의 소공(昭公)은 나라 안에서 제일 실력자인 계평씨(季平氏)를 처벌하려 했다. 그것은 투계의 다툼으로 계평자(季平子)가 후소백(后昭伯)에 대하여 불법적인 처사를 했기 때문이다.

　소공은 계평자를 체포하기 위해 군대를 출동시켰는데, 계평자도 맹씨(孟氏)·숙손씨(叔孫氏)와 손잡고 3씨 연합하여 반격으로 소공의 군대를 패주시켰다. 소공은 제나라로 달아났다.

　제나라는 소공에게 건후(乾侯)의 땅을 주었다.

　노나라의 정치 질서가 무너진 것도 이 무렵부터이다.

　공자는 노나라를 나와 제나라로 갔다.

　제(齊)의 경공(景公)에게 인정을 받으려고 일찍 대부(大夫)인 고소자(高昭子)의 가신이 되었다. 그 때쯤, 제나라에서는 악(樂: 조정의 의식에 사용되는 음악)이 왕성했다. 공자는 찾아가 가르침을 원했다. 그 가운데에서도 소곡(韶曲)에 깊은 감명을 받아, 3개월 간이나 그야말로 침식을 잊고 습득에 힘썼다. 그 열성적인 태도가 소문이 나, 경공의 귀에도 들리게 되어 공자는 알현을 허가받았다.

　경공이 어떻게 하여 나라가 다스려지느냐고 묻자, 공자는 이야기했다.

　"임금은 임금으로서, 신하는 신하로서, 어버이는 어버이로서, 자식은 자식으로서 저마다 그 본분을 다해야 할 것입니다."

　경공은 깊이 수긍하고,

　"정말 그 이야기가 맞소. 군신과 부자가 저마다 그 본분을 다하지 아니하면, 아무리 재정이 풍부해도 태평하지 못할 테니까."

　그 뒤, 경공은 다시 공자를 불러, 이번에는 정치의 구체안을 구했다.

"먼저 재정을 절약해야 합니다."

경공(景公)은 이번에도 공자의 응답에 만족했다. 그래서 경공은 공자를 이계(尼谿)의 장관으로 발탁하려 했으나, 재상 안영(晏嬰)이 반대했다.

"기다리십시오. 대개 유자란 공리공론을 농하므로 그 언변에 넘어가면 크게 혼이 납니다. 또 그들은 매사에 자신만만하고 남의 이야기에 귀를 기울이지 않으며, 신하로서는 대단히 쓰기 힘든 존재입니다. 게다가 죽은 사람에 대한 예절을 시끄럽게 떠들어대어, 가산을 탕진하면서까지 크나큰 장례식을 하도록 요구하고 있어, 이것이 일반의 습속이 된다면 그야말로 큰일입니다. 그리고 유자는 입으로만 녹을 구해 거지처럼 이나라 저나라로 떠돌아다니는 패들이므로, 국정을 맡길 수는 없습니다.

공자는 성인(聖人)이 없어진 뒤, 주 왕실이 쇠퇴하여 예악(禮樂)이 버려진 채로 있는데 착안, 그 부흥을 꾀한다고 생각하고, 용식이 어떻고, 참조(參朝)의 예(禮)는 이렇게 해라, 보행은 저렇게 하라는 등 자세히 떠들어댑니다. 이렇게 번잡한 예악은 1년은커녕 평생이 걸려도 배울 수 없을 것입니다.

그러하오니 공자를 등용하여 국내의 풍속 일신을 꾀한다는 건 천만부당한 노릇, 도리어 혼란만 초래할 뿐입니다.

이 진언 뒤에도 공자에 대한 경공의 태도는 겉으로는 변하지 않았다. 하지만 두번 다시 예(禮)에 관한 화제는 끄집어내지 않았다.

상가의 개

며칠이 지난 뒤, 공자는 하직을 고하려고 예궐했다. 경공은 당황하여,

"기다려 주시오. 당신 나라의 계씨(季氏) 정도의 지위는 무리였지만, 맹씨(孟氏)보다는 윗자리를 생각하고 있소."

하지만 제나라의 중신(重臣)들 사이에 여기에 반대하는 기운이 강해, 공자의 암살을 획책하는 자까지 있었다. 그 기운은 곧 공자에게도 전해졌다.

경공이 공자를 불러 이야기했다.

"일전엔 그렇게 말했지만 생각해 보니 나도 이젠 늙었소. 당신을 기용해도 폐만 끼칠지 모르겠소."

결국 공자는 제나라를 떠나 노나라로 돌아갔다.

▷ 회맹에 즈음하여

공자는 노로 귀국했다. 수년 뒤, 소공(昭公)이 망명처에서 죽자, 동생이 노군(魯君)의 자리에 올랐다. 이 사람이 정공(定公)이었으나 노나라에서는 여전히 하극상의 풍조가 심했다. 공자는 귀국 뒤 10여 년 동안, 시(詩)·서(書)·예(禮)·악(樂)의 연구와 제자의 교육에 힘쓰면서도 정치면에서 수완을 발휘하고 싶다는 생각을 버리지 않고 있었다. 그 때, 계씨(季氏)를 배반한 가신(家臣) 공산불뉴(公山不狃)에게서 자신에게 오지 않겠느냐는 권고가 왔다. 공자가 50세 때의 일이다.

계씨의 가신 공산불뉴가 비(費)에 농성하고 반란을 일으킨

뒤, 사자를 보내 공자를 자기 군대에 초빙했다. 당시 공자는 벌써 충분한 세월에 걸쳐 수양을 쌓고 있었다. 그런데도 자기를 기용하는 사람이 나타나지 않아, 그 수양의 성과를 실지로 연습할 기회를 얻지 못해 괴로운 나날을 보내고 있었다. 그러던 판에 이 초빙이 온 것이다.

"주(周)의 문왕·무왕만 해도 풍(豐)·호(鎬)의 소영주(小領主)에서 출발해서 왕업을 이룩한 것이다. 비는 한 도읍에 지나지 않지만, 그 희망이 없다고는 할 수 없다."

그러면서 바로 비로 떠나려는 공자를 제자인 자로가 막았다.

"그만 두시지요. 평소의 선생님답지 않습니다."

공자는 대답했다.

"어떻든 나를 초청하겠다는 판인데 농담이야 아닐 것이다. 정치를 맡겨 준다면 주(周)나라의 이상 정치를 재현해 보이겠다."

하지만 결국은 그 초빙에 응하지 않았다.

그 뒤 드디어 공자는 정공(定公)으로부터 노도(魯都)의 장관으로 임명되었다. 공자의 취임 뒤 1년, 주변의 나라들이 공자가 하는 일을 본받게 되었다. 이 실적에 의해 공자는 사공(司空)에 임명되었다가 또 대사구(大司寇)로 선발되었다.

정공 10년 봄, 노나라는 제나라와 강화를 맺었다. 같은 해 여름, 제나라에서는 대부(大夫) 여서(黎鉏)가 경공에게 경고했다.

"노나라는 공자를 등용한 뒤 나날이 국력을 강화하고 있습니다. 오늘날 무슨 수를 쓰지 않으면 바로 우리나라를 위협하게 될 것입니다."

그래서 경공은 노나라에 사자를 파견해서, 회맹을 구실로 정공(定公)을 협곡으로 초청했다.

정공은 이 초청을 받아들여, 바로 출발 준비를 명했다. 이때 제나라와의 교섭을 명령받은 이가 공자다.

정공이 무방비로 출발하려 하므로 공자가 진언했다.

"외교 교섭에는 군비를 잊지 말라. 군사의 발동에는 외교를 잊지 말라고 합니다. 옛날부터 영외로 나갈 때, 제후는 만일을 대비하여 군대를 데리고 갔습니다. 회맹이라고 방심하셔서는 안됩니다."

"참, 그렇지."

정공은 공자의 진언을 받아들여, 군사를 이끌고 협곡의 회맹 장소로 갔다.

▶ 자로(子路)

성은 중(仲), 이름은 유(由)며 자로는 자(字)다. 약간 경솔한 점은 있으나, 솔직한 성격이며 행동적이다. 공자를 향하여 언제나 사양 없이 함부로 말을 지껄였다. 공자의 제자 가운데에서는 일반에게 제일 친밀감을 주고 있는 인물이다.

▷ 위기를 구하다

회맹이 이루어지는 협곡의 회의장에는 단이 정돈되어 있었다. 층계는 3단, 정공과 경공은 예법에 따라 먼저 가볍게 인사를 나눈 뒤에 읍(揖)을 하고 단상으로 올라가서 헌수의 예를 마쳤다.

그것이 끝나자 제나라 측의 관리가 바쁜 걸음으로 나와 아뢴다.

"양국의 우호를 축하하여 진기한 음악을 들려 드리겠습니다."

경공(景公)이 고개를 끄덕이자, 동시에 요란한 북소리가 울리며, 방패와 창 등의 무기를 손에 든 무용수들이 등장했다. 위협을 느낀 공자는 바삐 앞으로 나아가 층계를 2단 뛰어올라, 두 손을 맞잡고 예를 다하면서 소리쳤다.

"두 나라 군주가 엄숙한 회견을 하고 있는 때에 오랑캐의 음악이라니 안됩니다. 바로 관리에게 명해 중지시켜 주십시오."

관리는 하는 수 없이 퇴장을 명했으나, 무용수들은 퇴장하지 않고 경공과 안영의 명령을 기다렸다. 어쩔 수 없이 창피하게 된 경공이 신호를 보냈으므로 마침내 그들도 퇴장했다.

얼마 뒤 제나라의 관리가 또 다시 잰걸음으로 나와 아뢴다.

"그럼, 궁중 음악은 어떨까요."

다시 경공이 고개를 끄덕이자 이번에는 도화사(道化師)와 난장이들이 까불면서 나타났다. 공자는 이것을 보자, 앞으로 나아가 외쳤다.

"비천한 몸으로 제후를 우롱하는 행동은 당치도 않은 일, 사형에 처해야 합니다. 지금 관리에 명해 조처해 주십시오."

도화사와 난장이들은 그 자리에서 끌려나가 관리의 손해 의해 처형되었을 뿐만 아니고 손발을 절단당했다.

경공은 완전히 마음이 동요되어 도저히 노나라에는 당할 수 없다는 것을 깨달았다. 회맹을 마치고 귀국하자 그는 신하들을 꾸짖었다.

"노군(魯君)에게는 군자의 길을 구하는 신하가 도사리고 있다. 그에 비해 내게는 오랑캐의 길밖에 모르는 신하뿐이다. 때문에 난 형편없이 창피를 당했다. 노나라에 대해 이번 일을 어떻게 대처했으면 좋겠는가."

신하 한 사람이 앞으로 나와서 아뢰었다.

"과오를 범한 경우, 소인은 입으로 수습합니다만, 군자는 알맹이가 있는 사죄를 합니다. 어쩌다 이번 일을 후회하고 계신다면, 알맹이가 있는 사죄를 해야 합니다."

경공은 이 진언에 따라, 먼저 노나라에게서 빼앗은 운(鄆)·문양(汶陽)·구음(龜陰)의 각지를 반환하고 사죄의 뜻을 표명했다.

▷ 사직하다

노(魯)나라의 정치를 위임받은 공자는 자신에 어긋나지 않게 눈에 띠도록 치적을 올렸다. 이대로 나가면 그의 이상 정치를 실현하는 것도 불가능하지 않았다. 하지만 공자는 뜻하지 않게 노나라를 떠나지 않을 수 없게 되었다.

정공(定公) 14년(기원전 496년), 공자는 56세로 계속해서 대사구(大司寇)의 직에 있었는데, 다시 재상의 직무를 대신하게 되었다.

공자는 대단히 기쁜 것 같았다. 제자 중의 한 사람이 그것을 보며 불만스러운 듯이 입을 열었다.

"무릇 군자는 희로애락을 밖으로 나타내지 않는다고 하는데, 선생님 같은 분께서…."

"그렇긴 해도 윗자리에 앉아서 생각대로 수완을 발휘하고, 아랫사람의 의견에도 충분히 귀를 기울이는, 이것도 나쁘진 않다."

공자는 먼저 노나라의 정치를 혼란시킨 대부 소정묘(少政卯)를 처벌하고, 적극적으로 정치 개혁을 단행했다. 그 결과, 장사꾼은 폭리를 않게 되고, 문란한 풍기도 사라졌다. 치안은 확보되고 유실물을 착복하는 사람조차 없어지게 되었다. 한편 노나라를 방문하는 외국인은 일일이 관리에게 계출하지 않더라도 물자를 국외로 가지고 나갈 수 있게 되었다.

제나라에서는 노나라의 이런 융성함을 전해듣자 불안감에 사로잡혔다.

"이대로 공자가 정치를 담당한다면, 노나라는 어느 때는 패자가 되리라. 그렇게 된다면 이웃 나라인 우리 제나라는 당장 병탄될 것이다. 차라리 지금 땅을 분할해서 노나라에 나눠주는 편이 좋을 것이다."

대부(大夫) 여서가 이번에도 진언했다.

"그 전에 노나라의 정치적 교란 공작을 시험해 보면 어떨까요. 땅을 양도하는 것은 그 뒤에도 늦지 않다고 생각합니다."

그래서 제나라는, 국내에서 미녀 80명을 선발해서 아름답게 입히고 가꾸게 한 뒤에, 관능적인 가무를 배우게 했다. 이들을 아름답게 장식한 마차 30대에 태워 노군(魯君)에게 선사하기로 했다.

이윽고 일행은 노도의 남문에 도착해서 대기했다.

계환자(季桓子)가 가서 한 번 보자 매일 남몰래 관람하러 갔다. 흠뻑 마음에 든 계환자는 교외 시찰이라면서 정공(定公)을 남문으로 데리고 갔다. 두 사람은 하루 종일 여자들의 가무에 빠져 정무는 아랑곳하지 않았다.

자로(子路)는 공자에게 말했다.

"이런 형편인 이상, 선생님은 사직하셔야 합니다."

"얼마 뒤면 교제(郊祭)날이 온다. 그 날 어쩌다 예식에 따라 대부(大夫)에게 제육이 보내진다면 희망은 있다. 괜히 급히 거취를 결정하지 않아도 될 것이다."

계환자는 마침내 제나라로부터의 선물을 받아들이고, 거기에 정신이 팔려 사흘 간은 완전히 정무를 방치했다. 교제날이 되어도 신하에게 제육을 보내지 않았다. 이에 이르러 공자는 사직하고 노도를 떠났다.

그 날 공자는 노나라의 남쪽 국경에 가까운 둔(屯)이라는 마을에 숙박했다. 거기로 기(己)라는 악사(樂師)가 공자의 일행을 쫓아왔다.

"선생께서는 죄를 지은 것도 아닌데 왜 노나라를 떠나십니까."

"노래로 화답해도 되겠지요?"

공자는 이러면서 노래를 불렀다.

여자를 이용한 계략인데
여기 넘어가면 한 몸의 파멸
나라의 기둥이 저 꼴이라면
멀리 달아나서 천천히 지내고 싶다.

기(己)가 서울로 돌아가자 계환자가 물었다.
"공자는 뭐라던가?"
기는 사실 그대로 이야기했다. 그러자 계환자는 깊은 한숨을 내쉬면서 중얼거렸다.
"선생은 역시 여자들을 받아들인 것에 틀림없다."

▶ 교제(郊祭)
천지를 모시는 제사. 동지에 하늘(天)을 남교(南郊)에 모시고, 하지(夏至)에 땅(地)을 북교에 모신다. 제사를 지낸 뒤에 군주는 그 제물을 신하에게 하사하는 것이 통례였다. 각 신하를 공동체의 일원으로서 존중하기 때문이다.

2. 유랑의 길

이리하여 10여 년에 걸친 공자와 제자들의 제국 행각의 여행은 비롯된다. 이상적인 군주를 찾아 여러 나라를 편력했다고 하면 듣긴 좋지만, 사실 도무지 그런 것이 아니었다.

▷ 천의(天意)가 내게 있다

공자는 위나라로 가서 자로(子路)의 손위 처남인 안탁추(顔濁鄒)의 집에 의탁했다. 그곳에서 위나라의 영공(靈公)으로부터 고용하고 싶다는 전갈이 왔다.
영공은 공자에게 물었다.
"노나라에서는 어느 정도의 녹(祿)을 받으셨소?"
"6만 두(斗)입니다."
공자는 위(魏)에서도 6만 두의 녹을 받게 되었다.
하지만 얼마 뒤 영공에게 공자를 위험 인물이라고 모함하는 자가 나타났기 때문에 영공은 공손여가라는 사나이에게 공자를 줄곧 감시시켰다. 공자는 몸의 위험을 느끼고 드디어 10개월 만에 위나라를 떠났다.
진(陳)나라로 가려다가 중간에 송(宋)나라의 도시 광(匡)에 이르렀을 때였다. 말을 부리고 있던 제자 안각(顔刻)이 채찍으로 성벽을 가리키며 이렇게 말했다.

"제가 지난날 왔을 때는 저기 무너진 곳으로 들어갔습니다."

때마침 이 말을 언뜻 들은 광의 주민이, 이건 분명히 노나라 계씨의 가신 양호(陽虎)가 또 온 것이라고 착각을 했다. 양호는 지난날 광의 거리를 해친 일이 있었다. 그때 공교롭게도 공자가 양호와 닮아 있었다. 이 일로 공자의 일행은 사람들에게 포위되어, 구금되어 버렸다.

구금된 지 닷새째, 일행으로부터 떨어져 있던 애제자(愛弟子)인 안회가 겨우 광(匡)에 도착했다. 안회의 얼굴을 보자, 공자는 외쳤다.

"오, 무사했구나. 무척 걱정했다."

안회가 대답했다.

"어떻게 선생님보다 제가 일찍 죽을 수 있겠습니까."

구금은 풀릴 기미는 보이지 않았고 제자들은 동요하기 시작했다. 그것을 보며 공자는 힘차게 말했다.

"걱정할 것 없다. 저 문왕(文王)은 이미 없으나, 난 그 길을 계승하고 있다. 그것은 이 길을 단절시키지 않으려는 천의의 나타남일 것이다. 이 천의가 있는 한, 광(匡) 사람들이 나를 어찌할 수가 있겠는가."

그 뒤, 공자는 종자 한 사람을 위로 보내 영무자(寧武子)의 신하로 만들어, 그의 진력에 의해 광을 떠날 수가 있었다.

이런 뒤에 위나라의 도시 포(蒲)에 잠깐 머물며 있다가 1개월여 뒤에 위도로 다시 돌아와 대부인 거백옥의 집에 몸을 의탁했다.

▷ 거듭되는 굴욕(屈辱)

위(衛)의 영공(靈公)에게는 남자(南子)라는 부인이 있었다. 이 부인이 공자라는 인물에 호기심을 가지고 심부름꾼을 보내 이렇게 말했다.

"우리 주군과 친교를 갖고자 생각하는 분은 누구나 먼저 나를 만나보기로 되어 있습니다. 꼭 선생님도 만나뵈었으면 좋겠습니다."

공자는 거절할 수가 없어 찾아갔다.

남자 부인은 장막 저쪽에 있었는데 방에 들어간 공자가 북면하여 고개를 숙이자, 부인도 장막 저쪽에서 답례했다. 부인의 허리에 찬 구슬 장식이 살랑살랑 소리를 냈다.

만남을 끝내고 돌아온 공자는 제자를 향해 변명했다.

"만날 생각은 없었지만, 이것도 예의이니 어쩌겠나."

하지만 자로(子路)만은 분명히 화를 내고 있었다. 공자는 거듭 말했다.

"만일 내가 잘못했다면 하늘이 나를 재판할 것이다."

위나라로 돌아온 지 한 달쯤 지났을 적에, 공자는 영공의 초대를 받았다. 찾아가 보았더니 영공은 수레에 부인과 함께 타서 환관(宦官)인 옹거(雍渠)을 배승시키고, 공자는 뒷수레에 태웠다. 이리하여 거리를 주유하고 돌아온 뒤에 공자는 침울한 표정으로 말했다.

"그토록 미녀를 즐기다니…. 그 열성으로 덕의 함양에 힘쓰는 사람이 있다면 얼마나 좋을까."

 공자는 영공에게 환멸을 느껴 위나라를 떠나 조(曹)나라로 갔다. 이 때에 노나라에서는 정공이 죽었다.

▶ 남자(南子)

 이러쿵저러쿵 소문이 많던 부인. 예를 들면, 일찍이 송나라의 공자 송조와 통해 화제가 되었었는데, 이때쯤 다시 송조를 위나라로 초대하여 자주 정을 통하고 있었으므로 위의 태자 궤의가 그것을 부끄럽게 여겨, 남자 살해를 기도하는 사건도 일어나고 있다. 마침내 그것은 실패하여 궤의는 송으로 망명한다.

▶ 환관(宦官)

 궁중의 지밀에서 봉사하는 관리로서 거세된 남자가 이에 해당된다. 환관이 얼마나 천대를 받았는지는 뒤에 나오는 '치욕을 무릅쓰고'를 참조하기 바란다.

▷ 위기일발(危機一髮)

 공자는 조나라를 지나 송나라의 영내로 들어왔다. 어쩌다 큰 나무 그늘에서 제자들에게 예의 강습을 하고 있을 때였다. 먼저 공자에게 창피를 당한 적이 있는 송나라의 무관(武官) 환퇴가 공자를 죽이려고 그 나무를 잘라 쓰러뜨렸다. 공자는 위기일발에서 난을 모면했다. 제자들은 마음이 바빴다.

"빨리 떠나십시다. 우물쭈물하다가는 위험합니다."
공자는 침착하게 대답했다.
"나는 하늘로부터 덕(德)을 받은 몸이다. 환퇴 따위가 나를 어쩔 것이냐."

▷ 집 없는 개

공자는 정도(鄭都)에 들어섰을 때 제자들과 길이 어긋나버려, 혼자서 성곽의 동문에 서 있었다. 그것을 본 한 백성이 자공(子貢)에게 고했다.
"동문에서 괴상한 사나이를 보았습니다. 얼굴이 성제(聖帝)요 임금 비슷하고, 목덜미는 현인 고도(皐陶)와, 어깨는 명상 자산과 꼭 같았습니다. 다만, 허리에서 밑이 현제(賢帝) 우(禹)에 세 치(三寸) 가량 부족한데, 대단히 지친 모양이 꼭 집 없는 개 같았습니다."
자공은 공자를 찾아, 들은 대로 이야기를 해 주었다. 공자는 유쾌한 듯이 소리내어 웃으며 말했다.
"얼굴 생김새는 여하튼 집 없는 개 같다는 이야기는 정말 뛰어난 표현이다. 사실 그 말대로니까 말야."

▶ 자공(子貢)
공자의 제자 중 첫째, 둘째를 다투던 수재(秀才). 성은 단목(端木), 이름은 사(賜), 자공은 자(字)다. 변설에 능하고 외교 수완에 뛰어났으며, 돈벌이도 잘했다.

▷ 또다시 위나라로

공자는 정(鄭)나라에서 진(陳)나라로 나가 등용되지 않은 채 잠깐 거기서 살았다. 약 1년쯤 뒤, 오왕 부차(夫差)가 진나라를 치고, 진의 조앙이 위나라의 조가(朝歌)를 쳤다.

초나라는 채나라를 포위해서, 채나라는 국도를 오나라로 옮겼다. 그리고 오는 월왕(越王) 구천을 회계에서 깨뜨린다.

이리하여 천하는 차차 혼란의 도가 심해진다.

공자가 진(陳)나라에 산 지 3년, 진과 초가 서로 세력을 겨루다가 앞을 다투어 진으로 쳐들어왔다. 게다가 오나라까지 여기에 가담했으므로 진나라는 끊임없는 침략에 시달렸다. 공자는 이런 사태에 직면하자 귀국을 결심했다.

"이럴 바에야 고향으로 돌아가자. 고향에는 의욕이 넘치는 젊은이들, 노력하여 초심을 잊지 않는 젊은이들도 기다리고 있을 테니까."

공자의 일행은 진나라를 떠나 포(蒲)를 통과하게 되었다. 그런데 때마침 공숙씨(公叔氏)가 여기에 농성하여 위에 반기를 들고 있었다. 이 이유로 공자는 바로 포위당해 버렸다.

제자인 공양유는 머리도 좋고 용기도 있는 상당한 대장부였다. 그는 자기의 수레 5대를 이끌고 일행에 끼어 있었는데, 이때 앞으로 나와 말했다.

"저는 지난날 선생님을 따라 광에 갔을 때 구금당한 적이 있는데, 오늘날 여기서 또 같은 경우에 부닥쳤습니다. 이것은 천

명이겠지요. 허지만 전 선생님과 함께 난을 당해 고생하느니보다는 차라리 싸워서 깨끗이 죽을 생각입니다."

그는 결연히 적을 향해 나아갔다. 그 기세에 상대방은 겁을 먹고, 공자에게 조건을 제시했다.

"위나라로만 가지 않는다고 약속하면 보내 주겠소."

공자는 이 조건을 받아들였다. 하지만 동문(東門)을 나서자, 역시 위나라로 향했다.

"그러면 약속을 어기게 되는데요."

알 수 없다는 듯한 얼굴로 그렇게 말하는 자공에게 공자는 대답했다.

"협박을 받고 응했을 뿐인 것, 신도 그것을 약속이라고는 생각지 않았을 것이다."

위(衛)의 영공은 공자가 온다는 말을 듣자, 교외까지 마중을 나가, 공자에게 물었다.

"나는 공숙(公叔) 일당을 잡아 없애고 싶은데, 어떨까요."

"당연하다고 생각합니다."

"대부들은 무력 행사에 반대하고 있소이다. 하지만 포(蒲)는 우리나라에서 있어서 진(晉)·초(楚)의 침략을 막는 요충이니, 토벌하는 것도 할 수 없다고 생각하오."

"포(蒲)의 사람들은 너도나도 토벌군에 가담할 것입니다. 토벌이라고 한들, 상대방은 기껏 4, 5명에 지나지 않습니다."

"잘 이야기해 주었소."

영공은 만족한 듯했으나, 그것은 말뿐이고 토벌은 하지 않았다.

영공은 벌써 노경에 접어들어, 국정을 게을리하고 있었던 것이다. 그러므로 공자를 등용하려는 기색도 보이지 않는다.

공자는 깊은 한숨을 내쉬며,

"어느 나라라도 좋다. 나에게 정치를 위임만 해 준다면, 1년 안에 기초를 만들고, 3년 안에 훌륭한 국가로 만들어 보이련만…"

▷ 은자(隱者)의 권고

공자는 진(晋)의 대부(大夫) 조간자(趙簡子)의 대관(代官) 불힐(佛肸)이 반란을 일으킨 일에 가담하려다가 다시 자로의 반대에 부닥친다. 때문에 이번에는 조간자를 만나려 했으나, 기대한 정도의 인물이 아님을 알고 그만둔다. 덧없는 희망을 품고 두 번이나 위를 떠났지만, 결국은 다시 위로 돌아오는 것이다.

위나라에 있으면, 어떻든 그럭저럭 생활은 보장되었기 때문이리라.

하지만 영공에게 공자를 등용할 의사가 없음이 명백해지자, 위를 떠나 진나라로 갔다가 다시 채나라로 갔다.

하지만 여전히 일할 자리는 없었다. 때문에 채(蔡)에서 섭(葉)으로, 나이 육십이 지난 공자의 방랑은 계속된다.

공자의 일행은 섭(葉)에서 채(蔡)를 향했다. 도중 개울을 만난 곳에서 키다리와 뚱뚱보의 두 사나이가 밭을 갈고 있는 광경이 보였다.

"은자(隱者) 같군."

공자는 그렇게 이야기하며 자로에게 마차가 건널 수 있는 곳을 물어보라고 했다.

자로가 다가가 말을 걸자, 키다리 사나이가 반문했다.

"고삐를 잡고 있는 저 사내가 누군가."

"공자라고 합니다."

"아, 그 노나라의 공자 말인가."

"그렇습니다."

"공자라면 남에게 물어보지 않아도 알 텐데 뭘 그러지."

뚱뚱보인 사나이가 말참견을 했다.

"그런데 당신은 누군가."

"중유(仲由 : 자로의 이름)라고 합니다."

"공자의 제자란 말인가."

"그렇습니다."

"보시오, 시세라는 것은 이 개울의 흐름과 같소. 이 도도한 개울의 흐름을 사람의 힘으로 바꿀 수 있다고 생각하시오? 이것도 안되고 저것도 안된다구 하나하나 남에게 잔소리를 하며 다니느니 차라리 우리들처럼 깨끗이 세상 그 자체를 피하는 편이 나을 거요."

이렇게 이야기하면서 두 사람은 일손을 멈추지 않는다.

자로는 하는 수 없이 공자가 있는 데로 다시 돌아와, 두 사람의 이야기를 전했다. 공자는 무연히 말했다.

"그렇다고 해서 인간으로 태어난 이상, 새나 짐승을 상대로 살 수도 없지 않은가. 내가 이렇듯 하고 있는 것도 세상에 길이 없어졌다고 생각되기 때문이다."

또 어느 날 자로가 공자의 일행에서 떨어져 헤매고 있을 때, 대바구니를 짊어진 노인을 만났다.

"우리 선생님을 못 보셨나요."

"선생이라구? 땀 흘려 일하지도 않고, 곡물의 구별도 못하는 인간이 선생이란 말인가."

노인은 이렇게 말하더니 대바구니를 내려놓고 풀을 베기 시작했다.

일행을 찾은 자로가 이 이야기를 하자 공자는,

"은자로군."

자로는 바로 노인과 만난 장소로 달려갔지만, 그의 모습은 벌써 보이지 않았다.

▶ 키다리와 뚱뚱보

원문은 '장저(長沮)·걸닉(桀溺)'이다. 뒤에 이 두 사람은 은자의 전형처럼 취급되어, 장저·걸닉이 인명처럼 쓰이지만, 알지도 못하던 사람의 이름을 처음부터 알았을 리가 없으므로, 어쩌면 신체적 특징에 의 해 그렇게 붙였으리라고 추측된다. '장(長)'은 키가 크다는 뜻. '걸(桀)'은 건장한 체구, '저(沮)'나 '닉(溺)'은 모두 흙투성이라는 정도의 의미다.

▶ 공자의 말

공자나 은자나 길이 없어졌다는 인식에서는 일치하고 있다. 공자는 자기의 생존 방법은 방법이고, 은자의 생존 방법에 대해서도 혹종의 공감을 가지고 있는데, 은자측에서 그것을 이해하여 주지 않는 데에 쓸쓸함을 느끼고 있었을 것이다.

▷ 광야를 헤매다

공자가 이 때까지 떠돌아다니고 혹은 방문하려던 곳은 다같이 전통 있는 중원의 제국이었다. 오·초·진 등 변경의 여러 대국으로 가지 않았던 것은 교통 문제도 컸었겠지만, 이들 여러 나라가 오랑캐 취급을 받고 있었던 것도 원인 중의 하나였을 것이다.

공자가 채나라로 옮긴 지 3년 뒤, 오나라가 진나라를 공격했다. 이에 대항하여 초나라가 진(陳)나라를 구원하고, 성보(城父)에 진을 쳤다.
초왕은 공자가 진과 채의 국경 지대에 머물고 있음을 알고, 사자를 파견해서 자기 나라로 초청했다. 어떻든 한번 만나 보리라 ―. 공자의 일행은 그 자리에서 출발 준비를 했다.
이 이야기를 듣고 당황한 것은 진·채의 대부들이었다.
"공자는 현인이다. 제후에 대한 비판은 하나하나 맞아가고 있다. 이 고장에 오랜 시간 머물고 있었으니, 우리의 내정에도 밝을 것이다. 우리가 하는 짓은 무엇 하나 공자의 뜻에 맞지 않는다.
초는 말할 것도 없이 큰 나라다. 그 초나라가 공자를 중용한다면, 우리 진이나 채의 대부들에게 있어서는 불길한 일이 될

지도 모른다."

　대부들의 일치된 의견에 의해서 당장 추격자가 파견되어, 초나라로 향하는 길에서 공자의 일행은 들판 한가운데서 포위당했다.

　일행은 꼼짝 못하게 되고 식량까지 떨어져 굶주림과 피로 때문에 일어날 기력조차 잃고 있었다.

　그런데 공자만은 조금도 동요하는 빛이 보이지 않는다. 평소와 다름없이 시(詩)를 강하고, 거문고를 타며 노래를 부르고 있다.

　분통이 터진 자로가 공자에게 대들었다.

　"군자도 궁할 때가 있나요?"

　"물론 군자도 궁할 때가 있다. 하지만 소인처럼 낭패하진 않는 법이다."

　자로뿐만 아니고 자공에게도 똑똑히 분노의 빛이 나타나 있었다. 이것을 보며 공자가 말했다.

　"너는 내가 뭐든지 다 알고 있는 인간이라고 생각하느냐."

　"물론입니다. 그렇지 않다는 말씀입니까."

　"그렇다. 난 다만 내 길을 열심히 가고 있을 뿐이다."

　하지만 제자들의 동요는 시간의 흐름과 같이 더할 뿐이다. 공자는 다시 한 사람 한 사람씩 불러 이야기하기로 했다. 먼저 자로가 불리어 갔다.

　"「시경(詩經)」에, '무소(코뿔소)도 아니고 호랑이도 아닌데 나는 광야를 헤맨다' 라는 말이 있는데, 우리가 지금 처해 있는 상태가 이와 같다. 이런 경우를 당하는 것은 우리의 길이 잘못

상가의 개　51

되었기 때문일까."

자로가 대답했다.

"우리들이 사람들의 신뢰를 받지 못하는 것은 우리들이 인자로서 아직 불충분하기 때문이며, 우리들의 길이 사람들에게 행하여지지 않는 것은 우리들이 지자로서 아직 부족하기 때문이라고 생각합니다."

"아니다, 그것은 잘못이다. 인자가 꼭 신뢰를 받는다면 어째서 백이·숙제의 비극이 일어날 수 있는가. 또 지자의 길이 꼭 행하여진다면 어째서 왕자 비간(比干)과 같은 인물이 학살당하는 일까지 있겠는가."

공자는 다음에 자공을 불러서 같은 질문을 했다.

"「시경(詩經)」에, '무소도 아니고 호랑이도 아닌데 나는 광야를 헤맨다'라는 말이 있는데, 우리가 오늘 처해 있는 상태가 이와 같다. 이런 처지를 당하는 것은 우리의 길이 잘못되었기 때문일까."

자공은 대답했다.

"선생님의 길은 대단히 높고 멉니다. 그렇기 때문에 천하는 선생님을 받아들이지 못하고 있는 것입니다. 세상 사람들이 받아들이기 쉽도록 길을 적당히 더 비근한 것으로 만드시면 어떨까요."

"훌륭한 농부는 농작물을 잘 심지만, 꼭 좋은 수확을 얻진 못한다. 또 훌륭한 공인은 명기를 만들지만, 꼭 평판이 좋다고만은 할 수 없다. 이와 마찬가지로 군자는 충분히 길을 닦고 천하를 다스릴 규범을 만들지만 꼭 천하에 받아들여진다고는 할 수 없는 것이다. 그런데 너는 흡족히 길을 닦지도 않고, 천하에 받아들여질 것만 생각하고 있다. 뜻이 대단히 비소(卑小)하지 않은가."

이번에는 안회의 차례다. 공자는 또 꼭 같은 질문을 되풀이했다.

"「시경」에, '무소도 아니고 호랑이도 아닌데 나는 광야를 헤맨다' 라는 말이 있는데, 우리가 오늘 처해 있는 상태가 이와 같다. 이런 경우를 당하는 것은, 우리의 길이 잘못되었기 때문일까."

안회는 대답했다.

"선생님의 길은 너무나 높고 멉니다. 그렇기에 천하는 선생님을 받아들이지 못하고 있는 것입니다. 하지만 선생님은 어디까지나 이상의 길을 가십시오. 받아들여지느냐 않느냐는 문제가 아닙니다. 어쩌다 우리가 게을러서 길을 닦지 못한다면 그것은 우리의 수치입니다. 때문에 우리가 충분히 길을 닦고도 중용되지 않는다면, 그것은 위정자의 수치입니다. 오늘날 세상에서는 오히려 받아들여지지 않는 것을 군자의 자랑으로 여겨야 하지 않을까요."

공자는 이 말을 듣고 회심의 미소를 띠었다.

"과연 훌륭한 마음가짐이다. 어쩌다 네가 재산가라면 나는 집사로라도 고용당하고 싶구나."

이런 문답이 있은 뒤 공자는 초나라에 구원을 청했다. 사자로 간 사람은 자공이었다. 초나라의 소왕은 당장 군사를 파견하여 공자를 보호하여 일행은 겨우 위험을 벗어날 수가 있었다.

▶ 삼인삼양(三人三樣)

자로로 이야기하자면 군자의 기본적 마음가짐을 교조주의적으로 지키고 있었는데 비해, 자공은 공자를 이해하면서도 이상은 어디까지나 이상이라고 하는 현실파다. 공자를 내면으로부터 이해하고 공감을 느끼고 있던 이는 오직 안회 한 사람뿐이었다. 그렇지만 공자는 안회의 대답에 흡족하면서도 사자로는 현실적 재능이 뛰어난 자공을 보냈다. 이런 공자의 심리적 움직임도 흥미 있다.

▷ 봉황(鳳凰)이여, 떠나라

공자의 일행이 초에 도착하자 소왕은 공자를 등용하려 했다. 하지만 재상 자서의 강경한 반대에 부닥친다.
"만일 이런 걸물을 쓰신다면, 초나라는 언젠가는 추녀 끝을 빌려 주고 안채를 빼앗기는 결과가 될 것입니다."
초나라에 걸었던 공자의 마지막 기대도 무너져 버렸다.

그 해(기원전 489년) 가을, 초나라의 소왕은 성보(城父)의 진중에게 병사했다.
공자가 초나라를 떠나지 못하자, 기인 취급을 받고 있는 사나이가 수레 앞을 노래하며 지나갔다.

봉황이여 봉황이여

이런 난세에 무엇하러 나왔느냐
    어제의 꿈 버리면 또 내일은 열릴 것을
    정치에 희망 걸어보았자 무엇을 하겠는가

 공자는 이 사나이와 이야기를 나눠보고 싶어 수레에서 내렸다. 하지만 사나이는 공자를 피하듯 달아나 버렸다.
 공자는 초나라를 떠나 위로 돌아갔다. 공자는 그 때 이미 63세가 되어 있었다.

3. 사제애(師弟愛)
─ 안회(顏回)·자로(子路) ─

　공자는 위나라를 떠나 드디어 자기가 태어난 노나라로 돌아왔다. 실로 14년 만의 일이다. 노군(魯君) 정공(定公)은 벌써 죽고, 그 아들 애공의 시대가 되었다. 그런데 애공에게도 공자를 쓸 만한 덕망이 없었다. 공자는 이제 벼슬길을 찾으려는 생각이 없고 오로지 제자들의 교육에 전념했다.
　그런 교육자로서의 모습을, 사마천은 「중니제자열전(中尼弟子列傳)」 첫글에서 다음과 같이 소개하고 있다.

　공자는 말하고 있다.
　'내 제자로서 학업에 힘쓰고 6예(六藝)에 통달한 자는 77인이 있다. 이들은 다같이 뛰어난 재능의 소유자들이지만, 그 가운데에서도 도덕의 실천에서는 안회·민자건·염백우·중궁(仲弓)의 4사람이, 정치적 수완에서는 염유와 자로가, 변설에서는 재아와 자공이, 학문에서는 자유와 자하가 뛰어났다.
　하지만 다 각기 결점도 있어서 자장은 혼자 잘난 체하고, 증삼은 둔하고, 자고는 어수룩하고, 자로는 덜렁대는 점이 있다. 학문을 열심히 하는 안회만해도 가난하여 끼니조차 떨어지는 형편이고, 그 반대로 자공은 천명을 감수하려 하지 않고 이식 따위에 손을 대는데, 시세에 민감하여 진정 잘 적중한다.'

전반의 공문 십철(孔門十哲)이라고 불리우는 제자들의 재능을 열거하는 자랑스러운 어조, 그리고 후반의 단점을 지적하는 글에서는 온정에 찬 스승의 고소가 떠오른다.

제자들 가운데에서 공자와 제일 가깝고 스승의 정신적 지주가 되었던 이는 수재로서 유명한 안회와 덜렁쇠인 자로였다. 여기서는 〈중니제자열전〉에 의거하여 이 두 사람의 인간상을 살펴보자.

▷ 단사표음(簞食瓢飮)

안회(顔回)는 노나라 출신이다. 자(字)는 자연(子淵), 공자보다 30세 손아래다.

안회가 인(仁)의 실천에 대해 지시를 구했을 때, 공자는 이처럼 대답했다.

"자기의 욕망을 누르고 분수를 지킬 일이다. 누구건 이렇게 할 수 있다면, 이상적인 인의 사회가 나타날 것이다."

안회에 관해 공자는 이렇게 말한 적이 있다.

"그는 훌륭한 사람이다. 밥 한 그릇에 국 한 그릇, 이런 식사로 집은 뒷골목의 오막살이, 보통 사람이면 어쩌다 불평도 하련만, 그 사람은 그렇기는커녕 도를 닦는 즐거움에 완전히 잠겨 있다. 어쩌면 바보가 아닌가 생각될 때도 있다. 그런데 평소의 생활태도를 주시해 보고 있으면, 수시로 반짝 빛나는 것을 보인다. 천만에, 도저히 바보라고는 할 수 없는 것이다. 안회가 등용되면 전력을 기울일 것이고 또 무시당하면 한 구석에서 태연히 살고 있다. 이런 행동을 할 수 있는 사람은 그 이외에 나 정도일 것이다."

안회는 대단히 가난한 생활 때문에 29세에 바로 머리가 하얗게 세고, 젊어서 이 세상을 떠났다. 이 때 공자는 소리 높게 울면서 탄식했다.

"안회가 입문하고 나자, 제자들이 한결 나와 가까워졌는데……."

그 후 애공(哀公)이,

"선생의 제자 가운데에서 진정 학문을 좋아한 사람은 누구입니까."하고 물었을 때, 공자는 망설이지 않고 대답했다.

"안회이겠죠. 어떻든 그는 학문만 마음에 두고 있습니다. 자기 감정에 치우쳐 남에게 불쾌감을 주는 일도 없으려니와, 같은 잘못을 두 번 다시 되풀이하는 일도 없었습니다. 불행히도 단명으로 생을 마쳤습니다. 그 뒤 그만한 인물은 나타나지 않았습니다."

▶ 밥 한 그릇에 국 한 그릇

원문은 '일단사(一簞食), 일표음(一瓢飮)'이다. 여기서 3번의 식사가 겨우 한 그릇의 밥에 국 한 그릇이라는 청빈한 생활을 나타냄으로서 '단사표음(簞食瓢飮)'이라는 성어가 생겼다. 이 은자 같은 생활을 즐기던 안회에 대해 공자가 왜 그토록 깊은 애정을 기울이는지가 문제되는 점이다. 공자는 한결같이 이상을 찾아 매진하면서도, 그 이상이 너무 높기 때문에 빈번히 은자의 유혹에 이끌리는 인간이기도 했다.

▷ 깡패에서 유자(儒者)로

중유(仲由)는 자(字)를 자로라고 한다. 노(魯)나라의 변(卞)에서 태어났고, 공자보다 9세 손아래이다.

자로는 성질이 거칠고 강직했는데, 본래 완력을 휘두르기 좋아했다. 수탉을 어깨에 태우고 수퇘지를 옆구리에 끼고 공자가 있는 데로 사납게 뛰어든 일도 있었다.

하지만 공자는 예(禮)로써 이런 자로를 이끌었으므로 자로도 차차 감화를 받아, 얼마 뒤엔 유자(儒者)의 옷을 입은 뒤 진상물을 가지고 공자의 제자를 통해 자기도 제자로 삼아달라고 청했던 것이다.

자로가, 정치의 요체란 무엇이냐고 묻자, 공자는 대답했다.

"항상 국민의 선두에 서며, 국민에 대한 위로를 잊지 말 일이다."

"그렇게 간단한 것인가요."

"지금 이야기한 것을 방심하지 말고 실천해 가라. 실증을 내서는 안 된다."

때로는 공자에게 반문하여 반대로 궁지에 모는 일도 있었다.

"군자의 용기도 필요하겠지요."

"용기보다는 의다. 용기를 존중하는 나머지 의를 잊으면, 군자는 나라를 혼란에 빠뜨리고, 소인(小人)은 도적이 되니까 말이다."

자로는 한 가르침을 들으면 어떻게든 그것을 실천하려고 하였다.

공자는 자로에 대해서 이런 비평을 하고 있다.

"자로라면 재판관이 되더라도 한쪽의 말만 듣고도 판결을 내릴 수 있을 것이다. 그는 그처럼 과단성 있는 남자인 것이다. 용기의 점에서도 발군이며, 이 점에서는 나도 자로에게 당할 수 없다. 다만 애석하게도 그는 사려 분별이 없다. 이대로 가다가는 천수를 다할 수 있을지 걱정이다.

그렇지만 그러면 남루 한 옷을 걸치고 귀인과 대면하는 일이 있더라고 기가 죽지 않고 당당히 행동할 수가 있을 것이다. 자로는 풍족하다고는 할 수 없지만 벌써 군자의 경지에 도달해 있다."

▶ 유자(儒者)의 옷

둥근 모자를 쓰고 통 넓은 긴 옷에 폭 넓은 띠를 맨다. 협객(俠客)을 자처하고 있던 무렵의 자로와는 완전히 달라진 복장이었으리라.

▷ 유능한 행정관

노나라의 대부 계강자(季康子)가 공자에게 물었다.
"자로는 인자라고 할 수 있을까요."

"그건 모르지만, 일국의 군정을 감독 지휘할 만한 수완은 가지고 있습니다."

자로는 공자의 제국 방랑에 반갑게 수행하고, 장저(長沮)·걸닉(桀溺), 또한 대바구니를 짊어진 노인 등과 말을 나누었다.

자로가 계씨(季氏)의 집사였을 적에, 계씨가 공자에게 물었다.

"자로는 대신으로 발탁할 만한 인물일까요."

"아니, 그건 무리겠지요. 보통 관리가 적당하다고 생각합니다."

그 뒤 자로는 포(蒲)의 대관으로서 위나라로부터 초청을 받아 공자에게 작별 인사를 하러 왔다. 공자는 자로에게 말했다.

"포라는 곳은 난폭한 사람들이 많아 여간해서 다스리기 힘든 고장이다. 때문에 내 말을 잘 들어둬라. 여전히 공경하는 태도를 잃지 말 것. 그러면 난폭한 사람들도 꼭 따라온다. 또 관용과 공정한 자세를 무너뜨리지 말 것. 그러면 민중은 꼭 지지해 준다. 이 두 가지를 취지로 하여 민심을 안정시킬 수만 있다면, 지우(知遇)에도 응할 수가 있을 것이다."

▷ 죽더라도 갓은 벗지 않는다

위나라의 영공에게는 총희(寵姬) 남자(南子) 부인이 있었다. 그런데 태자 궤외(蕢聵)가 이 남자 부인을 죽이려다가 실패, 처벌이 두려워 국외로 달아났다.

이윽고 영공이 죽자, 남자 부인은 공자 영(郢)에게 뒤를 잇게 하지만 영은 고개를 가로저었다.

"망명중인 태자의 아들 첩(輒)이 위를 이어야 합니다."

이렇게 하여 첩이 새로운 위군으로 옹립되었는데 이 사람이 출공(出公)이다.

출공이 등극한 지 12년, 그의 부친 궤외는 아직도 국외에 망명중이어서 고국으로 돌아오지 못하고 있었는데, 위의 대부 공회(孔悝)를 이용하여 위의 군위(君位)를 빼앗으려 했다. 이때쯤, 자로는 그 공회의 영지에서 대관을 하고 있었.

궤외는 먼저 책략을 꾸며 공회의 집에 잠입해서 공회를 협박, 그 일당을 이끌고 출공을 습격했다. 출공은 노나라로 망명한 뒤 반란은 성공, 궤외가 즉위했다. 이 사람이 장공(莊公)이다.

반란이 일어났을 때 자로는 마침 임지에 있었는데, 급보를 받자 바로 위도로 달려왔다. 성문 가까이까지 왔을 때, 마침 성안에서 나온 자고(子羔)를 만났다. 자고는 자로를 말렸다.

"출공은 망명하시고 성문은 벌써 닫혀 있소. 귀공도 돌아가는 것이 좋을 것이오. 일부러 사건에 휘말릴 필요가 없을 거요."

하지만 자로는 굽히지 않았다.

"아니오. 녹을 얻어먹는 자로서, 주군의 역경을 보고 저버릴 수는 없소."

자고는 단념하고 혼자 떠나갔다.

자로는 성문이 열리기를 기다렸다. 그러는데 운수 좋게도 위로 가는 사자가 도착하여 성문이 열렸다. 자로는 그 사자의 뒤를 따라 성문 안으로 들어가, 바로 궤외가 있는 곳으로 갔다. 궤외는 공회(公懷)와 같이 망루 위에 있었는데 자로는 궤외를 보자 소리쳤다.

"반역자 공회는 필요가 없으실 줄 압니다. 부디 제게 내려 주십시오. 죽여버리겠습니다."

궤외는 이 부탁을 거절했다. 그러자 자로는 망루에 불을 지르려 했고 놀란 것은 궤외다. 곧 석걸(石乞)과 호염에게 명하여 자로를 칼로 치라고 했다. 그들의 칼이 마침내 자로의 갓을 깨뜨렸다. 자로는,

"보라, 군자는 죽더라도 갓은 벗지 않는다!"

그렇게 외치며 갓 끈을 다시 맨 뒤에 숨졌다.

위나라에 반란이 일어났다는 소문이 공자의 귀에 들어왔을 때, 공자는 말했다.

"아, 자로의 일이니 분명……."

그 뒤, 과연 자로의 죽음이 전해졌고 그 때 공자는 엄숙하게 술회했다.

"그가 제자가 된 뒤, 내게 대한 세상의 비난을 통 들을 수가 없었는데……."

▶ 자고(子羔)

자로와 똑같은 공자의 제자로서 우직하다는 평을 듣던 사람. 이 당시 출공(出公)에게 출사(出仕)하여 대부를 지냈다고 한다.

상가의 개 63

▶ "반역자 공회는…… 죽여 버리겠습니다."

주군(主君)인 공회를 구원해 내고자 이렇게 이야기했던 것. 그리고 공회와 공자는 성만 같을 뿐, 별로 관계는 없었던 모양임.

▶ "그가 제자가 된 뒤…… 들을 수 없었는데."

세상 사람들은 자로의 무용을 겁내 공자의 욕을 하지 않았던 것이다. 스승에 대한 비판을 폭력에 호소해서라도 봉해 버리려고 했던 자로의 직선적인 진심을 엄숙히 애석해하는 공자였다.

4. 하늘만이 안다
— 공자(孔子)의 죽음 —

사마천은 스스로 공자가 태어난 노나라로 갔을 적에 견문을 이렇게 기록하고 있다.

시에 '고산(高山)은 우러를 것이며, 대도(大道)는 가야만 할 것이다'라는 말이 있다. 가령 도달하기는 어렵더라도 그것을 향해 나아가는 사실의 중요성을 지적한 것이다. 나는 공자의 저서를 읽고 그 인품을 상상했다. 그 뒤, 실제로 노나라에 여행하여 공자의 묘당, 거복, 예기를 보고, 학문을 뜻하는 자가 계절마다 공자의 구댁에서 예의 강습을 받고 있는 광경을 보았다. 나는 이곳을 찾았을 때, 왠지 바로 돌아설 수가 없어서, 잠시 그 부근을 배회했었다. 옛부터 군주에서 현인에 이르기까지 천하에 이름을 떨친 인물이 많지만, 그 영예가 일시적인 것에 불과하며, 그들의 사후엔 거의 잊혀져 버렸다. 그런데 공자는 포의(布衣 : 서민(庶民))의 몸이면서도 그의 도(道)는 10여 대에 걸쳐 전해지고, 학자는 이를 본종으로 삼고 있다. 천자(天子)·왕후(王侯)를 비롯하여 우리나라의 6예에 관해 운운하는 자는 모두 공자를 기준으로 하여 취사 절충하고 있다. 이런 점에서 공자가 지성(至聖)이라고

해도 좋으리라. 〈공자세가(孔子世家)〉

▷ 무엇을 남길 것인가

노나라의 애공(哀公) 14년(기원전 481년) 봄, 노나라 서부의 원야(原野)에서 사냥이 시작되었다. 그때, 대부(大夫) 숙손씨의 마부 서상(鉏商)이라는 사나이가 보지 않던 짐승을 잡았다. 그 자리에 있던 사람들은 모두 이 짐승의 괴상한 모양을 보며, 그저 기분 나빠할 뿐이었다. 그런데 공자가 곰곰이 짐승을 관찰하고서,

"이것은 기린이다. 성인(聖人)의 세상에나 나타나는 인수인 것이다."

이렇게 이야기했으므로 비로소 가지고 가기로 했다.

평소부터 공자는,

"용마(龍馬)도 신구(神龜)도 나타나지 않는다. 그렇다면 나는 결국 성왕을 만나지 못한 채 일생을 마치는 것인가." 하며 침울해 하고 있었다. 그러던 중에 가장 사랑하는 제자 안회(顔回)의 죽음을 안 것이다.

"아, 난 하늘에게서 버림받은 자이다."

공자는 여전히 절망에 빠져 있었다.

그럴 때 이 기린이 나타난 것이다. 인수가 나타나도 그것을 식별하지 못하는 세상이다.

"아, 나도 이젠 마지막이다. 어느 누구의 이해도 받지 못하고 이 세상을 끝낸단 말인가."

문득 중얼거린 공자의 말을 자공이 가로막았다.

"그런 말씀을 하시다니 뜻밖입니다."

"아니다. 난 이래도 하늘을 원망하는 것도 사람을 나무라는 것도 아니다. 내가 일상적인 것에서부터 고매한 것까지 온갖 것의 탐구를 지향해 왔다. 이런 나를 이해해 주는 것은 하늘뿐인가 하고 개탄했을 따름이다.

생각해 보면, 끝까지 신념을 관철하고 일신의 결백을 지킨 사람은 백이·숙제다. 유하혜(柳下惠)와 소연(小連)은 신념을 굽힌 뒤에 출사했다. 우중·이일은 은둔(隱遁)했으면서도 침묵을 안 지키고 제멋대로 지껄여대고 있었다. 하지만 결코 몸을 더럽힌 것이 아니고, 세상을 버리는 방법도 시의를 얻고 있었다.

그런데 내 입장은 다르다. 먼저 진퇴를 정해 놓고 행동한 것이 아니다. 의에 따랐을 뿐이다."

공자는 또다시 말을 이었다.

"아니 그래도 좋다. 그러나 군자라면 죽은 뒤에 이름을 칭송받아야 할 터인데, 난 어떤가. 이상(理想)은 무엇 하나 달성되어 있지 않다. 대체 무엇을 후세에 남기면 좋단 말인가."

공자는 당장 노나라의 사서를 읽고,「춘추(春秋)」의 집필에 착수하여 은공으로부터 애공 14년에 이르는 12대의 역사를 기록했다.

춘추는 노나라의 사서이지만 단순히 거기에 그치지 않고 종실로서의 주의 존재를 똑똑히 하고, 하·은·주 3대의 사적을 논단한 것이다. 그 문사는 간결하지만 함축이 깊다. 어쩌다 오와 초나라의 군주는 왕을 자칭했으나, 이 양군을 왕이라고 기록하지 않고, 단순히 자(子)라고 기록했다. 또 천토의 회맹은 실은 진후(晉侯)가 천자(天子)를 소환한 것이었으나, 그것을 좋지 않게 보아 '천자, 하양(河陽)에서 사냥을 하시다'라고 기재했다. 이런 기록에 의해 세상을 바로잡고, 훼예 포폄(毁譽褒貶)의 의(義)를 똑똑히 한 것이다. 그것은 군주를 시역한 난신, 아버지를 죽인 적자의 행위를 특기함으로써 후세 사람들에게 반성을 촉구하며, 왕자인 자에게 대의를 시행시키려는 의도에 근거하고 있었다.

공자의「춘추」의 열의는 대단한 것이었다. 일찍이 공자가 관직에 있었을 때는 고소문 하나를 작성하는 데도 동료에게 상의해서, 결코 독단 전행한 일이 없었다.

하지만「춘추」는 끝까지 혼자 집필하고 추고를 가했다. 학식이 많은 자하에게조차 한 자의 원조도 구하지 않았던 것이다.

「춘추」가 완성되었다. 공자는 그것을 제자들에게 보이면서 말했다.

"후세에 내가 칭송을 듣건 비난을 받건 그것은 똑같이 이「춘추」가 어떻게 해석되느냐에 달렸을 것이다."

▶ 천토(踐土)의 회맹(會盟)

진(晉)의 문후가 초나라를 격파한 뒤, 문후의 사자 왕자호(王子虎)는 천토의 왕궁에서 주왕을 불러들여 제후와 회맹하고, 문공(文公)이 패자임을 밝혔다.

▷ 그 때에 73세

공자가 병이 들었다. 자공이 위문을 가자, 공자는 지팡이에 의지하여 문 근처를 거닐고 있었다. 그는 자공을 보자,
"너무 늦게 오는구나."
그러면서 깊은 한숨을 내쉬었다. 그리고는 어두운 낯빛으로,

태산(泰山)이 무너지는가
기둥(梁柱)은 부러지는가
철인(哲人)은 시드는가

이처럼 노래했다. 노래하고 있는 동안에 눈물이 얼굴을 흘러내렸다.
"천하의 도가 상실된 지 오래고, 나를 따라오는 이도 없다. 난 어젯밤 안방 기둥 사이에 앉아 제물을 받고 있는 꿈을 꾸었다. 이것은 은의 습관이고 하(夏)나 주(周)에서는 다르다. 그런데 내 조상은 은나라 사람인 것이다."
그런 지 7일 뒤, 공자는 세상을 떠났다. 그 때에 73세. 노(魯)나라의 애공 16년(기원전 479년) 4월 기축일의 일이었다.

▶ '태산은 무너지는가'
태산은 경서(經書)에 많이 나오는 고래로부터 천자가 신(神)을 모시는 성산(聖山)으로서 숭앙받는 산.「예기(禮記)」에는 '태산

상가의 개 69

무너져 양목(梁木)을 꺾다'라고 되어 있다. 중산(衆山)이 우러러 보던 태산(泰山)이 무너지고, 중목(衆木)이 의지하는 기둥(梁木)이 부러진다는 의미로서, 이야기하건데 공자가 죽음을 노래한 것이다. 그 뒤 이 말은 현인의 죽음을 비유하는 말이 되었다.

▷ 공자묘(孔子廟)의 유래

공자는 노나라의 도성 북쪽 사수(泗水) 가에 묻히고, 제자들은 똑같이 3년의 심상(心喪 : 상복을 입지 않고 복상하는 것)을 치뤘다.

상을 다 치르자 스승의 영전에 모여 곡하며 슬픔을 나누었다. 모두 헤어졌지만 그 가운데에는 떠나지 않고 그대로 남은 사람도 있었다.

자공은 공자의 무덤 옆에 오두막집을 지어 놓고 다시 3년을 복상했다.

공자의 묘지 곁에는 차츰 제자들이며 노나라 사람들이 옮겨 살게되어, 얼마 뒤엔 1백여 호에 달해, 그 곳은 공리(孔里)라고 불리우게 되었다.

그 뒤, 이 무덤은 대대로 계속 지켜져 매년 제례가 거행된다. 또 공자의 무덤 앞에서 유자들은 예를 배우고, 향음주(鄕飮酒)의 예(禮)와 대사(大射)의 예를 거행한다.

묘지의 넓이는 1백 묘(畝). 본래 제자들이 있던 건물은 나중에 묘당이 되어, 공자의 옷·갓·거문고·수레·서적 등을 넣어 두었다. 그것들은 한대의 오늘까지 2백년 수십여 년에 걸쳐 보존되고 있다.

한의 고조는 노에 들렸을 적에, 공자의 무덤에 태뢰(太牢)를 차리고 제사를 지냈다. 또 제후나 대신은 정무로 이 지방에 오면 먼저 이 묘당을 찾아 참배하는 것이 상례이다.

▷ 후계자(後繼者)

공자가 죽은 뒤에도 공자를 사모하는 제자들의 정은 컸다. 일문(一門) 중의 유약(有若)이 공자와 아주 닮아 있었으므로, 일치해서 후계자로 올렸다. 그리고는 공자에게 대했을 적과 같은 태도로 유약에게 사사했다.

어느 날 제자의 한 사람이 유약에게 물었다.

"예전에 선생님이 외출하실 적에, 따라간 제게 우비를 준비시키셨습니다. 그런데 과연 중간에 비가 왔으므로, '선생님은 어떻게 비가 온다는 것을 아셨습니까' 하고 물어보니, 선생께서는, 「시경(詩經)」에, '달이 필성(畢星)에 걸리면 큰비가 온다는 이야기가 있지 않느냐, 어젯밤 달이 필성에 걸렸을 텐데 그러느냐' 라고 대답하셨습니다. 하지만 그 뒤 주의해 보았는데 달이 필성에 걸려도 비가 오지 않을 적이 있습니다.

또 이런 일이 있습니다. 상구(商瞿)는 대단한 연배가 되어도 아이를 못 낳았으므로 모친의 뜻에 따라 아내를 또 한 사람이 맞이하려 했습니다. 그럴 때 선생님의 심부름으로 제나라에 가도록 하명을 받았던 바, 모친의 사정을 이야기하고 중지시켜 달라고 했습니다. 그러니 선생님은, '걱정 마십시오, 아드님이 사십이 넘어서 사내아이를 다섯 갖게 될 것입니다' 라고 했습니다. 과연 상구는 다섯 아이를 얻었습니다.

　대체 선생님은 어떻게 그처럼 앞일을 아셨을까요."

　유약은 응답할 수가 없어 잠자코 있었다. 그러자 제자들은 일제히 일어나

　"자리에서 내려와 주십시오. 당신은 그곳에 앉을 자격이 없습니다." 하였다.

공자와 노자의 회견

5. 세계를 움직이는 변설(辯說)
― 자공(子貢) ―

　공자의 주요 제자 가운데 임종이 임박한 공자에게 달려올 수 있었던 사람은 자공 한 사람뿐이다. 이 자공은 변설이 뛰어났을 뿐만 아니라 학문도 우수하여 돈벌이에까지도 비범한 재능을 나타내었다. 자공이란 자(字)이며, 단목이 성, 이름은 사이다. 공자보다 31세 손아래였다.
　공자는 자공의 재능을 인정하고 있었지만, 때로는 이렇게 짓궂은 질문도 했다.
　"너하고 안회하고는 어느 쪽이 윗길이라고 생각하느냐?"
　"물론 안회이지요. 그는 하나를 들으면 열을 알지만, 저는 하나를 듣고 둘을 알 정도입니다."
　겸손하고 무척 신중한 대답이다.
　또 어느 땐가는 자공이 공자에게 문의했다.
　"제가 어떤 인간인지 평가해 주시지요."
　"그릇이지."
　"무슨 말씀이신지요?"
　"호련(瑚璉)이란 말야."

호련이란 조상의 묘제에 쓰는 귀중한 그릇이다. 즉 일단은 '그릇이지' 하고 자공의 재능을 비꼬긴 했지만, 반문을 받고는 당황하여, 없어서는 안될 인재라고 변명한 듯한 문답이다.

공자는 늘 자공의 변설에 브레이크를 걸고 있었는데, 어느 때던 그 변설에 크게 의지하지 않을 수 없게 되었다. 그 때의 자공의 활약은 …….

▷ 공자의 지명(指名)

제나라에서는 대부 전상이 반란을 일으키려고 음모를 꾸몄다. 하지만 고(高)·국(國)·포(鮑)·안(晏) 씨 등, 국내외 유력한 세력을 적군으로 맞을 일이 걱정이다. 그래서 계획을 변경하여 노나라를 공격하려고 군대를 움직였다.

이 소식을 듣자, 공자는 제자들을 모아놓고 말했다.

"잘 듣거라. 노나라는 우리 조상들이 묻혀 있는 분묘의 땅이며, 부모의 나라다. 그 노나라가 오늘 멸망의 위기에 있다. 누구든 이 조국의 위기를 구원하려 일어날 사람은 없느냐."

먼저 자로(子路)가 자청해 나섰다. 하지만 공자는 자로를 말렸다. 뒤에 자장(子張)·자석(子石)이 나섰지만 공자는 이들도 허락하지 않았다. 마지막으로 자공이 나서자 공자는 마침내 승낙했다.

자공은 제나라로 가서 전상을 만나 이렇게 설파했다.

"노나라를 공격하는 것은 잘못입니다. 그렇게 공격하기 힘든 나라가 없습니다. 성벽은 얇고 낮으며, 방어용 도랑은 좁고

얕습니다. 또한 군주는 어리석고 덕이 없으며 중신은 교활하기만 하고 무력합니다. 게다가 신하들이나 백성은 전쟁이라면 질색을 합니다. 이런 나라를 상대하기보다는 차라리 오나라를 공격하는 편이 득입니다. 오나라는 노나라와 반대로 성벽이 두텁고 높으며, 도랑도 넓고 깊습니다. 무기는 신식인데다 튼튼하고, 병사들은 정예들이고 양식도 풍부합니다. 이런 것 모든 것이 갖추어진 데다가 지휘를 하고 있는 사람이 우수한 대부입니다. 이런 나라일수록 공격하기 쉬운 것입니다."

이 이야기를 듣자 전상은 화가 나서 말했다.

"쉬운 것을 어렵다고 이야기하고, 어려운 것을 쉽다고 하니, 나를 우롱할 셈이냐?"

"아닙니다. 자, 내 말을 좀더 들어 보십시오. 고민의 씨가 국내에 있을 적에 강국을 치고, 그것이 국외에 있을 때는 약소국을 치라고 했습니다.

들리는 말에 의하면 당신의 경우 고민의 씨는 국내에 있습니다. 당신에게는 세 번이나 봉읍의 증가 문제가 화제로 올랐으나, 세 번 다 중지되었습니다.

그 원인이 일부 중신들이 당신을 싫어해서 반대했기 때문이라고 합니다.

지금 당신은 노나라를 쳐서 제나라의 영토를 확대하려고 합니다. 하지만 이런 상황 밑에서 싸움에 이기면 어떨까요. 주군은 교만해지고, 군사에 관련된 중신은 한층 세력이 강해집니다. 그럼에도 불구하고 당신은 공적을 올리면서 주군으로부터 소외당하는 결과가 될 것입니다. 즉 당신은 위로는 주군의 마음을 교만하게 만들고 아래로는 군신이 제멋대로 굴게 버린 것입니다.

이래 가지고는 당신의 대망은 이루어질 수가 없습니다.

애당초 주군의 마음이 교만해지면 정치는 방자하게 되고, 군신의 생각이 교만해지면 서로 싸움을 시작합니다. 따라서 당신은 위로는 주군과 반목하고, 아래로는 중신과 다투지 않을 수 없게 되어, 제나라에서의 당신의 입장은 실로 걱정스러운 것이 될 것입니다.

오나라를 치는 편이 득이라고 말씀드린 것도, 이런 전망에 의한 것입니다. 어쩌다 오나라를 쳐서 패배했을 적에, 어떻게 될까요. 많은 백성이 전사하고 중신은 그 세력을 잃게 됩니다. 그렇게 되면 당신은 유력한 신하의 저항을 받는 일도 없고 백성의 비난을 받는 일까지 없게 됩니다. 즉 주군을 고립시키고 당신 힘으로 제나라를 좌우할 수가 있을 것입니다."

"과연 그렇겠군. 그러나 우리 군사는 벌써 노나라를 향해 가고 있소. 갑자기 여기서 오나라로 전진시킨다면 중신들이 의심할 것이니, 어찌 하면 좋겠소."

"여하튼 노나라의 공격을 중지시켜 주십시오. 그러는 동안 저를 사자로서 오나라에 가게 해 주신다면 나는 오나라가 노나라를 구원하기 위하여 제나라를 공격하도록 만들겠습니다. 당신은 군사를 일으켜 오군을 맞아 싸우면 됩니다."

전상은 이 제안을 받아들여, 자공을 남쪽의 오왕에게로 보냈다.

▷ 노(魯)를 구원하는 것은

자공은 오왕을 설득했다.
"왕자는 타국의 세습자를 끊지 않고, 패자는 적국을 강하게 만들지 않는다고 했는데, 지금의 정세는 어떻습니까?
무게 천균의 큰 물건도 그곳에다 불과 1수(銖) 1량(兩)이라는 적은 무게를 더하기만 해도 저울의 눈은 움직이게 마련인데 오늘날 대국인 제나라는 소국인 노(魯)나라를 병탄하여, 오나라와 자웅을 결할 강국이 되려 하고 있습니다. 왕을 위해 난 이것을 근심하지 않을 수 없습니다.
왕께서 지금 노나라를 구원하는 것은 왕자로서의 명성을 천하에 떨치게 하고, 제나라를 공격하는 것은 둘도 없는 이익이 됩니다. 노나라 편을 들어 포학한 제나라에 벌주를 내리고, 그것이 나아가서 강국 진나라까지도 복종시키게 된다면, 그 이익보다 더 이상의 것이 없습니다. 어떻든 명예상으로는 멸망당하려는 노나라를 존속시킬 것이며, 실리상으로는 강국 제나라를 괴롭히게 됩니다. 이것은 지자라면 의심할 여지는 없습니다."
"과연 그것은 좋은 이야기요. 그런데 난 일찍이 월나라와 싸워 이겨서 월왕을 회계산에 몰아넣은 적이 있소. 월왕은 그 뒤 먹을 것도 제대로 먹지 않고 간난신고에 견디며 군병을 기르고 있다고 하오. 어쩌면 그때의 원한을 풀려는 생각인 모양이요. 그러니, 나로서는 먼저 월나라를 치는 것이 선결 문제이고, 당신의 주장은 그 뒤에 취하고 싶소."
"아닙니다. 월나라는 노나라와 그다지 다름없는 약소국, 제나라는 오(吳)나라에도 지지 않을 강국입니다. 왕께서 제나라를 미루고 월나라를 공격하고 있을 때, 제나라가 노나라를 병탄해 버립니다. 항차 왕께서는 패자를 꿈꾸시는 분, 지금쯤 멸망하려는 나라를 존속시키고, 끊어지려는 나라를 지속시키는 것을 명분으로 삼아야 할 것입니다. 그런데도 불구하고 강국 제나라가 두려워 소국 월나라를 공격한다면 그것을 용기라고 할 수 없으며, 명분도 서지 않습니다. 애당초에 용기 있는 사람은 난을 두려워하지 않고, 인자는 약자를 괴롭히지 않으며, 지자는 기회를 놓치지 않고, 또 왕자는 타국의 세습자를 끊지 않음으로써 각기 의로움을 지키는 것입니다.

어쩌다 이 때 월나라를 존속시켜 제후에게 인덕을 보이고, 노나라를 구원한 뒤, 제나라를 쳐서 진나라에 위압을 가하면 제후는 꼭 서로 손잡고 오나라에 입조하여, 염원인 패업이 성취됩니다. 그리고 어쩌다 왕께서 꼭 월나라가 마음에 걸리신다면, 이 내가 동쪽의 월왕에게로 가서 월나라도 바로 군병을 내어 오나라에 협력하도록 설득하지요. 이것이 실현된다면, 월나라의 병력을 힘없이 만들 수가 있으며, 또 제후를 거느리고 포학한 자를 친다는 명분도 설 것입니다."

오왕은 이 의견에 마음이 움직여, 자공을 월왕에게 가게 했다.

▷ 오(吳), 월(越)을 움직이다

월왕은 자공을 위해 길을 깨끗이 치우고 교외까지 출영했다.

또한 스스로 마차를 움직여 숙사까지 안내한 뒤에 말했다.
"이런 만이의 나라에 일부러 찾아오셨을 때는, 그만한 이유가 있으실 것이라고 사료되는데……."
"저는 이번에 오왕을 만나고, 노나라를 구원하여 제나라를 공격하도록 설득했습니다. 오왕은 이 의견을 받아들이고 싶은 생각이었으나, 아무래도 월나라가 걱정이 되니, 먼저 월나라를 친 뒤에 하고 싶다고 합니다. 그런 점으로 보아서는 꼭 월나라를 공격해 올 것입니다.
그런데 만일 복수할 생각이 없음에도 불구하고 상대방에게 그럴 의사가 있다고 의심을 두게 된다면 그건 정말 좋지 못한 일입니다. 또 어쩌다 복수할 의사가 있더라도 상대방에게 그 눈치를 채게 해서는 매우 위험합니다. 이 세 가지는 일의 성공을 위해 절대로 주의하지 않으면 안됩니다."
월왕 구천은 이 이야기를 듣자, 머리를 숙이고 재배하며 말했다.
"나는 일찍이 분수를 모르고 오나라와 싸워서, 회계산으로 쫓겨 들어가 말로 다할 수 없는 고통을 겪었소. 그 원한은 골수에 사무쳐, 그 뒤로는 밤낮을 몸이 탈 정도이며, 다만 오왕과 서로 찔러 죽일 생각만 하고 있소."
"오왕은 그야말로 폭군이어서 군신은 다같이 비명을 지르고 있습니다. 국가는 계속되는 전쟁에 지치고, 병사는 더 이상 싸울 수 없는 상태며, 민중은 왕을 원망하고 대신은 충성심을 잃고 있습니다. 충신 오자서는 간언 때문에 죽었으며, 국정을 담당하는 태재(太宰) 백비(伯嚭)는 오왕의 잘못을 틈타 오로지

사복을 채우고만 있습니다. 말하자면 오나라의 정치는 망국의 정치입니다.

어쩌다 지금 월나라가 파병하여 오나라를 돕는다면, 월나라에 대한 오왕의 생각은 변할 것입니다. 게다가 더욱 환심을 사기 위해 보물을 보내고 정중한 말로 예를 다하면, 오왕은 꼭 월나라에서 제나라로 그 공격 목표를 바꿀 것입니다.

제나라와의 전쟁 결과 어쩌다 오나라가 패한다면, 그것은 월나라에게 있어서 다행한 노릇, 반대로 오나라가 이겼을 경우에는 오나라는 이긴 기세를 몰아 또 진나라를 칠 것입니다. 그때는 내가 북쪽의 진나라를 찾아 진왕에게 오나라를 맞아 싸우도록 설득하겠습니다. 성사된다면 오나라의 군대가 피해를 입을 것은 자명합니다. 그리고 오나라가 제나라와의 전쟁에서 정예를 잃고 진과의 싸움에서 피해를 입었을 적에, 월나라는 단숨에 오나라를 공격하는 것입니다. 이를 멸망시킬 수가 있습니다.”

월왕은 크게 기뻐하고 승낙한 뒤, 자공에게 금(金) 백 일(鎰), 칼 한 자루, 좋은 창 두 자루를 주려고 했다. 하지만 자공은 그것을 사양한 뒤 월나라를 떠났다.

▷ 국제 무대의 주역

자공은 오왕에게 돌아와 이처럼 보고했다.

“월왕에게 가서 삼가 대왕의 이야기를 전했던 바, 월왕은 매우 황송해서 이렇게 말했습니다. ‘저는 불행히도 일찍 부친을 여의고, 제 분수도 모르고 오나라와 싸우는 죄만 범했습니다. 그 결과 패전했고 회계산에서 창피를 당하여, 국토를 잡초가 무성하는 폐허를 만들었으나, 대왕의 은덕으로 나라를 멸망시키는 일만은 모면했습니다. 이 은혜를 죽어도 잊을 수가 없습니다. 이런 내가 어떻게 복수할 생각을 갖겠습니까?' 하고 말입니다."

그런 지 5일 뒤, 월나라로부터 대부 문종(文種)이 사자로서 도착했다. 문종은 오왕을 만나자 고개를 숙이며 말했다.

"동해의 역신 구천의 신하 문종은 사자로서 대왕의 측근을 통해 이에 인사를 드립니다.

들리는 이야기에 의하면, 대왕께서는 이번의 대의를 위하여 궐기하신다고 들었습니다. 강한 자를 주벌하시고 약한 자를 구원, 포악한 제나라를 괴롭혀 주 왕실을 지키신다 하니, 이제 우리나라는 국내의 병사 3천 명을 모아 구천 스스로 갑주를 걸치고 원군으로 나아가, 제일 먼저 시석을 막아낼 생각입니다. 여기에 월나라의 천신 문종의 손을 통해 선대의 소장의 무기, 즉 갑주 20벌〔領〕, 굴령의 창, 보광(步光)의 칼을 헌상하고, 출진하심을 경하드리는 뜻으로 삼고자 합니다."

오왕은 대단히 감격하여 자공에게 이야기했다.

"어떻겠소. 월왕은 자기 스스로 나를 따라 제나라 공격에 나서겠다는데……."

"그것은 안됩니다. 나라를 비워 놓고까지 전부대를 동원하고, 군주까지 종군시켜서는 의가 아닙니다. 오늘날 대왕께서는 공물과 원군만을 받아들이시고, 군주의 종군은 사양하셔야 될

상가의 개 81

줄 압니다."

오군은 이 생각에 쫓아 월왕의 종군을 사양했다.

이리하여 오왕은 아홉 고을의 군병을 동원하고 제나라 공격에 나섰다. 그러자 자공은 진나라로 가서 진군을 설득했다.

"승산이 없으면 싸우지 않고, 군비가 갖춰지지 않으면 싸움에 이길 수 없다고 합니다. 오늘 오나라와 제나라는 서로 싸우려 하는데, 이 싸움에서 어쩌다 오나라가 지면 월나라가 꼭 오나라를 칠 것입니다. 하지만 오나라가 이기면, 오나라는 그 여세를 몰아 진나라로 쳐들어올 것입니다."

진군은 파랗게 질려 자공에게 물었다.

"대체 어떻게 하면 좋겠소."

"지금은 군대를 정비하고 병사를 쉬게 하여 언제라도 싸울 수 있도록 해 둬야 합니다."

진군이 그대로 하겠다고 승낙했으므로, 자공은 진나라에서 노나라로 돌아왔다.

한편 오왕은 마침내 애릉(艾陵)에서 제나라와 교전하여 큰 승리를 거두고, 일곱 장군이 이끄는 병사를 사로잡았다. 그리고 자공이 예상했던 것과 같이 그대로 군병을 진나라로 출격시켰다.

오군과 진군은 황지(黃池) 가에서 맞부딪쳐 필사적인 공방전을 벌인 끝에, 진군이 오군을 크게 격파했다.

월왕은 이 보고에 접하자, 마침내 시기가 왔다고 생각, 장강(長江)을 건너 오나라를 공격했다. 그리고 오나라 서울에서 불과 70리 지점까지 육박하여 진을 쳤다.

당황한 것은 오왕이다. 조국의 위급한 상황을 듣고, 곧 진나라에서 귀국했다. 그리고 오호(五湖) 가에서 월군과 세 번 싸워 한 번도 이기지 못하고, 드디어 수도의 성문을 돌파당하였다.

월나라는 오나라의 왕궁을 포위하고, 오왕 부차를 죽인 뒤에 태재 백비를 처형했다.

그런지 3년 뒤, 월나라는 동방에서 패자가 되었다.

이와 같이 자공이 한 번 국제 무대에 등장하자, 노나라를 구하고, 제나라를 뒤흔들었으며, 오나라를 격파하고, 또 진(晉)나라를 강대하게 만들었으며, 월나라를 패자로 만들었다. 즉, 자공이 뛰어다님으로써 천하의 형편이 급변하고, 10년 안에 다섯 나라가 그 모습을 바꾼 것이다.

자공은 또한 무척 상재에 뛰어나서, 교묘히 물자를 움직여서 재산을 모았다. 그는 타인과의 교제에 있어서는 상대방의 미점을 취하는 한편, 상대방의 결점도 명확히 지적했다. 정치가로서도 노나라와 위나라의 재상을 한 일이 있으며, 제나라에서 그 생애를 끝냈다.

II

비분(悲憤)을 안고

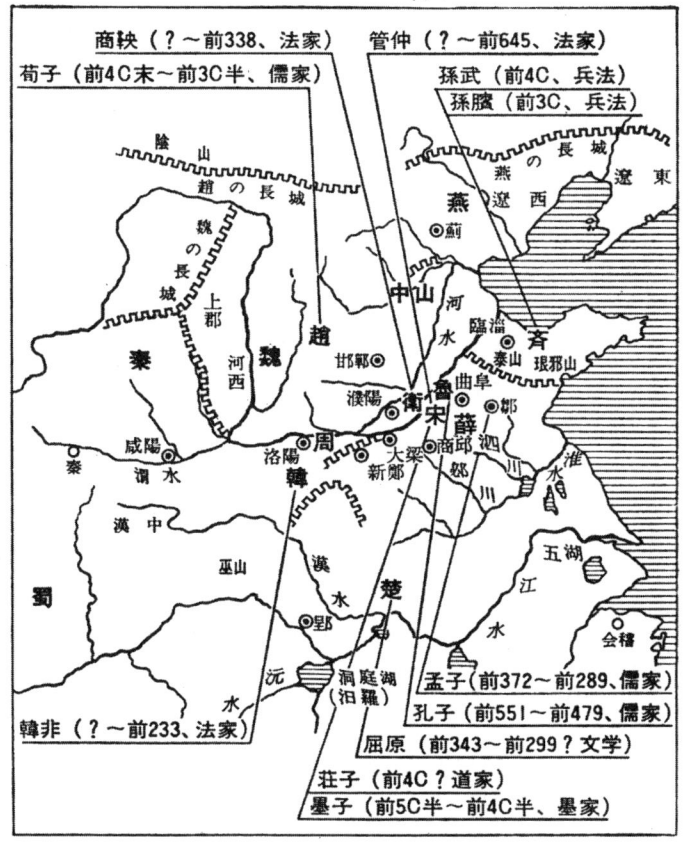

제자백가(諸子百家) 출신국(出身國)

1. 두 사람의 병가(兵家)
— 손무(孫武)와 손빈(孫臏) —

전국 시대(戰國時代)의 중국은 한(韓)·위(魏)·조(趙)·제(齊)·초(楚)·진(秦)·연(燕)의 7웅(七雄)이 각기 패자임을 다투어 사투를 벌인다. 이 시대에 중심적 구실을 하는 것이 각 국의 권력자에게 책략을 일러 주고 지혜를 주는 사상가였다.

그들은 권력자에게 등용되도록 피땀을 쥐어짜며 사상을 쌓는데, 그 사상이 실효성을 지닌 훌륭한 것일수록 중용될 기회가 많아진다. 하지만 그 반면, 뜻하지 않은 위험이 닥쳐오기도 한다.

그 위험을 피할 수 없을 적에 비극이 닥친다.

'적을 알고 스스로를 알면 백전이 위태롭지 않다'는 명언의 출전으로 알려진 「손자」의 저자 손빈도 그런 운명을 더듬은 사람 가운데 하나다. 「손자」는 병서의 고전으로서, 그것은 단순히 전쟁 기술을 기록한 글에 머물지 않고, 이 세상에 전쟁이 있는 한 살아 있을 보편성을 지니고 있다.

손자의 시대와 현대와는 전쟁의 규모나 기술이 비교도 안될 정도로 다른데도 불구하고 어째서 이런 일이 있을 수 있을까. 그것은 손자의 병법이 인간에 대한 깊은 통찰에 의거하고 있기 때문이다.

이「손자」의 저자라고 지목되고 있던 인물이 한 사람 있다. 손빈보다 백 년 전인 춘추 말기의 손무가 그 사람이다.

오늘날에는 여러 가지 고증으로 손빈이「손자」의 저자라고 간주되고 있지만, 내용면에서는 손무도 전연 관계가 없다고는 할 수 없다.

▷ 여인 부대의 연병

손무는 제나라 출신이다. 병법에 통달해 있었으므로 오왕 합려의 초청을 받았다. 합려는 손무에게 이야기했다.

"그대가 지은 병서 13편은 전부 읽었소. 어디 여기서 한 번 시험삼아 연병하는 것을 보여 줄 수 없겠소?"

"그러죠."

"여인들이라도 할 수 있을까."

"할 수 있습니다."

이리하여 궁중의 미녀 1백80명을 모아 연병을 하기로 되었다. 손무는 먼저 2개 부대로 나누고, 왕의 총희 두 사람을 각각 대장으로 삼았다. 그리고는 전원에게 창을 들게 하고 말했다.

"어떤가, 자신의 가슴·왼손·오른손·등허리를 알 수 있는가?"

"예!"

"그러면 앞이라고 하면 가슴을 보라. 마찬가지로 왼쪽이라고 하면 왼손, 오른쪽이라고 하면 오른손, 뒤라고 하면 등허리

손무

쪽을 보아라. 알았는가?"
"예!"
구령을 여인들에게 전하니 손무는 형벌용으로 쓰는 큰 도끼를 끄집어냈다. 또한 자기의 구령이 전원에게 전달되도록 설명을 되풀이했다.
그런데 막상 북을 치고,
"오른쪽!" 하자, 여인들은 킥킥거리며 웃을 뿐이었다. 손무는,
"내 구령이 나빴던 모양이지, 미안하다."
그러면서 전과 같은 구령의 설명을 몇 번이고 되풀이했다. 그런데 또 다시 북이 울리고,
"왼쪽!" 하자. 여인들은 또 킥킥거리며 웃을 뿐이다.
손무는 말했다.
"아까는 내 잘못이었지만 이번에는 다르다. 전원이 구령을 잘 알았을 것이다. 그런데도 구령대로 움직이지 않을 적에는 대장의 책임이다."
그는 손에 든 큰 도끼로 두 대장을 치려 했다. 오왕은 누각 위에서 구경하고 있었는데, 자기의 총희가 죽게 된 것을 보고 당황했다. 곧 전령을 보내 말했다.
"그대의 훌륭한 연병 솜씨는 벌써 보았다. 그 두 여인이 없으면 나는 식사가 제대로 목을 넘어가지 않는다. 부디 죽이지 말아달라."

그러나 손무는,

"이 부대의 장은 저입니다. 장이 군에 있을 적에는 군명(君命)이라도 받아들일 수 없을 때도 있습니다."

그렇게 말하고 두 대장을 베어버린 뒤에, 총희 다음 가는 미인 두 사람을 후임 대장으로 삼았다.

그런 뒤 북을 치고 구령을 내리자, 여인들은 구령대로 왼쪽·오른쪽·앞·뒤·무릎꿇기 등 모두가 질서 정연히 행하며, 누구 한 사람 소리도 내지 않는다.

손무는 왕에게 전령을 보내 보고했다.

"연병은 벌써 완료했습니다. 이리로 오셔서 시험해 보십시오. 대왕께서 명령만 내리시면, 병사들은 불 속이건 물 속이건 바로 뛰어들 것입니다."

"아니, 그럴 필요가 없소. 그대는 숙소에 돌아가 쉬도록 하시오."

"아마 대왕께서는 병법의 이론만은 잘 아시는 모양인데, 실천은 못하시는 것 같군요."

이리하여 오왕은 손무가 용병에 뛰어났음을 알고, 그를 장군으로 발탁했다.

오나라는 그 뒤 서쪽으로는 초나라를 쳐서 초나라의 서울 영(郢)으로 들어가고, 북쪽으로는 제·진을 위협하여 제후 사이에 그 이름까지 높았는데, 이것은 어디까지나 손무의 덕분이다.

▷ 두 다리를 잘리다

 손무가 죽은 지 백여 년 뒤에 손빈(孫臏)이 나타났다.
 손빈은 손무의 후예다. 그는 제나라 서쪽의 아(阿)와 견(鄄)의 중간 땅에서 태어나 젊었을 적부터 방연(龐涓)이라는 사나이와 같이 병법을 배웠다.
 방연은 재빨리 위(魏)나라의 혜왕에게 출사하여 장군이 되었다. 그런데 그는 아무리 생각해 보아도 자기의 재능이 손빈에게 미치지 않았다. 이것이 걱정이다. 그래서 간계를 짜 손빈을 위나라로 불러들여 그에게 애매한 죄를 씌워서, 그 벌로 다리를 절단한 뒤 얼굴에 문신을 했다. 게다가 사람들과 만나지 못하게 격리시켰다.
 그러던 중 어쩌다 제나라의 사신이 위나라 서울 대량을 방문했다. 손빈은 창피를 무릅쓰고 비밀리에 사신을 면회했다. 사신은 그 재능을 판단, 자신의 수레에 숨겨 제나라로 데리고 왔다. 손빈의 재능은 제나라의 장군 전기에게 인정되어, 빈객으로 맞아진 것이다.

▷ 경마에서 큰 돈을

 전기(田忌)는 도박을 좋아해서 제나라의 동자들과 돈을 걸고는 마차 경주를 시켜 즐기고 있었다. 손빈이 관찰하건대, 출전하는 쌍방의 세 마차는 상·중·하의 3급으로 나뉘고, 같은 급수끼리의 말의 다리 힘에는 차이가 없다. 이렇게 생각한 그는 한 꾀를 내어 전기에게 고했다.
"이번 놀음에서는 꼭 이기게 해 드리죠."
전기는 크게 마음이 동해, 공자들뿐만 아니고 왕까지도 상대로 해서 천금의 큰 승부를 도전했다.
마침내 경주 당일, 손빈은 전기에게 귀띔했다.
'이 편의 제일 느린 말이 저 편의 제일 빠른 말과 한 조가 되도록 짜십시오. 그리고 이 편의 제일 빠른 말을 저 편의 중간치 말에, 중간치 말은 하치 말에 짜도록 하십시오."
결과는 3전 2승 1패, 한몫 벌었다.
전기는 이 생각에 의해 점점 더 손빈에게 반하여, 제나라의 위왕에게 추천했다. 위왕은 병법에 관해 손빈과 문답을 가진 뒤, 그를 군사로 임명했다.

▷ 일석이조(一石二鳥)

얼마 뒤 위나라가 조나라를 공격했다. 조나라는 위군의 맹공에 견디다 못해 제나라에 구원을 청해 왔다. 제왕은 손빈을 구원군의 장군으로 임명했으나, 손빈은 형벌을 받은 몸임을 이유로 사양했다. 왕은 다시 전기를 장군으로 세우고, 손빈은 군사로서 남의 눈에 띄지 않도록 포장마차 속에서 작전을 세우게 했다.
전기가 바로 군사를 이끌고 조나라로 향하려 하자, 손빈은 이의를 제기했다.

"가령 실이 얽힌 것을 푸는 데도 함부로 잡아당기진 않는 법입니다. 싸움하는 사람을 돕는 일도 무작정 치고받는 데에 뛰어들어서는 안 됩니다. 상대방의 허를 찔러야만 자연히 형세가 유리해지는 것입니다. 오늘날 위나라는 조나라와의 싸움에 전력을 투입하고, 국내에는 늙고 약한 군병들만이 남아 있습니다. 이때, 허약해진 위의 서울 대량을 단번에 쳐야 합니다. 그러면 위나라는 조나라 공격을 중단하고 저희 나라로 군병을 돌릴 것입니다. 이것이야말로 상대방에게 포위를 풀게 하여 상대방을 피폐시키는 일석이조의 책략입니다."

전기가 이 책략을 실행으로 옮기자, 위군은 과연 조나라의 서울 한단의 포위를 풀고, 바로 귀국의 길에 올랐다.

제나라 군대는 이것을 계릉(桂陵)에서 맞아 싸워 대승했다.

▷ 아궁이의 계략

13년 뒤, 위나라는 조나라와 손을 잡고 한나라를 공격했다. 제나라는 한나라로부터의 지원 요청을 받고 또 전기를 장군으로 임명하여, 또 위나라의 서울 대량을 향해 직행시켰다. 위나라의 장군 방연은 이 보고에 접하자 호기가 왔다는 듯 군명을 돌이켜, 전기의 군대를 후방에서부터 습격하려고 추격 태세로 들어갔다.

제나라 군대는 이 때 벌써 국경을 넘어 위나라의 영내로 침공해 들어가고 있었다. 손빈은 전기에게 이렇게 헌책했다.

"위나라의 군사는 본래 용감하여, 제나라의 군대를 겁쟁이라고 깔보고 있습니다. 정말 잘 싸우는 사람은 적세를 역용하는 법입니다. 병법에도 승리에 취해 대단히 깊이 쫓기를 백 리 하면 장수를 잃고, 50리면 군병의 절반을 잃는다고 합니다. 우리 군대의 숙영지에 만드는 아궁이의 수를 오늘은 10만, 내일은 5만, 그 다음날은 3만, 이렇게 차츰 줄여가 봅시다."

방연은 제나라 군대를 추적하기 사흘, 아궁이의 자리가 줄어가는 것을 보며 매우 기뻐했다.

"제나라의 군대가 겁쟁이라는 이야기를 듣고 있었지만, 우리 영내에 들어와 아직 사흘이 될까말까 한데, 반수 이상이 도망한다는 것은 너무 심하군."

그래서 휘하의 보병 부대를 뒤에 남겨 두고, 경장의 기병대만을 이끌고, 바로 제나라 군대에 육박하려고 속도를 올렸다.

▷ 놈을 출세시켜 주는구나

손빈의 계산으로는, 해질녘에 위나라 군대가 마릉(馬陵)에 도착할 예정이다.

마릉은 골짜기여서 길 폭은 좁고, 그 양쪽은 험준한 비탈로 되어 있으므로 복병을 배치하기에는 안성맞춤인 지세다.

손빈은 길가의 큰 나무 그루를 깎아,

'방연, 이 나무 아래서 죽다.' 라고 크게 써놓고, 다수의 저격병을 길 양쪽에 매복시켜, 이렇게 명령했다.

"날이 저문 뒤에, 이 나무 밑에 불이 켜질 것이다. 그 불을 향해 일제히 쏘아라."

그날 밤, 방연은 과연 이 나무 아래까지 와서 썩어 있는 글자에 눈길을 모았다.

불을 켜고 읽으려는 순간, 제나라 군대의 쇠뇌〔弩弓〕가 일제히 발사되었다. 그러자 위나라 군대는 어둠 속에서 큰 혼란에 빠지고 말았다.

방연은 모든 일이 끝났음을 알고,

"기어코 놈을 출세시켜 주는군."

그리고는 자결을 했다.

제나라 군사는 승세를 몰아 철저히 위나라를 쳐서, 위나라의 태자 신(申)을 사로잡아 귀환했다.

이렇게 해서 손빈의 이름은 천하에 알려지고 그 병법 또한 후세까지 전해지게 되었다.

제나라의 수도

2. 멱라(汨羅)에 투신한 시인(詩人)
— 굴원(屈原) —

 중국의 단오절은 원래 굴원의 비극을 불쌍히 여겨 동정하는 데서부터 비롯되었다고 한다. 하지만 「이소」는 그 밖의 수많은 명작이 그런 것처럼 작자의 고민이 있었기 때문에 탄생되고 있다. 유능하고 청렴한 정치가였던 굴원이, 동료의 시샘으로 겪어야 하는 비극이란 대체 어떤 것이었을까.

▷ 우수에 부닥치다

 굴원(屈原), 이름은 평(平), 초나라의 왕족으로 초나라의 회왕 때에 좌도(左徒 : 보좌관)에 임명되었다.
 그는 학식이 높고 정치적 식견도 뛰어나, 인사·접대의 방법 등 정치가로서의 소양을 쌓고 있었다. 궁중에서는 왕의 상담역으로서 국사를 도모하고, 외교면에서도 빈객의 접대, 제후와의 응대에 수완을 발휘하여, 그에 대한 초왕의 신임이 매우 두터웠다.
 그러나 중신들 중에 굴원을 몹시 시기하는 자가 있었다. 그중 상관대부(上官大夫)는 아무도 모르게 굴원을 실각시킬 기회를 노리고 있었다.

 어느 날 굴원은 회왕으로부터 법령의 초안을 작성하라는 명령을 받았다. 초안이 거의 완성되어 갈 무렵, 상관대부가 찾아와서는 미완성인 초안을 강제로 왕에게 바치려 했다. 굴원이 그의 제안을 거부하자 이번에는 왕에게 이렇게 참소했다.

 "법령을 작성할 때, 왕께서는 항상 굴원에게 명하십니다. 이것은 주지의 사실입니다. 그런데 그는 법령이 공포될 때마다 '이것은 내가 만든 것이다. 내가 없으면 왕께서는 무엇 하나 만족하게 하지 못한다'하고 떠들어대고 있습니다."

 그 말에 회왕의 낯빛이 달라졌다. 그 후부터는 여태까지와는 달리 굴원을 가까이 하지 않게 되었다.

 굴원은 분통이 터질 노릇이었다. 왕은 중상이나 아부를 진정으로 받아들이고 신하가 드리는 진언의 옳고 그름을 간파하려 하지 않았다. 속 검은 신하가 국사를 독점하고, 정당한 의견이 받아들여지지 않는다 — 결국 굴원은 우울하고 슬픔에 젖은 나날을 보내게 되었다. 이 견디기 힘든 기분이 〈이소(離騷)〉의 시 한 편으로 토로된 것이다. 〈이소〉란 '우수에 부닥친다'는 뜻이다.

▷ **진애(塵埃) 밖에 부유(浮遊)하다**

 하늘은 사람의 시초이며, 부모는 사람의 근본이라고 한다. 사람은 궁지에 몰리면 자기를 낳은 자의 품으로 돌아가게 된다. 심신이 지쳤을 때, 누구나 하늘을 우러러보고 싶어지며,

비통이 극에 달했을 때, 누구나 부모를 생각하게 된다.

굴원은 올바른 길을 곧장 걸어, 성심성의껏 군주에게 봉사했지만, 속 검은 동료의 이간책에 의해 군주로부터 멀리 내침을 당하고 말았다. 대체 어찌하면 좋은가, 성의를 다했는데도 불구하고 군주로부터 의심을 받고, 충성을 다했는데도 불구하고 억울하게 죄를 뒤집어 쓴 것이다. 이것이 억울하게 생각되지 않을 수 있으랴. 「이소」의 시는 이러한 생각에서 태어난 것이다.

「시경(詩經)」의 〈국풍(國風)〉의 시는 남녀의 정애를 노래하고 있지만 통속적인 것은 아니다. 〈소아(小雅)〉의 시는 불공평한 세상을 원망하고 있는데 그 도가 지나쳐 있진 않다. 「이소」는 이 양자의 품격을 모두 갖추고 있다고 해도 과언이 아니다.

이 시에서 굴원은 제곡(帝嚳)을 찬양하고, 은나라의 탕왕, 주나라의 무왕, 제나라의 환공의 치적을 구가하고 있는데 그럼으로써 조국의 현상을 비판하려 한 것이다. 그 안에는 숭고한 도덕과 정치의 대도가 남김없이 서술되어 있다.

문체는 간결하고도 함축성이 있고, 그의 순수한 심정과 깨끗하고 정직한 행위를 엿볼 수 있다. 문장은 짧지만, 말하고자 하는 뜻은 극히 커서, 비슷한 예 가운데 고매한 이상이 우러나고 있다. 고결한 지조가 문장에 나타나 말의 하나하나가 향기로 가득 차 있다고 해도 좋다. 그의 이런 깨끗하고 정직한 점이 죽은 뒤에도 세상에 받아들여지지 않고, 잊혀지는 원인이 되었을 것이다.

흙탕물 속에 갇혀 있으면서 어쩌면 매미가 그 껍질에서 벗어나듯 빠져나와, 진애(塵埃)의 세계를 뒤로하고 천계 저쪽에 부유한 인물, 이것이야말로 굴원의 모습이다.

굴원이야말로 이 세상의 더러움에 물들지 않고 자기의 결백을 끝내 지킨 사나이였다. 그가 안았던 뜻을 생각할 때, 그의 빛나는 인생의 태양이나 달빛에 뒤지지 않는다고 해도 과언이 아닌 것이다.

▶ 시경(詩經)

은나라 때부터 춘추 시대까지의 시(詩) 3백 11편을 〈국풍(國風)〉〈아(雅)〉〈송(頌)〉의 3부로 대별한 시집. 공자가 기술했다고 전해진다.

▷ 1편에 세 번 뜻을 나타내다

당시 굴원은 조정 안의 지위에서 쫓겨나, 사신으로서 제나라에 가 있었는데, 귀국 뒤에는 장의(張儀)가 석방된 사실을 알고 회왕을 책망했다.

"왜 장의를 죽이지 않으셨습니까."

회왕은 석방한 것을 후회하고, 바로 그를 잡아오도록 추격대를 보냈으나, 그때는 벌써 장의는 국외로 떠난 뒤였다.

그 뒤, 제후(諸侯)의 연합군이 초나라에 공격을 해 왔다. 초나라는 참패하여 장군 당말(唐眛)이 전사하는 사태가 되었다.

진나라의 소왕(昭王)은 이 시기를 놓치지 않고 회왕의 진나라 방문을 요청해 왔다. 초나라와 인척 관계를 맺고 싶다는 것이 구실이다. 회왕이 거기 응하고 떠나려는 것을 보고 굴원은 적극적으로 반대했다.

"진나라는 호랑(虎狼)의 나라여서 도저히 믿을 상대가 못됩니다. 제발 생각을 거두십시오."

하지만 회왕의 막내아들 자란(子蘭)은 진나라 방문을 권했다.

"진나라와의 우호 관계가 맺어지는 모처럼의 기회가 아닙니까."

결국 굴원의 간언은 받아들여지지 않아, 회왕은 진나라 방문의 길에 올랐다. 진나라는 회왕이 무관에 들어서자, 바로 복병을 배치하여 퇴로를 끊음과 동시에 회왕에게 영토의 할양을 요구했다.

이런 처사에 대노한 회왕은, 이 요구를 거절하고 조나라로 달아나려 했으나, 거절당하고 결국 진나라로 다시 돌아갈 수 없는 처지가 되었다. 회왕은 억류당한 채 병사하여 유해로 귀국을 허용받았던 것이다.

회왕의 억류 중, 초나라는 큰아들 경(頃)이 양왕으로서 왕위에 올라, 자란(子蘭)이 영윤(令尹)으로 임명되었다. 회왕에게 진나라를 방문하라고 간언하여 귀국할 수 없도록 만든 장본인이 영윤이 되었으니, 자란에 대한 비난이 높았다.

굴원(屈原)은 마음이 언짢았다. 궁중에서 쫓겨나고 나서도 본래의 모습으로 돌아가기를 기원했다. 군주가 과오를 깨닫고, 나라의 기풍이 일신될 것을 희망한 것이다.「이소」의 시에는 군주의 지위를 평안케 하고, 나라를 재건하여, 조국을 원래의 모습으로 회복시키고 싶어하는 그의 심정이 되풀이해서 서술

되고 있다. 하지만 결국 어떻게 손쓸 방법도 없고 희망도 없었다. 회왕은 끝까지 과오를 깨닫지 못했던 것이다.

원래 군주란 지자·우자를 불문하고, 자기를 위해 충성을 다해 주는 충신·현자를 등용하는 법이다. 그럼에도 불구하고 국가나 일족이 멸망하는 경우가 많고, 몇 대가 지나도 성군의 치세가 출현하지 않는다. 그 이유는 무엇인가. 충신이 실은 충신이 아니고, 현자가 실은 현자가 아니기 때문이다.

회왕도 마찬가지다. 충과 불충을 구별하지 못했다. 그렇기 때문에 궁중에서는 정수(鄭袖) 부인의 색향(色香)에 현혹되고, 대외적으로는 장의에게 농락을 당한 것이다. 굴원을 멀리하고 상관대부나 영윤 자란을 신용했다. 그 때문에, 군사는 괴멸되고 영토는 삭감되어 여섯 고을 전부를 잃었을 뿐만 아니라, 자기 몸은 진나라에서 객사하여 천하의 웃음거리가 된 것이다. 이것이야말로 사람을 보는 눈이 없었던 결과이다.

「역경(易經)」에 이런 말이 있다.

'우물물은 깨끗하지만 누구도 마셔 주질 않는다. 지극히 가슴 아픈 일이다. 길어주면 좋으련만. 왕이 어쩌다 성명(聖明)하신다면 이 사람을 써서 군신 다 함께 행복하게 될 수 있을 것을.'

그렇다면 군주가 밝지 못한 이상, 신하가 불행하게 되는 것은 당연하다고 해야 할지도 모른다.

▶ 우물물은······ 행복하게 될 수 있을 것을
「역경(易經)」의 정괘(井卦)의 효사(爻辭)에서 인용했음.

비분을 안고 101

▷ 모두 취했는데 내가 홀로 깨다

　자란(子蘭)은 굴원(屈原)을 눈 위의 혹처럼 생각하여 상관대부(上官大夫)와 짜고 양왕에게 숱한 중상모략을 했다. 이리하여 굴원은 강남(江南)으로 추방당하였다.
　머리를 산발하고 강변을 음행(吟行)하는 굴원……. 안색은 초췌하고 몸은 고목처럼 수척해 있었다.
　어부가 굴원을 보고 이야기를 했다.
　"당신은 삼려대부(三閭大夫)가 아니십니까. 왜 이런 곳에 계신지요."
　"세상이 혼탁한데 나 홀로 맑다. 모든 인간이 다 취해 있는데 나 홀로 깨어 있다. 그래서 쫓겨난 것이다."
　"사물에 구속받지 않고 세상의 추이에 몸을 맡기는 것이 성인의 사는 방법이라고 들었습니다. 세상이 혼탁하다면 어째서 그 흐름에 몸을 맡기시지 않습니까. 모든 인간이 다같이 취해 있다면 어째서 막걸리라고 마시고 자신을 취하시지 않습니까. 가슴속에 주옥을 품었으면서 왜 스스로 쫓겨날 짓을 하셨습니까."
　"세수를 하고 몸을 씻은 뒤에는 모자의 먼지를 털고, 의복의 먼지를 털어 입는다고 하지 않는가. 결백한 몸을 때로 더럽힐 수는 없다. 그런 일을 할 정도면, 차라리 강물의 흐름에 몸을 던져 물고기의 밥으로 되는 편이 낫다. 어찌 더러운 세속에 몸을 던질 수 있단 말인가."
　이리하여 굴원이 지은 시가 〈회사부(懷沙賦)〉다. 그것은 이런 내용이다.

  햇볕 내리쬐는 여름
  수목은 울창하네
  상처 입은 마음 안고
  남(南)으로 급히 떠나는 오늘
  산들은 깊고 어둡게
  가라앉아 소리도 없네
  무겁게 짓누르는 아픔과 슬픔은
  날을 따라 깊어질 뿐
  억눌러 보지만
  치미는 격정은 어쩔 수 없구나
  네모를 깎아 둥글게 하더라도
  법칙은 바꿀 길이 없네
  초지(初志)를 바꿈은
  군자(君子)가 천시하는 일이네
  선(線)을 긋고 먹줄을 쳐도
  앞길은 굽힐 수 없네
  묵중하고 곧음이야말로
  군자가 취할 바이네
  도끼를 휘둘러 깎지 않으면
  정확한 칫수는 알 길이 없네
  검은 모습도 어둠 속에 있으면

눈 뜬 장님은 구별할 길 없고
눈 뜬 사람도 눈 감으면
장님이라고밖에 생각되지 않네
아 세상은 역(逆)
백(白)을 흑(黑)이라 하며 위를 아래라 하네
봉황은 농(籠) 속에 갇히고
닭·꿩이 하늘을 날면서 춤추네
옥석을 뒤섞어
한꺼번에 됫박질을 하다니
천한 친구는 시샘만 많아
내 보배는 그대로 썩는구나
무거운 짐을 산처럼 쌓고
흙구덩이에 빠진 괴로움
주옥을 지녔으면서
보일 상대가 없네
마을의 개가 짖음도
상대가 주인이 아니기 때문이네
삐죽 나온 못대가리 얻어맞음은
흔한 세상사이련만
공치사 한마디 못하는 이 내 몸
내 이채(異彩)를 인정받을 길 없네
재목과 통나무 드높이 쌓아 두고
억울타 보배는 그대로 썩는구나
인(仁)과 의(義)와

삼가 덕(德)을 쌓았으나
성군을 만나지 못하는 이 내 몸의
금지를 그 누가 알 것인가
성군(聖君)과 현신(賢臣)은 옛날부터 세상에 함께 나오지 않는데
그 까닭은 아무도 모르네
탕왕(湯王)·우왕(禹王)의 세상은 먼 옛적의 일
사모하기는 너무나 멀구나
노여움과 원망을 짓누르며
굽히지 않는 강한 용기를 구하라
박해를 당해도 난 후회하지 않네
뒤에 오는 사람을 위해 모범이 되지 않으면 안 되느니
길을 재촉해 북쪽에 머물면
해가 떨어져 황혼은 닥치네
슬픔을 토해내고 마음을 달래자
죽음이 바로 저기 다가왔으니

― 맺는 말 ―

광대한 원·상(沅湘)의 물
세차게 파도치며 흐르네
길은 어둡고 쓸쓸한데
앞길은 뿌우옇게 흐리네
지난날은 항시 슬프게 가라앉아

노여움과 탄식이 그칠 새 없네
허지만 나를 아는 자 벌써 이승에 없어
내 슬픔을 털어놓을 길 없네
바른 마음 가슴에 품었으면서
나를 비호하는 지기(知己)는 없고
백미(伯樂)은 벌써 이승에 없고
준마를 볼 줄 아는 자가 나타나지 않는 슬픔
사람은 태어나 명을 받고
그 살아가는 길 정해져 있네
내 뜻 굳건하면
그 무엇을 두려워하랴
허지만 아픔과 슬픔과
언제까지나 따라다니던
세상의 혼탁으로 나를 모르니
호소할 친구가 없구나
죽음을 피할 길 없을 바에는
목숨을 아낄 생각이 없네
공명정대한 군자(君子)여
당신이야말로 나의 모범이네

▶ 삼려대부(三閭大夫)
　초나라의 왕족, 소(昭)·굴(屈)·경(景) 3족(三族)을 통할하는 관직, 굴원은 이 직에 있었다.

▷ 멱라(汨羅)에 투신(投身)하다

　이리하여 굴원은 돌덩이를 품에 안고 멱라에 몸을 던져 죽었다.
　그가 죽은 뒤, 초나라에는 송옥(宋玉)·당늑(唐勒)·경차(景差)라는 사람들이 세상에 나왔다.
　이들은 다같이 글을 좋아하고 시에 뛰어나 세상 사람들의 칭찬을 받은 인물이다.
　하지만 그들은 굴원의 운율이 풍부한 사조(詞藻)를 흉내낼 뿐, 정치를 비판할 용기를 갖지 못했다.
　그 뒤, 초나라는 나날이 영토를 깎이다가 수십 년 뒤에는 결국 진나라에게 멸망당했다.
　굴원이 멱라에 몸을 가라앉힌 지 백여 년이 지나, 한나라에 가생(賈生)이 나왔다. 그는 장사왕(長沙王)의 태부가 되어 상수를 지날 때, 시를 지어 물 속에 던져 굴원의 넋을 달랬다.

3. 창과 방패
— 한비(韓非) —

　　모순이라는 말은 「한비자(韓非子)」〈난편(難篇)〉에 나와 있다.
　　어떤 장사꾼이 앞서 방패를 끄집어내어 '이 방패는 어떤 것으로 찔러도 꿰뚫지 못한다'고 말한 뒤에, 창을 끄집어내어 '이 창으로 찌르면 어떤 것이라도 꿰뚫을 수 있다'고 이야기했다. 이 말을 듣고 '그럼 그 창으로 그 방패를 찌르면 어떻게 되나?' 하는 사람이 있자, 장사꾼은 대답이 궁했다고 한다.
　　한비(韓非)의 생애도 모순에 찬 것이었다고 할 수 있다. 그는 신하의 몸이면서 군주의 입장에 서서 철저한 신하 통솔법을 엮어냈고, 한편으로는 신하로서 군주에 대응하는 주도한 방법을 확립한 것이다. 말하자면 창과 방패이다.
　　이 창과 방패를 써서 멋지게 진왕의 인정을 받았으나, 그 훌륭한 창과 방패 때문에 목숨을 잃게 된다.
　　그가 엮어낸 것이 진나라에서 대폭 채용되어 통일 국가의 사상적 지주가 된 것은 그가 죽은 뒤의 일이다.

▷ 말더듬이

한비(韓非)는 한(韓)나라의 공자(公子)였는데, 측실의 자식이었다. 그의 학설의 중심은 '형명(刑名)' 법술(法術)의 이론으로서, 황로(黃老 : 도가(道家))의 흐름을 이었다고 할 수 있다. 그가 말더듬이였기 때문에 변설은 능하지 못했으나, 문장에 뛰어나 많은 저작을 남겼다.

한비는 젊었을 적에 순자(荀子)에게 사사했는데, 그 동문에 이사(李斯)가 있었다. 이사는 재능면에서 도저히 한비를 당할 길이 없다고 생각하고 있었다.

그 때쯤, 약소국인 한(韓)나라는 이웃나라들의 압박을 받아 영토를 자꾸 빼앗기고 있었다. 이런 조국의 현상을 보고, 한비는 문장으로 국왕 안(安)에게 부국강병책을 설파했으나, 통 채택되지 못했다.

한비의 생각으로는, 위정자는 법제를 개혁하고, 권력으로 신하를 통솔하고, 부국강병을 꾀해 유능한 인재를 등용하지 않으면 안 된다. 그런데 실제는 해충 같은 자들만을 등용하여 공로나 실적 있는 사람의 위에 앉혔으므로 그야말로 분노가 터질 지경이었다.

"유자는 학문에 의해 세상을 어지럽히고, 유협의 무리는 힘으로 금제를 범하고 있다. 그런데도 평시에는 명성 있는 그들을 등용하고, 막상 전쟁이 일어나면 무기를 지닌 병사에게 의지하려는 것이다. 등용한 자는 막상 써야 할 때 쓸모가 없고 실제로 쓸모 있는 자는 평시에 등용하지 않고 있는 것이다."

깨끗하고 정직한 인물이 사악한 신하 때문에 등용되지 못함에 분개하여, 한비는 옛날 왕들의 정치적 득실을 조사하여「고분(孤墳)」「오두(五蠹)」「내외저(內外儲)」「설림(說林)」「설란(說難)」등 10여 만 자에 이르는 작품을 썼다. 특히 진언의 어려움을 알고 있던 한비는, 완벽할 정도의「설란(說難)」편을 적었는데, 결국 그 어려움에서 벗어나지 못하고 진나라에서 죽었다.

▷ 어려운 일은

「설란(說難)」에는 다음과 같이 적혀 있다.
진언이라는 것은 어렵다. 어떤 점이 어려운가. 그것은 진언하는 자가 충분한 지식을 터득하고 있어야 하는 어려움이 아니다. 또 자신의 의견을 입으로 표현하는 어려움도 아니다. 또 말하고 싶은 것을 거리낌 없이 서슴지 않고 말해버리는 용기를 갖는 어려움도 아니다. 진언의 어려움이란 상대방의 마음을 간파한 뒤에 이쪽의 의견을 거기에 맞춰야 하는 어려움, 그것이다.
가령 상대방이 명성을 얻고 싶어하는 군주라고 하자. 이 상대방을 향해 이렇게 하면 큰 이익이 있으리라고 설득하면, 비천한 자에게 멸시를 당했다고 상대도 해 주지 않을 것이 뻔하다. 반대로 이익만을 추구하는 군주를 상대로 명성을 얻는 마음가짐을 설득하면, 세상을 모르는 돌대가리라고 경원당할 것은 명확하다.

실제는 이익을 구하면서 표면상으로는 명군인 척한다. 이런 군주를 상대로 한다면 어떨까. 이 상대를 향해 명군(名君)의 마음가짐을 설득한 경우, 형식상으로는 등용될지 모르지만 실제로는 배척을 받는다. 그렇다고 하여 이익을 얻는 법을 설득한 경우에는 의견만 도둑맞고, 그 뒤는 모르는 척할 것이다. 진언을 하려면 이 정도의 것을 알고 있지 않으면 안 된다.

▷ 이런 상태는 위태롭다

계획은 비밀리에 진행함으로써 이루어지는 것이고, 도중에서 외부로 누설되면 실패한다. 가령 그것을 누설할 생각이 없더라도 우연히 군주가 남 몰래 계획하고 있는 일에 저촉해 버리면 진언하는 사람까지 일신이 위태롭다.

군주에게 과오가 있었을 때, 그것이 없었던 예를 인용하여 군주의 과오를 폭로하면 진언하는 사람의 일신까지 위태롭다. 출사한 지 얼마 안되고 또 자기가 신용을 받고 있지 못한데 자신의 지식을 모조리 보여버리면, 가령 자기가 이야기한 계획이 성공하여 공적을 올리더라도 포상은 받지 못한다. 어쩌다 계획이 실패하면 엉뚱한 의심을 받아, 진언하는 사람의 일신은 위태롭다.

군주가 누군가의 말을 들어 계획을 세우고 그 공적을 독점하고 싶어한다고 하자. 그 경위까지도 알고 있다면 진언하는 사람의 일신은 위태롭다.

상대방이 표면상으로는 무엇인가 있는 일을 하고 있는 것처럼 가장한 뒤 실은 이면에서 전혀 다른 일을 하고 있다고 하자. 이 때에, 그 이면까지 간파해버리면 진언하는 사람의 일신이 위태롭다.

아무래도 하고 싶지 않은 일을 강요하거나, 물러설래야 물러설 수 없는 일을 중지시키려고 하면 진언하는 사람의 일신도 위태롭다.

군주라는 것은, 이 편이 인격자를 화제에 올리면 자신을 비꼬고 있다고 생각하며, 쓸모 없는 인간의 이야기를 하면 무엇인가 선동하는 줄 알고 경계한다.

총애하는 자를 칭찬하면 자신에게 아부하려는 수단이 아닌가 의심하고, 마음에 들지 않는 자를 나쁘게 이야기하면 자신의 생각을 시험하고 있는 것이 아닌가 하고 신경을 쓴다.

간추려 이야기하면, 자세히는 모르는 인간이라고 상대하지 않으며, 길게 말하면 요령이 없는 인간이라고 귀찮아한다.

말을 아껴 대의만을 이야기하면 이야기도 할 줄 모르는 꽁생원이라고 깔보고, 계획을 세워 크게 의견을 제시하면, 겸양심이 없으며 예의도 모르는 자라고 경멸한다.

이것이 진언의 어려움이라는 것으로 소홀히 해서는 안 된다.

▷ 상대방에게 접근하는 요령

그러면 군주에게 진언하는 사람이 알아야 할 것은 무언인가. 상대방이 중요시하고 있는 것은 얼마든지 취하고, 싫어하고 있는 것은 입 밖에 내지 않는다. 이 요령을 아는 것은 중요하다.

자기의 계략이 신묘하다고 자랑하고 있는 상대방에게는, 그 계략이 실패할 것 같다고 말하여 상대방을 궁지에 몰아넣어서는 안 된다. 결단을 잘한다고 만족하고 있는 상대방에게는, 그 결단에 시비를 걸거나 노하게 해서는 안 된다. 능력에 자신을 가지고 있는 상대방에게는 그 능력의 난점을 들어 자신을 잃게 해서는 안 된다.

상대방의 행위를 비판할 적에는, 공통점이 있는 다른 예를 인용하여 상대방의 생각을 건드리지 않도록 주의한다. 칭찬할 때도 다른 사람의 같은 행위를 예로 들며 자연스럽게 추켜세운다.

실패하여 의기소침해 있는 군주에게는 다른 예로써 실패가 아님을 증거로 용기를 내도록 해 줘야 한다.

이와 같이 상대방에게 간언할 때는 거스르지 않도록 하고, 타이를 때도 자극을 주지 않도록 한다. 그렇게 한 뒤에 지혜를 짜서 변설을 놀리는 것이다. 그러면 상대방은 의심하지 않고 이 편으로 접근하게 되며, 따라서 이 편은 자신의 생각을 충분히 다 말할 수 있게 된다.

오래 봉사하여 믿음이 두터워지면 비밀한 일에까지 개입하여 진언해도 의심을 받지 않고, 의견에 반론을 펴도 처벌을 받는 일이 없게 된다. 이해를 정확히 지적하여 성과를 올릴 수가 있으며, 시비를 단도직입으로 판결함으로써 이 편의 명예를 높일 수 있다. 이리하여 상대방도 이 편도 이익을 얻게 되면 진언은 성공이다.

옛적에 이윤(伊尹 : 은나라 탕왕의 재상)이 요리사로 가장한 것도, 백리혜(百里傒)가 노예로 몸을 떨어뜨린 것도 모두 군주에게 접근하기 위해서였다. 이 두 사람은 성인이었음에도 불구하고 천한 일에 종사하며 세상을 살았으니, 진언하는 사람이 자신의 말을 낮추었다고 하여 수치로 생각할 필요는 없다.

▷ 안 다음이 문제

송(宋)나라의 어떤 부잣집에서 어느 날 비 때문에 토담이 무너졌다.
"이대로 놔두면 필경 도둑이 들어올 거요."
아들이 말했다. 이와 같은 이야기를 이웃집 주인도 했다.
그날 밤 과연 도둑이 들어 몽땅 도둑을 맞았다. 이 부자는 아들의 선견지명에 감탄했다. 하지만 이웃집 주인에 대해서는 혹시 범인이 아닌가 하고 의심했다.
또 이런 예도 있다.
옛날 정(鄭)나라의 무공은 호(胡)를 정벌하리라 생각했다. 그래서 또 자기의 딸을 호왕에게 시집보냈다. 이렇게 해 놓고 신하에게 물었다.
"나는 타국을 치고 싶다. 어느 나라를 상대로 하면 좋은가."
"호(胡)나라가 좋다고 생각합니다."
대부(大夫) 관기사가 대답했다.
"호나라는 우리와 인척 관계가 있는 나라가 아닌가. 이것을 치라니 무슨 이야기냐."
무공(武公)은 머리끝까지 화를 내며 관기사를 죽였다.

호왕은 그 말을 전해 듣고, 완전히 안심하여 정나라에 대한 방비를 게을리했고 그 허를 찔러 정나라는 호나라를 공격하여 이를 취했다.

먼저의 이웃집 주인이나 이 관기사는, 그들의 말이 맞았던 것이다. 그런데도 한 사람은 의심을 받고, 또 한 사람은 살해당했다. 이 일로 미루어 보아서 알 수 있듯이, 아는 것 자체는 어렵지 않고 어려운 것은 안 뒤에 어떻게 하면 좋은가 하는 점이다.

▷ 역 린(逆鱗)

미자하(彌子瑕)라는 미소년이 위군(衛君)의 총애를 받고 있었다.

위나라의 법률로는 군주의 수레를 탄 자는 용서 없이 다리를 자르는 형벌을 받게 되어 있다. 그런데 얼마가 지난 어떤 날 밤, 모친이 급한 병이 들었다는 통지를 받은 미자하는 군명이라고 속여 군주의 수레를 사용했다.

그 말을 들은 위군은 죄를 묻기는커녕 도리어 칭찬하는 것이었다.

"과연 효자로구나. 모친을 생각하는 마음으로 다리를 잘린다는 것도 잊다니."

또 어떤 날의 일이다. 그가 위군을 따라 과수원에 산보하러 간 적이 있었다. 복숭아를 먹었더니 너무나 맛이 있어, 미자하가 반을 남겨 위군에게 권했다. 그러자 위군은 말했다

"참으로 나를 생각해 주는구나. 제가 먹을 것도 잊으면서 나를 주다니."

하지만 이윽고 미자하의 미모가 시들고, 위군의 총애는 엷어졌다. 그러자 위군은 미자하가 전에 한 일에 화를 내었다.

"이놈은 거짓말을 하고 내 수레를 쓴 적이 있었다. 또 먹다만 복숭아를 내게 먹인 적이 있었다."

미자하의 행위는 하나다. 그것이 전번에는 칭찬을 받았으나 뒷날에는 문죄를 당한 것은 위군의 애정이 증오로 변했기 때문이다.

바로, 상대방이 애정을 갖고 있을 때에 좋은 말을 하면 곧 마음에 들어 하며, 점점 더 가까이 하게 된다. 그런데 처음부터 미움을 받아서는, 좋은 말을 해도 받아들여지지 않고 차차 더 멀리 배척을 당할 뿐이다. 그러므로 의견을 말하거나 간언을 하려면, 상대방에게 자신이 어떻게 생각되고 있나 하는 것을 안 뒤에 해야 할 것이다.

용이라는 동물은 길들이면 사람이 탈 수 있을 정도로 순하다. 그런데 목줄기 밑에 직경 한 자나 되는 비늘이 거꾸로 나 있어서, 이것을 건드리면 당장 물려 죽게 된다.

군주에게는 이 '역린(逆鱗)'이 있다. 여기에 거스르지 않도록 진언할 수 있다면 먼저 훌륭하다고 할 수 있다.

▷ 때는 벌써 늦었다

한비(韓非)의 저작을 진왕에게 가져 온 사람이 있었다. 진왕은 「고분」과 「오두」 2편을 읽고 감탄했다.

"이것을 쓴 사람을 만날 수 있다면 죽어도 한이 없겠다."

이사(李斯)가 진왕에게 가르쳐 주었다.

"그것을 쓴 사람은 한비라는 사람입니다."

한(韓)나라를 공격하면 한나라에서 한비를 사신으로 보내리라고 생각한 진나라는 갑자기 한나라를 공격했다. 과연 한나라는 화평을 청해 그때까지 등용하지 않고 있던 한비를 사신으로 보내왔다. 진왕은 한비를 만나 기뻐했지만 당장에는 중용하려 하지 않았다. 그런데 이사와 그의 동료인 요가는 한비가 중용되는 때는 자기네가 위태롭다고 생각하여 진왕에게 이렇게 참소했다.

"한비는 뭐니뭐니해도 한나라의 공자(公子)입니다. 진나라가 제후를 병탄하려는 오늘날, 그 사나이는 한나라를 생각해서 진나라를 위해서는 진력하지 않을 것입니다. 이것은 인지상정입니다. 그렇다고 하여 오랫동안 진나라에 두었다가 그대로 돌려보내면 뒷날의 화근이 되겠지요. 지금 바로 법에 비추어 엄벌에 처해야 합니다."

진왕이 이 말에 마음이 움직여 한비를 옥에 가두자, 이사는 바로 옥중으로 독약을 보내 자살할 것을 강권했다. 한비는 진왕을 만나 변명하려 했으나 허용되지 않았다. 그 직후, 진왕은 생각을 고쳐 한비를 사면하려고 옥중으로 사신을 보냈다. 허지만 때는 이미 늦어 한비는 이 세상을 떠나고 없었다.

상황(狀況)에 살다

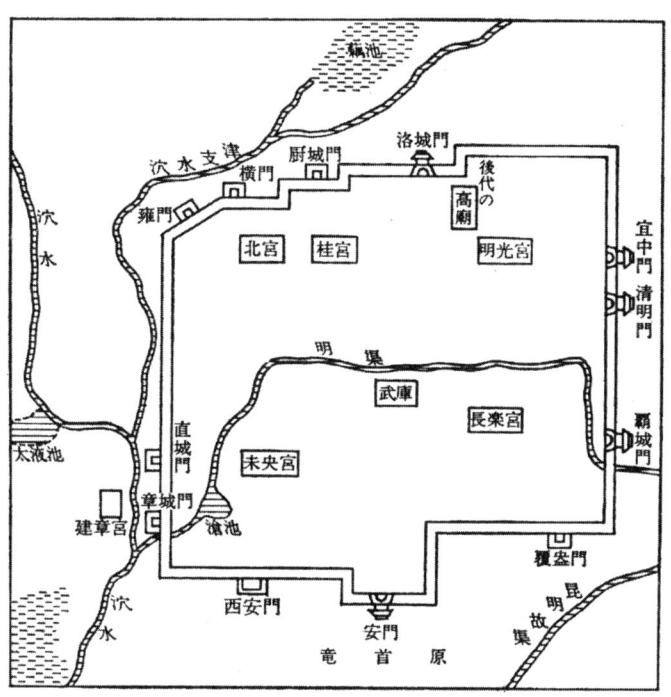

한대(漢代)의 장안(長安)

1. 행동하는 비평가
— 노중련(魯仲連) —

강렬한 개성에 입각하여 독자적인 사상을 전개시켜 나간다는 것은 두말할 필요도 없이 사상가의 이상상임에 틀림없다.

그런데 여기서는 전개시킨 길을 걷는 이의 문제가 대두된다. 이들 문화인이라는 존재들이란 도대체 무엇이란 말인가. 사마천은 형편에 따른 그들 각자의 특이한 생활방식의 묘사를 통하여 이 과제를 밝혀내려 하고 있다.

▷ 조(趙)의 위기

노중련은 제나라에서 태어났다. 그는 기발한 책략을 종횡무진하게 구사하는 데 자신만만했지만 왕실에 봉사할 생각은 전혀 없이 초연하게 어지러운 세상을 관망하고 있었다.

그가 조나라를 편력했을 적의 일이다. 조나라는 효성왕(孝成王)의 시대로서, 때마침 장평(長平) 싸움에서 40만여 명의 조나라 군사들이 진나라 장수 백기 때문에 전멸당한 뒤였다. 진군은 또 동쪽으로 진군해서 조나라 도읍인 한단을 포위했기에 조왕의 공포는 이만저만이 아니었다. 제후들로부터의 구원군 파견이라는 것은 사실 말뿐이었고, 자진해서 진군과 싸우려는 자가 없었다.

위나라 안희왕(安釐王)도 장수인 진비(晋鄙)가 이끄는 구원군을 파견시키기도 했지만 진군과의 싸움을 두려워한 나머지 국경 근처인 탕음(蕩陰) 땅에 군사들을 주둔시키고야 말았다.

위왕은 한편으로 군사 고문 신원연(新垣衍)을 보내서 한단에 잠입시킨 뒤에, 재상 평원군을 통해서 조왕에게 충고했다.

"진나라가 갑자기 귀국의 도읍을 포위한 것은 귀국을 멸망시키자는 이유가 아닙니다. 그전에 진왕은 제나라의 민왕과 싸워 이기고, 제라고 일컬은 일이 있었으나, 머지않아 그 이름을 폐지하지 않을 수 없었소이다. 그 뒤, 제나라 국력은 차츰 약해졌으며, 이제 와서는 진나라가 유독 천하의 으뜸임을 자랑하고 있습니다. 귀국의 도읍 한단을 포위한 것은 한단을 탐내서가 아니라 다시 제가 되기 위해서입니다.

그러므로 귀국이 당장 사신을 보내서 진나라 소왕(昭王)을 제라고 받든다면 소왕은 만족하여 철군할 것이 틀림없습니다."

하지만 평원군은 어찌된 셈인지 결단을 내리지 못하고 우물쭈물하고 있었다. 바로 그 때쯤 노중련이 조나라에 왔다.

위나라가 조나라에 대해서 진나라 왕을 제로 받들라는 권고를 하였다는 소리를 듣자, 노중련은 대뜸 평원군을 만나러 갔다.

"위나라에서 권고한 대로 하실 작정입니까?"

"나로서는 도대체 어찌해야 좋을지 영문을 모르겠소. 바로 최근에 우리는 40만의 군사를 잃었고, 오늘에 와서는 이 도읍마저 포위당한 채 저들을 물리치지 못하고 있는 실정이오. 위나라 왕은 군사 고문 신원연을 보내 와 진나라에게 제호를 받들라고 하오. 그 사신은 지금도 이 곳에 머물면서 그 대답을 기다리고 있으나, 나로서는 도시 이런 대사를 논할 자격이 없소."

노중련은 언성을 높였다.

"지금까지 난 댁을 천하의 현공자라고 여겨 왔소이다만, 그건 내 그릇된 판단이었나 보오. 무얼 우물쭈물하고 있소? 위나라의 권유를 단호히 거절해야 합니다. 좋소! 위나라 사신이 있는 곳을 내게 가르쳐 주시오. 혼을 내서 내쫓아 버리고 말겠소."

"아니, 내가 소개하여 만나시도록 하시오."

평원군은 이렇게 이야기하고 서둘러 신원연을 찾아갔다.

"동쪽 나라의 노중련이라는 분이 오늘날 이 곳에 와 계시오. 제가 소개해 드릴 테니 한번 만나 주시지 않겠소?"

이 이야기에 신원연은 고개를 내저었다.

"제나라의 노중련 선생이시라면 제나라의 고결한 인격자라고 듣고 있습니다. 그렇지만 오늘날 나는 공무를 띠고 이 곳에 와 있는 몸이니, 내 사명을 다할 때까지는 그 분을 만나뵐 수 없습니다."

"실은 벌써 다 만나뵙기로 그 분과 얘기가 되었으니 한번 만나 주시지 않겠습니까?"

이 이야기에 신원연은 어쩔 수 없이 만날 것을 승낙했다.

▷ 진왕이 제호(帝號)를 칭한다면

노중련은 신원연을 만났으나 잠자코 앉은 채로 한 마디도 말하지 않았다. 그러자 신원연 쪽에서 먼저 입을 열었다.

"제가 보기에는 진나라 대군에게 포위당하고 있으면서도 아직도 도읍에 남아 있는 사람들이란 누구나 다 평원군만을 의지하는 사람들뿐입니다. 그런데 선생의 모습을 뵈오니 그런 무리들과는 모두가 다르다고 여깁니다. 그런데도 왜 이런 곳에 머물러 계시는 것입니까?"

그러자 노중련은 결국 신원연에게 입을 열었다.

"세상 사람들은 저 포초(鮑焦)를 가리켜, 지나치게 결백한 탓으로 죽음을 재촉한다고 말하지마는, 그런 것이 아니오. 어리석은 녀석들은 아무 것도 알지 못하면서 그저 그 사람이 제 몸 하나만을 깨끗이 지키려고 한 이기주의자로 밖에는 보지 않으려 하오….

저 진(秦)나라로 치자면 도의 같은 것은 안중에도 없고 사람의 목을 치는 것만을 능사로 삼는 나라요. 군사들을 채찍질해서 싸우게만 한 뒤 백성들을 노예나 다름없이 혹사시키고 있소. 이러한 진왕이 제멋대로 날뛰어 제호를 자칭하며 천하에 학정을 꾀하려 한다면 난 동해바다에 몸을 던져 죽어버리겠소. 구차하게 진나라 백성이 되어 살고 싶지는 않소. 내가 댁을 만난 것도 그렇게 되지 않도록 조나라를 도와달라고 말하기 위해서요."

신원연은 반문했다.

"조나라를 도와달라고 이야기하셨는데, 도대체 어떤 방책이라도 갖고 계십니까?"

노중련은 대답했다.

"위나라와 연나라를 움직여서 조나라를 돕게 할 작정이요. 제나라와 초나라는 저절로 조나라를 도와 주기 마련이니까."

"연나라는 고사하고, 위나라라고 한다면 저도 그 나라 백성입니다. 도대체 어떻게 움직인다는 것입니까?"

"위나라는 진왕이 제호를 일컫게 될 적에 생기는 피해를 모르고 있소. 그것을 알게 되는 때는 꼭 조나라에 힘을 빌려 줄 것이요."

"피해라고 말씀하셨는데 그 이야기는 무엇을 이야기하시는 겁니까?"

"지난 날 제나라 위왕은 인의의 도리를 지켜 천하의 제후들에게 호령하여 주 왕실에 참근(參勤 : 제후가 천자를 알현하고 받드는 일)시키려고 했소. 그런데 주왕실은 쇠약해져 있었기 때문에 제후는 누구 하나 따르지 않고, 마침내 참근한 것은 제나라 위왕 하나뿐이었소.

그로부터 1년 남짓하여 주나라 열왕이 붕어(崩御 : 천자나 황제의 죽음)했을 적에 제왕만이 조문(弔問)에 늦었소이다. 그러자 주나라 신왕은 크게 노하여 제왕에게 이렇게 말했소.

'천자께서 붕어하시어 새로운 천자인 내가 상례(喪禮)를 받들고 있는 이 때쯤 동쪽에서 왕실을 수호하는 신하인 그대가 늦게 오다니 대역무도하므로 목을 치리라…'

이 말을 듣자 제나라 위왕은 바로 성이 나서 대들기를,

상황에 살다

'지껄이지 마, 이 하녀의 자식놈아!' 하고 되받아 외쳤소. 이 이유로 위왕은 천하의 웃음거리가 되고 말았소.

열왕의 생존 시에는 그만큼이나 충성스럽게 참근했음에도 불구하고 신왕에게는 그런 잘못을 저지른 것은 신왕의 오만불손한 태도에 견딜 수 없었기 때문이었소. 하지만 본래 천자라는 것은 그런 존재라오. 때문에 일단 진나라 왕에게 제호를 일컫게 하는 날이면 어떤 취급을 받더라도 후회해야 소용없는 노릇이요."

"선생의 비유하는 말씀은 적합하질 않소. 이를테면 10명의 하인을 한 사람의 주인이 거느린다는 것은 체력의 문제도 아니려니와 그렇다고 하여 지혜의 문제도 아니요. 바로 주인이 무섭기 때문이요. 그 무서움을 어찌하라는 말씀이시오?"

"아니, 그렇다면 위나라는 진나라의 종이라는 말씀이요?" 하고 노중련이 물었다. 신원연은 고개를 끄덕였다.

"그렇습니다."

"그렇다면 내가 진왕을 움직여서 위왕을 솥에 삶아 자반(佐飯 : 소금에 절인 생선)으로 만들어 보리까?"

이런 조중련의 이야기에 신원연은 뚜렷하게 불쾌한 빛을 띠고 말했다.

"말을 삼가는 게 좋겠소! 말이 너무 지나치니 의논도 아무것도 될 게 없소."

"아니, 노여워할 게 아니라 자, 고정하고 들어 주시오. 옛날 주왕 아래에서는 구후(九侯) · 악후(鄂侯) · 문왕 등이 삼공으로서 주왕을 섬기고 있었소. 구후에게는 예쁜 딸이 있어서 주왕에게 그 딸을 바쳤더니, 주왕은 이 따위 추녀를 바치다니 하고 구후를 소금에 절여 죽였소. 악후가 그것을 보고 격하여 주왕에게 간했기 때문에 왕은 악후마저 죽여서 말려 버렸소. 그 말을 문왕이 듣자 깊은 탄식만을 했을 뿐인데도 그랬다 해서 유리(羑里)의 감옥에 투옥시킨 지 백 일 만에 죽이려고 하였소.

오늘의 위왕으로 치자면 진왕과 대등한 사정에 있으면서 무엇이 안타까워서 자청해 소금에 절인 자반이나 말린 고기가 되는 처지에 떨어지려고 한다는 말이요?"

▷ 천하(天下)의 현사(賢士)

노중련은 그 뒤에 전에 제나라 민왕이 천자(天子)임을 참칭했을 때 소국인 조나라와 추나라의 하급 관리가 생명을 내걸고 천자의 예를 바치기를 거부했던 예를 들고…….

노중련은 말을 이었다.
"과연 진나라는 만승지국(萬乘之國 : 1만 채의 병거를 낼 만한 힘을 가진 천자의 나라)이나, 위나라 역시 만승지국이 아니겠소?
서로가 대국을 거느리며 왕임을 자처하는 터에, 단지 진나라가 한 번 싸움에 승리를 거두었다 하여 한쪽의 위나라가 대뜸 무릎을 꿇고 진나라를 제로 받들겠다 해서야, 지난날의 진(晉)나라 대통을 이은 귀국의 중신들이란 소국인 추나라·노나라의 하급 관리에도 미치지 못한다 하겠소.

상황에 살다

게다가 진왕이 제후들의 이렇다 할 저항도 받지 않고 제위에 오르는 날에는 제후들의 중신들을 제멋대로 갈아치울 게 아니겠소. 진나라에게 무능하게 여겨지는 사람이나, 미움을 받는 사람의 지위는 차례로 빼앗길 것이요, 유능하다고 인정받는 자들이나 생각에 드는 자들에게 그 자리가 안겨질 것이 아니요. 또한, 공주들을 비롯해서 여자 간첩들을 제후들의 비로 삼게 하고, 위나라 궁중에도 그런 여자를 보내 올 게 아니요. 그렇게 되는 때면 위왕은 안일하게 지내지 못할 것이요. 또한 댁으로 치더라도 오늘의 지위가 안전하다고 어찌 보장받겠소?"

이런 노중련의 얘기을 듣자 신원연은 무의식중에 일어서더니 머리를 수그리며 말했다.

"잘 알겠습니다. 오늘까지 선생께 대해서 전혀 범상한 분이 아니라고 여겼습니다만, 과연 선생께서는 천하의 현사올시다. 저는 서둘러 이곳을 떠나서 진왕을 제라고 받드는 말을 두 번 다시 입 밖에 내지 않겠습니다."

이 이야기는 곧 진군에게 전해졌다. 조나라의 결사적인 반격을 경계했던 진나라 장수는 한단을 포위했던 군사들을 50리나 뒤로 후퇴시켰다. 그때 위나라 공자 무기(無忌 : 신릉군(信陵君))가 왕명을 빙자하여 진비의 군사 지휘권을 빼앗아 진군에 대해 공격을 개시했다. 이 때문에 드디어 진군은 포위망을 풀고 물러갔다.

조나라는 위기를 모면했다. 평원군은 노중련에게 영지를 주려고 했지만 노중련은 결코 그것을 받아들이려 하지 않았다. 사자를 몇 번씩 보냈지만 노중련은 마침내 거절하고 말았다.

그래서 평원군은 노중련을 위해 성대한 주연을 베풀어 그의 공로를 치하하기로 했다. 연회가 한창 무르익었을 무렵에 평원군은 노중련 앞에 나아가 그의 장수를 축복하고, 천금(千金)을 내밀었다. 하지만 노중련은 웃으면서 이것도 거절했다.

"천하의 현사라는 자의 자랑이라면 남을 위해 근심을 덜어 주며, 괴로움에서 구해 주고 난리를 평정하되, 한사코 보수는 받지 않는 법입니다. 장사꾼이라면 보수를 받겠으나, 난 그것을 받을 수 없소이다."

그는 평원군 옆에서 물러선 뒤에 평생 두 번 다시 만나지를 않았다.

▷ 시문(矢文)

그로부터 20년쯤 지난 뒤 연나라 장군이 제나라 요성을 공격해서 함락시킨 사건이 일어났다. 그런데 요성 사람 가운데 그 장군에 관한 것을 연왕에게 모함한 자가 있어서, 그 때문에 그 장군은 주벌을 겁내서 연나라에 귀국하려 하지 않고 그대로 요성에 머물고 있었다.

한편 제나라는 전단을 장군으로 삼아 요성을 탈환하려고 했지만 공방하기 1년에 많은 희생자만 냈을 뿐 요성을 함락시킬 수 없었다.

그때쯤 전단 앞에 나타난 노중련은 연나라 장군 앞으로 다음과 같은 글을 적어서 성 안으로 활을 쏘아 보냈다.

'흔히 이야기하는 일이지만 지자(智者)는 시세(時勢)를 거역하여 불리한 입장에 빠지지 않으며, 용자(勇者)는 죽음을 겁내서 명예를 잃지 않고, 충신은 몸을 아껴 주군(主君)을 잊는 일이 없다고 합니다.

지금 장군은 일시적인 분격 때문에 신하의 덕을 입지 못한 연왕을 내버렸습니다. 아무튼 간에 몸을 망치고 요성을 잃고 무력을 제나라에 떨치는 데도 실패하고 공명을 얻어 이름을 후대에 남기지도 못하리다. 이것이야말로 실로 충(忠)도 아니며 용(勇)도 아니요, 지(智)도 아니라는 것을 말하지 않을 수 없소이다. 이러한 잘못을 저지른 자는 세상 군주들이 신하로 삼지 않으며 세객(說客)들의 입에 오를 자격마저 없으리다.

지자는 즉단즉결(卽斷卽決)하며, 용자는 결사단행(決死斷行)하오. 장군은 지금 사느냐 죽느냐, 영예냐 굴욕이냐, 귀천존비(貴賤尊卑)의 두 길에 놓여 있소이다. 결단의 시기는 두 번 다시 돌아오지 않소. 부디 심사숙고하여 속인과 같은 길을 밟지 말기 바라오.'

▷ 명예(名譽)와 실리

"더구나 당신의 조국 연나라는 오늘 혼란을 거듭하고 있어서 군주와 신하 모두가 방책을 세우지 못하고 목전의 일에 당황하고 있소. 장군 율복(栗腹)은 10만의 군사를 이끌고 원정했으면서도 다섯 차례나 패전했고, 그 이유로 만승지국(萬乘之國)인 대국 조나라에게 도읍이 포위당하는 사태를 빚었소. 영토는 줄어들고, 군주는 굴욕을 당하여 천하의 웃음거리가 되었으며, 나라는 피폐하고 재화가 잇달아 백성들은 다함께 불안에 떨고 있소이다.

한편 장군은 오늘 지칠 대로 지친 요성의 백성을 이끌고 제(齊)나라 군사들을 상대하고 있소. 그 수비하는 광경이란 마치 초나라 대군의 공격을 받으며 송나라를 지킨 묵자(墨子)에 필적하오. 사람의 고기를 먹고, 사람의 뼈로 장작을 삼는 정도로 궁핍한 속에서도 군사들 사이에는 반란의 기색조차 없소. 그와 같은 장군의 군사를 지휘하는 솜씨는 대병법가인 손빈에 필적하오. 공의 능력은 벌써 천하가 다 인정하고 있소.

그렇기 때문에 공의 장래를 생각하자면, 군사들을 다치지 말고 함께 거느리고 돌아가서 연왕의 명에 따르는 것이 최상책이요. 전군사가 무사히 연나라에 돌아간다면 연왕은 꼭 기뻐할 것이요. 무사히 귀국한 당신을 보고 사대부와 백성들은 부모와 만난 것처럼 기뻐하리라. 친구들도 당신의 공적을 크게 칭송하며 세상에 알릴 것이요. 당신은 고립된 군주를 보좌하며 신하들을 통솔하고 백성들을 보살피며 세객들을 후히 대접하고, 국정을 옳은 길로 되돌리고 문란한 풍속을 바로잡는다면 훌륭하게 공명을 이룰 수가 있을 것이요.

어쩌다 귀국할 뜻이 없다면 연나라나 세상을 등지고 동쪽의 제나라로 가시는 게 어떻겠소? 제나라에서는 공에게 영지를 떼어 주고 기꺼이 맞아 줄 것이요. 장군께서는 도주공(陶朱公)이나 위나라 공자 형과 같은 부귀를 누릴 것이며, 한 성의 지위가 보장되며, 제나라가 존재하는 한 자자손손에 이르기까지 영구히 번창할 것이요. 이것 또한 한 가지 처신책입니다.

이상 두 가지 방책은 어느 것이건 명예와 실리를 겸비한 것입니다. 부디 심사숙고한 뒤에 그 어느 쪽인가를 택하시기 바랍니다."

▷ 작은 일에 구애받지 말라

"또한 이런 이야기도 있습니다 조그만 절조에 구애받는 자는 훌륭한 이름을 떨치지 못하고, 조그만 치욕을 피하는 자는 큰 공적을 구하지 못한다 합니다.
 옛날의 관중(管仲)은 환공(桓公)을 기습해서 활을 허리띠 쇠장식에 맞추었소이다. 이것은 찬탈입니다. 주인인 공자 규(糾)를 내버리고도 창피를 모르고 살았습니다. 이것은 용렬한 일입니다. 붙잡혀서 결박당하는 수치를 받고 손발에 차꼬며 수갑이 채워졌습니다. 이것은 치욕입니다. 이러한 비행만을 중복한 자는 세상의 군주들이 맞아들이지 않으며, 고향 사람들에게는 상기대로 외면을 당합니다. 만약 관중이 옥에 갇힌 채 죽어서 또 다시 제(齊)나라에 돌아올 수 없었다고 한다면 이런 일은 모두 비열한 못된 짓이었다는 오명만을 입었을 것입니다. 양민(良民)으로서는 말할 것도 없고 노비라 하더라도 견딜 수 없을 만한 크나큰 오명입니다.
 하지만 관중은 포승에 묶여 수치를 받는 것보다는 천하가 다스려지지 못하는 것을 수치로 여겼습니다. 공자 규를 위해서 죽는 일보다도 제(齊)나라의 위광이 제후들을 덮는 것을 중히 여겼습니다. 그런 이유로 세 가지 비행을 거듭하면서도 환공

(桓公)을 5패(五覇)의 필두(筆頭)로 밀어 주어 그 이름을 천하에 떨치게 한 뒤 그 빛이 둘레의 모든 나라까지 미치게 한 것입니다.

또 조말(曹沫)의 예도 있습니다. 그는 노나라 장군이 되었습니다만 제나라와 싸워 세 번 모두 패하고 5백 리나 되는 영토를 잃었습니다. 어쩌다 그가 장래를 생각지 않고 귀국하는 것을 거부하여 스스로 목을 잘라 죽었다고 한다면, 역시 그도 적에게 목숨을 빼앗긴 패장이라는 오명을 뒤집어썼을 것입니다. 하지만 그는 연패한 수치를 문제시하지 않고 일단 돌아와서 노군과 후사를 모의했소이다. 그래서 제나라 환공이 천하의 제후들을 소집하여 회맹을 개최했을 때, 조말은 비수 하나를 손에 쥐고 당상에 뛰어올라 환공의 심장에 대고 협박했던 것입니다. 그때 조말은 얼굴 하나 변함이 없고 조금도 어조가 흔들리지 않았소이다. 때문에 그는 연패해서 빼앗긴 영토를 일조에 되찾았을 뿐 아니라, 천하의 제후들을 깜짝 놀라게 했고, 노나라의 위광이 오나라와 월나라에까지 뻗치게 한 것입니다.

이 두 인물이 조그마한 염치, 조그마한 절조 등을 지키려고 했다면, 얼마든지 지켰을 것이요. 어쩌다 그렇게 하지 않았던 것은 지금 자기 자신을 멸망시킨다면 가계는 끊어지고 공명은 이루지 못하기 때문에 지자가 할 도리가 아니라고 판단했기 때문입니다. 일시의 격한 망조를 억제하고 종신 뒷날에 이르기까지 공명을 세우려 했던 것입니다. 그럼으로써 그 업적은 제우(帝禹)·탕왕(湯王)·무왕(武王)과 어깨를 나란히 해서 그 명성이 천지간에 불후한 것으로 된 것입니다.

상황에 살다 133

부디 지난날 말씀드린 두 가지 가운데서 어느 것이든지 하나를 택하시기 바랍니다."

연나라 장군은 노중련의 편지를 받아 읽고 눈물을 흘렸다. 그리고는 사흘 간 이모저모 골똘히 생각했다. 연나라에 돌아가리라고 생각도 했다. 하지만 연왕과의 사이의 도랑은 너무도 깊다. 어쩌면 주살당할지도 모른다. 제(齊)나라에 항복할 것인가. 항복한다면 최후의 욕을 당할지도 모른다고 염려되었다. 여하간 제나라에 쳐들어 온 뒤로 수많은 사람들을 살상해 온 터였다.

그는 절망에 사로잡혀 신음했다.

"그렇게 하여 남의 칼에 맞느니보다는 차라리 스스로 목숨을 끊는 편이 얼마나 더 좋으랴."

이렇게 생각하고 그가 자살하자 성안은 혼란에 빠지고야 말았다. 전단은 이 혼란을 틈타서 쉽게 요성을 되찾았다.

도읍에 개선한 전단은 재빨리 제왕에게 노중련의 공적을 말하고 그에게 작위를 내릴 것을 청했다.

하지만 노중련은 해변의 마을에 몸을 숨기면서, 이렇게 이야기했다.

"부귀를 누리기 위해 남에게 어색하게 굴기보다는 오히려 가난하게 살면서 세상을 관망하여 뜻대로 지내는 편을 택하리라."

2. 학자(學者)의 효용
― 숙손통(叔孫通) ―

　한 시대(韓時代)에는 일부 높은 관료가 세습제로 되어 있었으나, 중급 및 하급 관리는 서민 중에서도 채용이 되었다. 덕행·한문·문재·재산 중 어느 것이든지 탁월하기만 하면 관리로 출세할 기회가 있었다. 설령 못난 자라 하더라도 황제의 마음에 들면 출세했다.

　이러한 시대에 있어서 어떻게 살아가느냐, 입신 진퇴를 어떻게 하느냐, 먼저 그 볼 만한 일을 보여 준 학자 숙손통(叔孫通)을 살펴보자. 사마천은 그를 평하면서 '참으로 곧바른 것은 굽어보인다. 길에는 본래 기복이 있기 마련이다'라고 했으나 한(韓)나라의 의례를 제정하고 한 문화이 기초를 닦은 사나이의 모습은 과연 어떠한 것이었을까….

▷ 황제의 세상에 모반 없다

　숙손통은 설(薛)나라 사람이다. 진나라 2세(世)황제 때에 학식을 인정받아 박사(博士) 후보로 조정에 불려갔다.
　그로부터 수년 뒤에 진승이 산동(山東 : 태행산 동쪽)에서 군사를 일으켰다는 소식이 도읍에 전해졌다. 2세황제는 이 보고를 받자, 박사들과 학자들을 모아 자문을 청했다.

"초나라 변경 수비병들이 기현(薪縣)을 공격하여 함락시켰고, 이어서 진나라에까지 쳐들어왔다 하오. 굳이 끄집어내서 얘기할 만한 것은 없으나 여러분의 의견이라도 들어 두고 싶소."

박사와 학자들 30여 명이 각기 나아가 대답했다.

"천자께 활을 당기다니, 백성이나 신하된 도리에 꿈에도 있을 수 없는 일이옵니다. 마음 속으로 그런 생각을 품었다고 하더라도 반역죄가 됩니다. 단호히 사형에 처해야 합니다. 용서할 수 없는 일입니다. 당장 군사를 보내어 진압시킬 일입니다."

반역이라는 이야기를 듣자 2세황제는 불쾌한 표정을 지었다. 그것을 본 숙손통이 말했다.

"여러분의 의견은 잘못입니다. 지금이야말로 천하 전체가 한 집안이나 다름없습니다. 군현의 성벽은 헐어버렸고 무기는 녹여 버렸으며, 이제는 전쟁이 있을 수 없다는 것이 천하에 천명된 바 있습니다. 더구나 워낙 총명하신 황제 앞에서 모든 법령은 저 아래까지 준수되고 있으며, 백성들은 저마다 자기 직분에 충실하며, 변경의 백성들도 다같이 복귀한 바 있습니다. 그와 같은 어세(御世)에 있어 어찌 반역이 일어날 수 있겠습니까? 진승이란 자는 단순한 도적떼, 황제께서 손수 진압에 나설 일이 못되옵니다. 얼마 안 있으면 관리들이 깡그리 잡아서 처벌할 것이니 염려 마십시오."

2세황제는 그 이야기에 만족스럽게 고개를 끄덕였다. 이어서 학자 한 사람 한 사람에게 의견을 물었다. 의견은 두 갈래로, 즉 반역설과 도적설로 갈렸다. 2세황제는 반역설을 내세운 학자들이 불온한 언설을 퍼뜨렸다 해서 감찰관에게 취조를 시킨 뒤에, 옥리에게 넘겨버렸다.

한편, 도적설을 주장한 학자들에게는 누구 하나 견책하지 않고, 특별히 숙손통에게는 비단 20필, 의복 1습을 하사했고 박사로 승격시켰다.

숙손통이 궁전에서 물러 나오자 동료 학자들이 비꼬았다.

"그만큼이나 아부해 말하다니, 학자로서는 너무한 노릇이군 그래."

"아니, 귀공들은 모르겠지만 그렇게 이야기하지 않으면 내 몸이 위험했기 때문일세."

숙손통은 이렇게 변명하면서 급히 고향인 설(薛) 땅으로 도망쳐 버렸다.

▶ 박사(博士)

진(秦)나라 시황제(始皇帝) 때에 둔 관직.

고금을 통해서 박식한 학자들이 임명되었으나, 시황제의 분서갱유에 의해서 유능한 학자들은 생매장되거나 추방당하고 말았다.

▷ 제자(弟子)보다 먼저

　설(薛)나라는 벌써 초(楚)나라의 지배 아래 있었다. 항양(項梁)이 입성(入城)하자 손숙통은 바로 항양을 받들었다. 머지 않아 항양이 정도 땅에서 전사하자 이번에는 회왕을 받들었다. 진이 망하고 회왕이 의제(義帝)가 되어 장사(長沙)로 옮겼으나, 숙손통은 그대로 설나라에 머물면서 항왕(項王)을 받들었다.

　한(韓) 2년(기원전 205년), 고조(高祖)가 5명의 제후들을 데리고 항왕의 거성(居城) 팽성에 쳐들어가자 숙손통은 고조에게 달라붙었다. 그리고 고조가 패해서 서쪽으로 퇴각하자 이번에는 고조와 행동을 같이했다.

　그런데 숙손통은 학자의 통상복이던 유복을 입고 있었으나, 고조가 유복을 싫어한다는 것을 알자 곧 벗어버리고 초나라 사람들이 입는 단복으로 갈아입었다. 그 결과로 초나라 출신인 고조에게서 크게 환심을 샀다.

　숙손통이 고조를 따랐을 때에는 제자 백여 명을 거느리고 있었다. 하지만 그는 그들 중에서 누구 하나도 고조에게 천거하지 않고, 오히려 도적이거나 무뢰한이었던 자들을 자꾸 천거했다. 이 때문에 제자들은 뒤에서 불만 불평을 늘어놓았다.

　"우리들은 선생님에게 사사한 지 여러 해가 된다. 다행히 고조에게 몸을 맡겨 기용될 적에 선생님은 어째서 우리들을 무시하고 무뢰한들만을 천거하시는가? 도대체 그 사유가 무엇인가?"

이것을 듣게 된 숙손통은 그들에게 변명을 했다.

"이봐라, 왕께서는 오늘날 싸움터를 전전하시며 천하를 장악하려 다투고 계시다. 너희들 학자들이란 전투에는 맞지 않는다는 것을 알고 있지 않은가. 그래서 오늘 나는 죽음도 두려워하지 않는 무리들을 천거하고 있는 거야. 결코 자네들을 잊고 있지 않아. 다만 때가 올 때까지 모두들 기다리란 말이야."

숙손통은 용자들을 천거한 공으로 박사에 임명되었고 직사군(稷嗣君)의 칭호를 받았다.

▷ 황제(皇帝)의 맛

한(韓) 5년(기원전 202년), 천하를 통일하자 제후들은 정도에서 다 함께 고조를 황제로 추대했다. 숙손통은 즉위의 의식 순서와 칭호를 정하는 일을 도맡았다.

그때 한나라에서는 진나라 때의 번거로운 의식을 일소하고 대담하게 간소화 시켰다. 그 결과 신하들의 소행이 문란해져서 술을 마시고는 건국의 공적을 자만했고 취해서 큰소리로 떠들었댔고 마침내 칼을 뽑아 궁중의 기둥마저 후려치는 결과를 빚었다. 예상대로 황제도 미간을 찌푸렸다. 날이 갈수록 그 경향이 더 자심해지자 황제는 머리를 내저으며 근심했다. 적당한 때를 살펴서 숙손통이 황제에게 진언했다.

"모름지기 학자라는 것은 건국 사업에는 구실을 하지 못하지마는 국가를 유지시키는 단계에 이르면 상당한 일을 할 수 있습니다. 지금이야말로 노(魯)나라 학자들은 불러내서 저의 제자들과 함께 조정의 의례를 제정했으면 좋다고 봅니다만, 어떻겠습니까?"

"그건 무방하지만, 귀찮은 일은 아예 마시오."

"그 점에 대해서는 안심하십시오. 먼 옛날의 오황(五皇)조차도 저마다 다른 음악을 제정하여 하·은·주 3대의 왕은 똑같은 예를 따르지 않았습니다. 모름지기 의례라고 하는 것은 시대에 따라서 그 때마다의 풍속에 의해 간단해질 수도 있고 복잡해질 때도 있는 법입니다. 하·은·주의 의례는 저마다 전대의 의례에 따르면서도 취사선택을 했다고 공자가 말했으나, 그것은 후대가 전대의 예의를 그대로 그냥 받아들이지 않았다는 뜻입니다. 저는 고례(古禮)와 진례를 가미하여 새로운 의례를 정할 생각입니다."

"좋소. 여하간 착수하는 것이 좋겠소. 그러나 가능한 한 알기 쉽게 해주오. 번거로운 것은 딱 질색이니까."

숙손통은 노나라로 가서 30명의 학자를 초청했다. 그 가운데 두 사람은 거절하며 이렇게 이야기했다.

"공이 받든 주군은 10명에 가깝소. 그 때마다 주군에 대해서 주지하지 않고 아첨해서 신용을 얻고 중용되고 있소. 오늘날 천하가 겨우 평정되기는 했으나 사자들은 그냥 방치된 대로요, 부상자들의 상처는 아직 아물지도 않은 형편이오. 그런데도 불구하고 군주의 환심을 사기 위해서 예악(禮樂)을 제정하려 하고 있구려.

원래 예악이라는 것은 백 년도 더 덕을 쌓은 다음에 정해야 하는 법, 공자에게 협력을 하다니 당치도 않은 소리오. 공은 옛 도리를 거역하고 있소. 부디 물러가 주기 바라오. 우리는 손을 더럽히고 싶지 않소!"

숙손통은 비웃었다.

"자네들은 진정 시골 선비들이군. 세상 돌아가는 것도 모르다니."

결국 숙손통은 노나라에서 30명의 학자들을 거느리고 도읍으로 돌아왔다. 이밖에 궁중의 학자들과 제자 백여 명을 모아 교외에다 설치한 식전의 모의 회장에서 1개월에 걸쳐 의례에 대한 실지 훈련에 힘썼다. 그럭저럭 완성에 가까웠을 때에 숙손통은 황제에게 진언했다.

"어떠한 것인지 한 번 보아주시기 바랍니다."

황제는 실연한 의례를 참관하고 고개를 끄덕였다.

"음, 이만 하면 좋소."

당장 신하들에게 의례를 익히게 해서 정월에 궁중에서 하례를 성대하게 베풀기로 했다.

의식은 정연하게 진행되었다.

황제는 감개무량해서 말했다.

"나는 오늘 비로소 황제가 위대하다는 것을 깨달았다."

▷ 적자(嫡子)는 폐(廢)할 수 없다

숙손통은 그 공로에 의해서 의전장관에 임명되고 황금 5백 근을 하사받았다. 이 때를 놓칠세라 그는 황제에게 말했다.

"저의 제자들은 지금까지 줄곧 저와 함께 지내왔습니다. 이

번 의례를 제정한 것도 그들이 협력해 준 덕분입니다. 부디 그들에게도 관직을 베풀어주십시오."

황제는 그들을 하나도 빼놓치 않고 시종으로 삼았다.

숙손통은 궁에서 물러 나오자 하사받은 5백 근을 모아 제자들에게 나누어 주었다. 제자들은 다같이 감동했다.

"선생님은 참다운 성인이시다. 이 세상에서 무엇이 가장 소중한지 잘 알고 계시다."

한(韓) 9년, 숙손통은 태자의 교육 담당으로 전임했다. 그런데 그 뒤 3년 만에 황제는 태자를 바꾸어 척부인(戚夫人)의 아들 여의(如意)를 태자로 세우려 했다. 숙손통은 당장 황제를 배알하고 그러한 일을 신랄하게 비판했다.

"옛날 진나라 헌공은 태자를 폐하고, 당신이 총애하던 이희(驪姬)의 아들 해제(奚齊)를 태자로 세웠습니다. 그 때문에 어찌 되었습니까? 진나라는 10여 년 간을 혼란상태에 빠져야 했고 천하의 웃음거리가 되었던 것입니다. 또 진나라는 시황이 생존 시에 태자를 정해 두지 않았기 때문에 조고가 칙명이라 속여서 말자인 호해를 태자로 세우는 음모를 꾀해서 그 결과 나라의 멸망마저 초래하지 않았습니까? 이것은 폐하께서도 아실 줄 압니다.

태자의 인덕은 천하에 모르는 사람이 없을 정도입니다. 또한 황후께서는 폐하와 신고(辛苦)를 함께 해 오신 조강지처라고도 할 수 있는 분입니다. 그런 분을 배신해도 옳다는 말씀입니까? 어쩌다 폐하께서 아무래도 적자를 폐하시고 측실의 아드님을 태자로 세우신다고 하면 그전에 저를 처형해 주시기 바랍니다. 이 자리에서 제 목숨을 끊어주시기 바랄 따름입니다."

"이제 좋소. 그저 농담을 했을 뿐이오."

"아무리 농담이시라 할지라도 이건 천하의 대사에 관계되는 일입니다. 누구를 태자라 세우느냐 하는 것은 천하의 근본인즉 그 근본이 흔들린다고 한다면 천하 전체가 동요하기 마련입니다."

"알겠소. 그대의 말이 모두 옳소."

그 뒤 황제가 주연을 베풀었을 때, 태자는 유후의 획책에 의해서 태자의 빈객이 동원공(東園公)·용리선생(用里先生)·기리계(綺里季)·하황공(夏黃公)과 같이 배알했다. 고조는 그 이래로 태자를 바꾸고자 하는 생각을 완전히 버렸다.

▷ 황제는 잘못이 없다

머지않아 고조가 붕어하고, 태자가 등극하여 혜제(惠帝)가 되었다. 그런 어느 날 혜제는 숙손통을 불렀다.

"신하들 가운데 의전장관이 될 만한 인물이 없어 난처하오. 역시 그대가 아니고는 안되겠소."

이래서 숙손통은 또 다시 의전장관 자리에 돌아왔다. 그 뒤 얼마 안 있자 그의 손으로 종묘의 의례 전범이 정해졌다. 그래서 한조의 의식 절차가 점차 정비되기에 이르렀다. 그것들은 다같이 숙손통이 의전장관 때 제도화되었다.

그런데 혜제는 도읍의 동쪽 구석에 있는 장락궁에 공식 또는 비공식으로 황태후를 찾아가는 일이 잦았다. 그때마다 교통이 두절되어 민중들에게 불편을 주었다. 그래서 복도(複道 : 2층 건물의 회랑)를 건설하기로 했다. 공사가 무고서(武庫署) 남쪽까지 진척됐을 때, 숙손통은 공무로 혜제를 알현한 김에 제의했다.

"폐하, 어떤 사유로 저런 복도를 만들게 하셨습니까? 수긍이 가지 않습니다. 잘 아시는 바와 같이 고조의 의관을 매달 한 번 침묘(寢廟)에서 고묘에 나르시지 않으면 안됩니다. 그런데도 이 길 위로 복도가 세워지고 있는 것입니다. 모름지기 고묘는 시조를 모신 곳인데, 그곳으로 가는 길 위로 뒷날의 황제들이 지나지 않으면 안 되는 것입니다. 그래도 상관없습니까?"

혜제는 일이 중대하므로 잔뜩 겁을 먹었다.

"그렇구려. 당장 헐어 없애도록 해야겠소."

"그래서는 안됩니다. 천자께서는 잘못은 없습니다. 복도의 건설은 벌써 천하가 다 아는 사실, 이제 새삼스럽게 취소하고 헐어버린다면 폐하께 잘못이 있다는 것을 천하에 알리는 결과가 됩니다. 위수의 북쪽에다 또 하나의 고묘를 건조하시는 게 어떻겠습니까? 고조의 의관을 그 곳에다 봉헌(奉獻)하면 좋을 것입니다. 종묘를 각지에다 세운다는 것은 훌륭한 효도이므로 아주 좋다고 봅니다."

혜제는 관리에게 명해서 새로운 종묘를 세우게 했다. 고묘가 둘 있는 것도 복도가 원인이다.

3. 돼지를 죽인 유자(儒者)
― 원고생(轅固生) ―

원고생이 경제(景帝)의 어전에서 논쟁한 것은 유교가 일대 전환기를 맞았을 때이다.

공자에 의해서 생겨난 유교의 덕치주의는 순자를 거쳐 지배자의 절대적 권위를 인정하는 명분주의로 그 내용이 변모하고 있었다.

원고생이 세운 논리는 맹자의 '혁명'설이며, 선진제자(先秦諸子)의 입장에 가깝다. 그에 대해서 황생(黃生)은 기성 질서의 유지를 주장한다.

혁명이냐 보수냐, 이 크나큰 논쟁을 한쪽에서 듣고 있던 경제(景帝)의 판정은….

▷ 수명논쟁(受命論爭)

청하왕(淸河王)의 교육 담당자인 원고생은 제나라 출신이다. 특히「시경(詩經)」에 정통해서 경제 시대에는 학술 고문관이 되었다. 경제의 어전에서 도가의 학자 황생(黃生)과 논쟁한 것도 이 당시의 일이다.

황생은 유가가 탕(湯)·무(武 : 은 왕조를 개국한 탕왕과 주 왕조를 개국한 무왕)에 대하여 정면으로 논란을 가했다.

"탕·무는 시역자들이다. 천명을 받은 천자라니 이만저만한 거짓이 아니다!"

원고생은 이 말을 듣자 격렬하게 반박했다.

"천부당 만부당한 일. 모름지기 걸(桀)·주(紂 : 하나라 걸왕과 은나라 주왕)는 포악무도하여 천하의 민심은 다같이 탕·무에 쏠렸다. 걸·주를 주륙한 것이나 천자의 위에 오른 것도 다같이 백성들의 총의(總意)에 의해서 어쩔 수 없게 된 노릇이다. 이것을 천명이라 하지 않으면 달리 무엇이라 하겠는가."

"갓은 아무리 헤어져서 너덜너덜해도 꼭 머리에 쓰는 법. 하지만 설령 새것이라도 신발은 신발, 발에 신도록 정해져 있다. 이것이 상하의 구별이라는 것이다. 아무리 걸·주가 무도하기로서니, 탕·무가 덕이 있다손 치더라도 주군은 주군, 신하는 신하 아닌가. 신하라는 자라면 주군의 무도에 대해서 어디까지든지 직언하여 잘못을 바로잡고, 그 존엄을 옹호해 주어야함에도 불구하고 반대로 그런 실책을 구실 삼아서 주벌을 꾀하고 스스로 대신 왕위에 올랐다는 것이 시역이 아니라는 말인가?"

"그렇다면, 고조가 진 대신에 왕조를 개국한 것도 대역이란 말인가?"

여기서 경제가 중재하였다.

"말의 간(肝 : 일반적으로 독이 있다고 믿었다)을 먹지 않았다해서 미식가의 자격이 없다고 할 수는 없소. 탕·무에 대한 평가 여하가 학자로서의 자격과 관계가 있다고는 생각지 않소."

결국 논쟁은 중단되었다. 그 뒤 학자들은 수명논쟁을 의식적으로 회피하게 되었다.

▷ 경골무비(硬骨無比)

두 태후는 노자의 학설을 숭배했기 때문에 원고생을 불러들여「노자」에 관한 해설을 해 달라고 했다.
"그것은 겨우 하인배의 실없는 소리쯤 되는 것이겠지요."
이런 어이없는 냉담한 해답에 두 태후는 벌컥 성이 났다.
"너를 징역이라도 시키고 싶다. 그다지도 하인을 경멸한다면 단번에 돼지를 죽여라!"
원고생은 바로 돼지우리가 있는 곳으로 끌려갔다. 경제는 딱하게 여기지 않을 수 없었다.
'태후의 분노는 당연하지만, 원고생이 정직하게 말한 것을 가지고 처벌할 필요는 없는 것인데……' 이렇게 생각한 경제는 특별히 날카로운 칼을 주고 돼지를 찌르라고 명했다.
원고생이 일격한 것이 정확하게 심장을 꿰뚫어 돼지는 픽 쓰러졌다. 예상을 뒤엎은 결과에 태후도 두말할 수 없었고, 이 문제는 그대로 낙착되고 말았다.
경제는 새삼스럽게 원고생이 좀처럼 자기 주장을 굽히지 않는 태도에 호감을 갖고 머지않아 그를 청하왕의 교육 담당자로 임명했다. 원고생은 긴 세월을 그 직에 있다가 그 뒤 신병으로 물러났다.
무제가 즉위한 당초, 어진 선비로서 그를 다시금 등용하려

했던 일이 있다. 허지만 무제를 둘러싼 학자의 무리들이 한결같이 원고생이 노쇠했다고 주장하는 바람에 이루지 못하고 말았다. 이 때 원고생은 구십을 넘은 노년이었다.

그가 호출당했을 때 설나라 출신인 공손홍(公孫弘 : 학자로서는 최초의 재상.)도 호출받아 동석했는데 그는 끊임없이 곁눈질을 하면서 원고생의 일거일동을 살피고 있었다. 원고생은 그러한 공손홍에게 이렇게 이야기했던 것이다.

"공손씨, 학문의 정도를 지키며 행동하구려. 학문을 굽히고 세상에 아부해서는 안되오."

그 뒤 제나라에서는 「시경」을 연구하는 학자들이 다같이 원고생의 학설을 기본으로 삼았다. 제나라 출신으로서 「시경」 연구에 의해서 이름을 떨친 학자들이란 예외없이 원고생의 문하생들이었다.

4. 환상을 파는 사나이
— 이소군(李少君)과 문성(文成) —

방사(方士)라고 하는 것은 전국시대에 제나라와 연나라의 동해 연안에서 발생한 신선도자들을 가리킨다.

그들은 신비한 기술의 소유자들이었는데, 의약도 다룰 줄 아는가 하면 연금술의 연구에 몰두했고, 한편 천문에도 밝아서 점성술에도 뛰어난 일종의 과학자이기도 했다. 하지만 그들은 의사와 마찬가지로 기술자라는 데서 경멸당했고 때로는 박해를 받기도 했다.

▷ 나이 6백 세

이소군(李少君)이라는 방사(方士)는 사조(부뚜막 신에게 빌어서 복을 불러 들이는 일)의 술법과 곡도(단식하여 신선이 되는)의 술법 및 극로(郤老 : 불로장생)의 술법에 능하다는 이유로 무제에게 배알을 요청했다. 무제는 크게 기뻐하며 정중히 맞아주었다.

이 사나이는 그 이전에도 방술자로서 심택후(深澤侯)을 섬긴 일이 있다. 그는 그 때부터 남에게 자기 나이나 경력을 이야기하지 않고 언제나 '그저 한 칠십쯤 되었소이다' 하고 거짓말을 했다. 그 뒤에 정령을 자유롭게 조종하여 불로장생한다고 자칭하면서 각 국을 돌아다니며 방술을 미끼로 제후를 만났다.

그에게는 처자가 없었다. 게다가 정령을 자유롭게 조종해서 불로불사한다는 소문을 들은 사람들로부터 차례차례로 선물이 답지했기에 금전이나 의식에 구애받는 일이 없었다. 그가 이렇다 할 생업에 종사하지도 않고 흡족하게 지냈다. 게다가 어디서 태어난 자인지조차 알 수 없다. 하는 것이 사람들에게 신용을 받게 해서 누구나 그를 높이 떠받들게 되었다.

이소군은 타고난 방사(方士)였다. 내키는 대로 이야기하는 소리가 이상스럽게도 적중했다.

그런데 이소군이 황제를 알현하자, 황제는 옛 동기를 꺼내 가지고 와서 이소군에게 감정을 의뢰했다.

"아, 이 그릇 말씀입니까? 이것은 제나라 환공의……, 틀림없이 환공 10년에 백침묘(柏寢廟)에 안치되었던 것이군요."

속히 그릇에 새겨진 글자들을 살펴보니 틀림없이 제나라 환공 시대의 그릇이다. 궁중 사람들은 이소군이 살아 있는 신령님에 틀림없다, 6백 년 전 옛날부터 살아왔다고 완전히 외경하기에 이르렀다.

▷ 불로불사(不老不死)의 술법

언제인가 이소군은 무제에게 아뢰었다.

"불로불사를 원하신다면 먼저 부뚜막 제사를 올리십시오.

그러시면 정령을 자유롭게 불러들일 수 있습니다. 정령이 강림하면 단사가 황금으로 변합니다. 그 황금으로 식기를 만들고 음식을 잡수시면 수명이 연장하여 동해에 떠오르는 봉래산(蓬萊山)의 신선을 만나게 됩니다. 그 뒤에 봉선(封禪)의 의식을 거행하시면 불로불사의 몸이 됩니다. 황제가 바로 그 증거입니다.

이렇게 말씀드리는 저도 예전에 동해가에 갔을 때, 그 유명한 안기생(安期生)을 찾아본 일이 있습니다. 그 대추는 오이만큼이나 큰 것이었습니다.

안기생님께서는 신선이기 때문에 봉래산을 자유자재로 왕래하십니다. 그런데 그 분은 마음에 드시면 만나 주시지만 마음에 들지 않으면 모습을 나타내시지 않습니다."

무제는 서둘러 부뚜막 신에게 제사지냈고 방사를 동해에 파견하여 봉래산에 있다는 안기생 등 신선을 찾게 하는 한편 단사(丹砂)를 여러 가지 약재로 황금으로 바꾸려는 술법에 열중했다.

그렇게 하는 시간에 이소군은 병으로 죽고 말았다. 하지만 무제는 이소군의 죽음을 믿지 않았다. 신선이 되어 하늘로 올라갔다고 여겼다. 그 뒤에도 황추의 관리 관서에게 명하여 방술을 수업시키고 봉래산에서 안기생을 찾아내게 했으나 결국은 헛수고였다.

이소군이 융숭한 대접을 받았다는 소문이 퍼지자 연나라와 제나라의 해안 지방에서 괴상한 방사들이 몰려들어 저마다 신들린 소리들을 늘어놓았다.

▷ 정령(精靈)의 술법

그 이듬해에 제나라 방사 소옹(小翁)이라는 자가 정령의 술법에 뛰어나다는 것을 이유 삼아 무제를 알현하려고 했다.
때마침 무제가 총애하던 왕부인(王夫人)이 죽은 지 얼마 되지 않았을 때였다. 소옹은 무제에게 말하기를, 한밤중에 방술을 써서, 죽은 부인과 부뚜막 신을 불러내겠다고 하는 것이었다. 그날 밤 무제는 장막을 통해서 그럴싸한 모습을 보게 되었다. 무제는 그 자리에서 소옹에게 문성 장군이라는 칭호를 내리고 수많은 물건을 하사했으며, 빈객으로 융숭하게 대접했다. 어느 날 문성은 무제에게 이렇게 진언했다.
"신들과 교류를 하고자 하신다면 사시는 곳이나 의복이나 모두 신들과 똑같게 하시지 않으면 안됩니다."
무제는 이 이야기에 따라서 움직이는 구름을 그린 수레를 새로이 만들게 하고, 승일(勝日)에 맞춘 색깔의 수레를 타고 악령을 쫓았다. 또한 감천궁을 짓고 그 안에는 토단(土壇)을 설치한 뒤 천지(天地) 태일(太一) 등 재신의 모습을 그린 뒤에, 제사 도구들을 갖추어 신이 강림하기를 기다렸다. 그로부터 1년도 더 지났으나 방술은 효력을 나타내지 않고, 신이 강림하지도 않았다.
그러자 문성은 글자들을 써 넣은 비단 헝겊을 소에게 먹인 뒤에 시치미를 떼고 진언했다.
"소의 뱃속에 기묘한 것이 들어 있습니다."
그래서 소의 배를 갈라 보니 글씨가 씌어진 비단 헝겊이 나왔다. 하지만 그 내용이 매우 괴상했다. 필적은 본 듯한 것이었다. 그래서 문성을 힐문해 보니 그가 거짓으로 꾸몄다고 자백했다. 문성은 바로 비밀리에 처형되었다.

한대(漢代)의 황제복(皇帝服)

5. 궁정시인(宮廷詩人)의 전력(前歷)
— 사마상여(司馬相如) —

사마상여는 한대의 시문의 제일인자로 손꼽히지만 그는 단순히 문학에 능통했을 뿐 아니라 이민족 평정에 공을 세워 정치가로서도 성공해 중랑장(中郞將 : 시종장)에까지 출세했다.

그처럼 글재주가 빼어났을 뿐 아니라, 정치가로서도 일류여야 한다는 것이 중국의 문인이다.

사마상여는 문학과 정치 두 방면의 성공자이기는 하지만, 단지 그에게 글재주만 있어 가지고는 인정받을 수 없었다.

연줄이 필요했다. 현대식으로 말하자면, 인정받기 위해서 판로를 개척할 필요가 있었다.

그렇다면 사마상여는 일로 인정받기 위하여 어떤 연줄을 시도했을까?

▷ 왕실의 일자리를 찾으려고

사마상여는 촉군(蜀郡)의 성도(成都)에서 태어났다. 자(字)는 장경(長卿). 문무(文武)에 뛰어났다. 아명(兒名)은 견자(犬子)라고 했는데, 학업을 끝내자 재나라의 유명한 정치가 인상여(因相如)의 인품에 마음이 쏠려 그의 이름을 따서 개명했다.

상여는 매관(賣官)에 의하여 경제의 무기상시(武騎當侍 : 시종무관)에 임명되어 황제의 측근에서 일하게 되었다. 하지만 그는 자기 직무에 열중하고픈 생각이 들지 않았다. 왜냐하면 불운하게도 경제는 그가 지망하는 문학에 흥미를 표시하는 사람이 아니었기 때문이다.

그러한 때, 경제의 아우인 효왕(孝王)이 양나라에서 접근하려고 왔다. 효왕은 제의 추양(鄒陽), 회음(淮陰)의 매승(枚乘), 오(武)의 장기(莊忌) 등 당당히 변설의 실력을 과시하는 선비들을 거느리고 있었다. 상여는 그들 일행에게 매혹되었다. 때문에 신병을 구실 삼아 무기상시직을 사퇴하고 효왕을 찾아서 양나라로 갔다. 효왕의 배려로, 상여는 학자며 변설의 선비들과 같이 숙소에서 기거하게 되었다. 그는 그 곳에서 수년 간 그들과 같이 열심히 글공부를 했다. 그 결과 상여는 유명한 시 〈자허지부(子虛之賦)〉를 짓게 되었다.

효왕이 서거했기 때문에 상여는 양나라를 떠나 고향에 돌아왔으나 집에는 재산이 있는 것도 아니고, 이렇다 할 생업이 있지도 않았다. 그 때쯤 잘 아는 임공현(臨卭縣)의 현령 왕길(王吉)이 편지를 보내왔다.

'선생께서는 왕실의 일자리를 찾으려고 오래도록 편력하였으나 뜻도 이루지 못하고 귀국하셨다고 들었습니다. 임공현으로 와 주시지 않겠습니까?'

상여는 서둘러 임공현으로 가서 현령이 마련해 준 성 안의 관사에 머물게 되었다. 여기서 현령과 상여는 한 가지 계획을 세웠다. 현령은 어쩌다 귀중한 손님이 자기를 찾아온 것처럼 일부러 공손한 태도를 취하여 매일같이 경의를 표하기 위해 상여를 방문했다. 상여는 처음 한동안은 현령을 만나 주었으나 나중에는 종자를 보내서 신병 때문에 만날 수 없노라고 현령의 방문을 거절했다. 그래서 현령은 상여에 대해서 한결 더 조심스러운 거동을 취했다. 상여에게 세인들의 이목이 끌리게 하기 위해서이다.

▷ 부호의 딸을

임공(臨邛) 거리에는 부자들도 많았다. 그 가운데에서도 탁왕손은 노예 8백 명을 거느렸고, 정정은 수백 명의 노예를 거느리는 대부호였다. 이 두 사람이 서로 의논했다.

"요새 현령에게는 아주 대단한 손님이 찾아온 것 같아요. 어떻습니까? 한 번 연회를 베풀고 현령과 함께 초대하면······."

현령이 탁왕손의 저택에 이르른 시기는 이미 백 명 이상의 손님들이 모여 있었다. 상여는 정오가 되었는데도 나타나지 않았다. 그래서 사람을 보냈으나 몸이 불편해서 참석할 수 없다고 사절한다. 현령이 음식에 젓가락도 대지 않고 손수 상여를 맞이하러 가자 그때서야 상여는 대단스럽게 연회석에 도착했다.

좌중의 눈은 모두 상여에게 쏠렸다.

주연이 한창 무르익기를 기다렸다가, 현령은 상여 앞에 나아가 칠현금을 내놓으면서 말했다.

"상여공께서는 칠현금을 매우 취미로 삼으신다지요. 이것으로 한 번 즐겨 보시는 게 어떻습니까?"

상여는 거절했으나 부탁하는 바람에 한두 곡 뜯었다.

그런데 탁왕소에게는 갓 미망인이 된 문군(文君)이라는 딸이 있었다. 그녀는 음악을 아주 즐겼다. 현령과 상여가 지금까지 연극을 꾸며서 상여를 귀빈으로 만들어 탁왕손의 저택에 초치하게 한 것도 실상은 문군을 상여의 아내로 만들기 위해서였다. 그래서 오늘 칠현금을 뜯어 그 가락으로 문군의 마음을 끌려는 것이었다.

한편 문군은 문군대로 남몰래 문틈으로 상여의 모습을 살피고 있었다. 저 분이 이 거리에 오셨을 때, 수레들이 줄을 지어 천천히 들어오던 그 모습이야 말로 정말 더없이 우아스러웠다. 그 분이 우리 집에 오셔서 연석에서 저렇듯 뛰어나게 칠현금을 뜯고 계시다니, 문군은 완전히 마음이 사로잡혀 어떻든 만나보고 싶어 가슴이 울렁거렸다.

연회가 끝난 뒤에 상여는 사람을 시켜 문군의 하인에게 대단한 선물을 전하고 곧 문군과 정을 통할 수가 있었다.

그 날밤, 문군은 저택을 빠져나와 상여에게 달려왔다. 상여는 대뜸 마차에 올라 고향땅으로 달아나 버렸다.

하지만 그의 집이란 사방에 벽이 둘러져 있을 뿐 아무 것도 없는 텅 빈 가난한 집이었다.

▷ 아랫도리만 가리고

한편, 문군의 아버지 탁왕손은 크게 노해서,
"정말 바보 같은 계집애야. 애비 손으로 죽일 수는 없는 처지지마는, 그것에겐 한푼도 주지 않겠다!"하고 고함을 질렀다. 사람들은 어떻게든 다시 데려오자고 했으나, 왕손은 귀를 기울이려 하지 않았다.

문군은 얼마 안 있자 가난한 생활에 견딜 수 없어서 이윽고 남편에게 말했다.
"저봐요 여보, 어쨌든 임공(臨邛)으로 돌아가기만 하면, 제 형제들한테서 돈을 빌릴 수도 있고요, 무엇이든지 할 수 있어요. 이렇게까지 고생하실 것은 없어요."

상여는 아내와 같이 임공 땅으로 되돌아갔다. 그리고 아내의 물건들을 처분한 돈으로 술집을 사서 술장사를 시작했다. 아내에게는 손님 접대를 시키고 자기는 아랫도리만 가린 채로 일꾼들과 같이 일하면서 일부러 남의 눈에 띄게 거리에서 그릇도 닦았다.

문군의 아버지는 그 소문을 듣자 사지가 오므라드는 것만 같았다. 도무지 얼굴이 뜨거워 밖에 출입도 하지 못했다

그 동안에 문군의 형제들이나 숙부가 차례로 탁왕손을 설득하였다.
"자식이라고는 아들 하나에 딸 둘, 그렇지만 재산은 엄청나게 많지 않습니까. 이제 와서 새삼스럽게 그 사람에게 빠져버린 것을 탓해도 소용없는 노릇입니다. 상여라는 사람을 보더라

도 오래도록 외국으로 돌아다니느라 가난하기는 하지만 대단한 인물입니다. 또한 현령어른의 손님이 아닙니까? 언제까지고 저렇게 술장사를 하게 내버려 둘 수는 없는 노릇입니다."

탁왕손은 어쩔 수 없이 백 명의 노예, 그리고 백만(百萬)의 막대한 돈과 시집보냈을 때의 옷이며 살림살이를 문군에게 넘겨주었다.

상여와 문군은 바로 다시 성도에 돌아가서 토지와 저택을 샀다.

이리하여 상여는 하루아침에 부자가 된 것이다.

▷ 마침내 무제의 눈에

그로부터 얼마 지난 뒤, 촉나라의 양득의라는 자가 무제 앞에서 충견 노릇을 하고 있었다. 한 번은 무제가 〈자허지부(子虛之賦)〉라는 시를 읽으며 대단히 감탄했다.

"이 시인이 지금 이 세상에 있다고 하면……."

그 말을 들은 양득의는 무제에게 아뢰었다.

"제 고향에 사마상여라는 자가 있는데 그가 이 시를 지었다고 합니다."

무제는 대단히 놀라며 곧 상여를 불러들여 접견하고, 그에 대해 물었다.

"예, 말씀하신 대로 제가 지은 것이오나, 이 시는 단지 제후를 칭송한 데 지나지 못하니 읽으실 만한 것이 못되옵니다. 원컨대 새로운 것으로, 천자께서 유렵하시는 시를 짓게 해 주시면 완성되는 대로 폐하께 올리겠습니다."
무제는 승낙한 뒤 상서(尙書 : 서기)에게 명해서 상여에게 붓과 목간(木簡 : 글을 적는 나무 조각)을 주게 했다.

상여는 시를 완성하는 데 온 힘을 기울였다. 먼저 지었던 〈자허지부〉를 가지고 천자의 대의를 밝히는 것으로 새로이 고쳐 썼다. 이윽고 시가 완성됐다.
이 시를 천자에게 바치니 무제는 아주 마음에 들어 기뻐했고, 상여는 곧 낭중(郞中 : 시종견수)으로 등용되었다.
그리하여 상여는 그의 염원에도, 문학으로써 황제를 모시는 신분이 된 것이다. 사마천은 상여의 시를 이렇게 평하고 있다.
"사마상여가 지은 〈자허지부〉의 서술(敍述)과 〈대인지부〉의 내용은 미사 여구를 구사한 과장된 표현이 많다. 하지만 그것이 의도하는 것은 천자의 행위를 풍자하는 데 있고, 결국 무위의 철학으로 귀착된다."

6. 골계가(滑稽家)의 이야기
— 동방삭(東方朔) —

　여기서 말하는 골계라는 것은, '저 녀석은 익살스런 놈이야'라고 할 때의 익살의 뜻이 아니라 박식다변한 기지를 구사해서 상대방(군주나 간신들)을 공박한다는 의미의 것이다.
　그러한 인간은 절대적 지배자들에게 필요한 존재들이다. 그들은 지위가 낮고 딴 관료들에게 경멸받는 존재이기는 하지만, 권리와 이익을 상관치 않고 박식다변을 구사하여 군주와 신하 또는 백성과의 사이를 부드럽게 만드는 윤활유와 같은 구실을 한다.
　사마천은 이렇게 이야기하고 있다.
　'풍자를 써서 도리를 깨닫게 한다면 분규는 수습될 것이다.'

▷ 금마문(金馬門) 안에 숨다

　무제(武帝) 시대에 제나라 태생으로 동방생(東方生), 이름을 삭(朔)이라고 하는 사람이 있었다. 옛 서적을 탐독하며 경학에 힘쓰고 제자백가의 서적에 통달하고 있었다.
　처음으로 장안에 올라오자 그 길로 관청을 찾아가 상주문

(上奏文 : 임금에게 바치는 글)을 올렸다. 죽간(竹簡 : 대나무 쪽) 3천 매에 이르는 크나큰 논문이었다. 관리 2명이 겨우 들고 들어가야 할 정도의 것이었다.

무제는 상주문을 처음부터 읽어 나갔다. 피곤하면 읽다 만 곳에 도장을 찍고 쉬었다. 2개월이나 걸려서야 도두 읽었다. 무제는 바로 삭을 불러서 낭중(郎中 : 시종견습)에 등용하고 항상 곁에 따르게 했다.

무제는 따분하면 동방삭을 얘기 상대로 삼았다. 그 때마다 무제는 기분이 좋았다. 삭은 때때로 무제와 식사를 같이 하기도 했다. 식사가 끝나면 먹다 남은 고기를 모두 품에다 지니고 돌아갔다. 물론 옷은 구질구질하게 더러워졌다. 또한 종종 무제가 비단옷을 주었으나 그것을 아무렇게나 어깨에 둘러메고 궁에서 물러 나갔다.

무제로부터 하사받은 돈이나 비단이 모이면 뒷거리의 젊은 미녀들을 찾아 나섰다. 하지만 1년이 지나면 그 여자를 깨끗이 버리고 딴 여자를 맞이했다. 그래서 하사받은 금전이나 물건들은 깡그리 여자 때문에 없애 버리고 말았다.

동료 시종들은 이러한 삭을 가리켜 반미치광이라고 했다. 무제가 그 소리를 듣자 이렇게 말했다.

"삭에게 일을 시키면 무엇이고 어김없이 훌륭히 마친다. 그대들은 그 사람의 발목에도 미치지 못한다."

동방삭은 자기 아들을 천거하여 낭관(郎官 : 시종)으로 채용시켰다. 아들은 다시 시알자로 승격되어 무제의 사신으로 돌아다니게 되었다.

동방삭이 궁전 안을 거닐고 있을 때, 한 시종이 말을 걸었다.

"이봐요, 삭선생. 글쎄 당신더러 미치광이가 아니냐는 소문이 퍼지고 있어요."

"그럴 거요. 나는 조정 안에 몸을 숨기도 있는 놈이니까, 옛사람들은 그저 산 속에 숨에 살았소만……."

주연이 베풀어지는 자리에서도 마찬가지다. 취기가 돌면 손발을 땅에 대고 노래한다.

세상을 피할 데란
깊은 산 풀 우거진 도랑 속뿐이랴
세속에 몸 담고고
금마문(金馬門) 안에 몸 숨기노니
매우 고귀하신 분 사시는
궁중(宮中) 안이야말로 좋아라

금마문이란 관청의 대문을 말한다. 문 한쪽에 동마(銅馬)가 서 있기 때문에 그렇게 부르는 것이다.

▷ 옛날은 옛날, 지금은 지금

한 번은 학자들이 종묘 앞 뜨락에 모여서 얘기의 꽃을 피우고 있었다. 그 자리에서 학자들이 다같이 동방삭을 비난했다.

"그런데 선생, 저 소진(蘇秦)·장의(張儀)는 한 번 대국 군주와 만나서 대번에 공경·재상의 자리에 올라, 그 명예가 후세에까지 이르게 되었습니다.

그런데 선생은 선왕의 도를 닦고, 성인의 의를 경모하며, 「시경」이나 「서경」등 백가(百家)의 말씀을 한마디도 틀리지 않고 암송하십니다. 그뿐 아니라 문장에도 능란하고 천하에 따를 수 있는 자가 없다고 자부하십니다. 틀림없이 학문이나 식견이 풍성하시다고 봅니다. 그런데도 불구하고 성제(聖帝)를 받드시기 어느덧 수십 년, 그간에 분골쇄신 충실하게 애쓰면서도 고작해서 시랑(侍郞)에 머무신다니, 공허한 세월만을 살아왔다고밖에 볼 수 없습니다.

생각건대 어떤 실수라도 저지르셨는지요? 무슨 까닭입니까? 들려주시지 않으시렵니까?"

동방삭은 입을 열었다.

"본래 귀공들은 그 이치를 알 리가 없소. 옛날은 옛날, 지금은 지금, 그들과 우리를 동일하게 논할 까닭이란 없소.

모름지기 장의·소진의 시대는 주 왕실이 쇠퇴하고 제후들은 참조하지 않고, 힘으로 패권을 다투며 서로가 무력으로써 멸망시켰소.

각 군은 합쳐지고 마침내 12국이 되었으나, 아직 자웅을 가리기에는 이르지 못했던 것. 그러한 시대에는 나라의 존망이 인재의 득실에 의해서 결정되는 법이요. 그뿐 아니라 변설의 선비가 존중되고 고위층에 임명되었소. 그 결과 영예는 후세에까지 미치고 자손이 번영했소.

하지만 오늘날은 달라요. 지금이야말로 성제께서 통치하시니 천하는 그 덕을 입고 제후들은 복종하고 있소. 나라의 위엄은 사해(四海) 안에 멈추는 곳 없이 그 밖으로까지 떨치고 있소. 천하는 이 구석 저 구석까지 더없는 안정을 이룩했고 평화를 구가하며 모두가 한 집안처럼 화목하게 지내고 있소. 설령 무슨 일이 생기더라도 마치 수중의 것을 다루듯이 쉽사리 해결이 되고 있소. 이러한 시대에는 현자와 우자의 식별이 따로 필요치 않소.

지금이야말로 천하는 무한하게 광대하고 백성들은 그 수가 얼마나 되는지조차 알 수 없는 오늘날, 변설에 온 정력을 쏟아서 성제의 환심을 사고자 모여드는 자들은 그칠 새가 없소. 하지만 그들이 제아무리 의로움을 몸에 지녔다손치더라도 필경 출세는 하지 못하고 의식조차도 극히 어려운 형편이요.

저 장의·소진일지라도 나와 똑같은 이 시대에 태어났다면 장고 담당 관리(예악(禮樂)의 규정 등을 담당하는 하급 관리)도 되지 못했을 것이요. 하물며 시종 따위는 쳐다보지도 못할 것이요.

옛사람의 말이 있소. 천하에 재앙이 없다고 하면 설령 성인일지라도 재능을 떨칠 여지가 없도다. 상하(上下)가 화동하면 설령 성인일지라도 공을 세울 여지가 없노라. 즉, 때가 변하면 일이 달라진다는 것이요. 그렇다고 해서 수양을 게을리 하라는 게 아니요.

「시경」에는 이런 노래가 불리어지고 있소.

궁중에서 종을 치면
그 소리 밖에 들리고
물가에서 학이 울면
그 소리 하늘에 들리노라

몸을 수양하고 있으면 언젠가는 출세하는 법. 태공망을 보시오. 인(仁)·의(義)를 힘쓰던 그는 나이 일흔 둘에 문왕에게 인정받아 자기 학설을 펼 기회를 얻기에 이르렀소. 뒷날에 제나라 제후로 책봉되어 그 자손이 7백 년에 걸쳐 번영을 누렸소. 그래서 선비는 밤낮으로 쉬지 않고 학문과 수신에 힘쓰는 것이요.

오늘날 재야의 선비들 가운데에는 이를테면 햇빛을 보지 않고도 독립독보(獨立獨步)하며 조금도 신념을 굽히지 않고, 멀리는 허유(許由 : 고대의 성인)로부터 가까이는 접여(接輿 : 초나라의 숨은 선비)에 비할 만한 인물이 있소. 범여(范蠡)와도 같은 책략, 오자서(伍子胥)와 같은 충심(忠心)을 가진 인물도 있소. 하지만 평화롭고 도덕과 질서가 지켜지는 오늘의 세상에서는 이런 선비들이 있다는 것은 자연스러운 노릇이요. 여러 선생은 어째서 나 한 사람을 문제시하는 거요?"

학자들은 대답이 궁하여 모두 잠자코 있었다.

▷ 괴수의 이름

한번은 건장궁(建章宮) 후문에 기괴한 동물이 나타났다. 모습은 큰 노루와 비슷했는데 이 말을 들은 무제는 재빨리 구경을 하러 나갔다. 신하들이 줄줄 따라나섰다. 고금의 서적에 능통한 박학한 관리들에게 이름을 물었으나 아무도 알지 못했다. 무제는 동방삭을 불러서 감정시켰다.

"물론 저는 알고 있습니다마는 가르쳐드리기 전에 제게 최고의 술과 식사를 베풀어 주셔야 합니다."

"주고말고."

황제는 당장 준비시켰다.

동방삭은 그것을 먹고 난 뒤에 또 하나의 청을 했다.

"그런데 모처에 공전(公田)과 양어지(養魚池)와 갈대가 난 늪이 몇 경(頃) 있습니다. 그것을 소신에게 하사해 주시지 않겠습니까? 이 동물 이름은 그 뒤에 가르쳐드리겠습니다."

"어쩔 수가 없군. 주지."

무제가 그것마저 승낙하자 삭은 이윽고 설명했다.

"이것은 추아(騶牙)라고 합니다. 이것이 나타나는 날이면 머지않아 어느 곳이든 먼 곳의 나라가 귀순해 오게 되어 있습니다. 이 동물의 이는 앞에서부터 뒤까지 앞니가 한 줄로 줄지어 있어서 먹이를 먹는 이가 없습니다. 그 때문에 추아라고 부릅니다."

그로부터 1년 뒤에 과연 동방삭의 말대로 흉노의 혼야왕이 10만의 부하를 이끌고 한(漢)나라에 귀순해 왔다. 그래서 동방삭은 무제로부터 다시금 막대한 금전과 재물을 하사받았다.

이윽고 동방삭도 나이가 많아졌다. 죽을 때를 맞이한 그는 무제에게 간언을 했다.

상황에 살다 167

「『시경』에 이런 노래가 있습니다.

　윙윙거리는 청(靑)파리
　무리져 잡목(雜木) 울타리 위로 날도다
　자비심 많은 군자(君子)여
　믿지 말지어다 그들의 참언을
　참언은 그칠 줄 않고
　나라와 나라 싸움을 꾀하다니

부디 폐하께옵서는 간신들을 멀리 하시고 참언으로 귀를 더럽히지 마시기 바랍니다."
"헌데 이상하지 않은가. 동방삭이 진실한 말을 하다니."
무제는 이해하기 어렵다는 듯한 얼굴을 했다.
그 뒤 얼마 안 있어 동방삭은 병으로 죽었다.
옛 사람들도 말했다.
'새가 죽을 때는 그 우는 소리가 매우 애달프고 사람이 죽을 때는 그 말이 진실하다.'
실로 동방삭과 같은 경우를 두고 말한 것이다.

동방삭의 지세는 『한서(漢書)』의 〈동방삭전〉에 기록되어 있듯이 자기 자식에게 다음과 같은 훈계한 것에 단적으로 제일 잘 나타나 있다.
'남에게 미움을 받지 않는 게 으뜸이다. 백이·숙제가 수양산에서 굶어 죽은 것 같은 처세술은 좋지 않다. 노자가 도서관장이라는 천직을 달게 여기고 몸을 바친 것도 훌륭한 처세술이다.

배부르게 먹고 안전하게 세상을 보내고 조정에서 일하는 것은 논밭을 가는 것과 같다고 생각해라. 좋든궂든 산 속에 숨어 사느니보다는 조정에 은둔하면서 속 편히 세상을 바라보며 지내고, 시류에 초연해서 화를 입지 않도록 하라.'

7. 거리의 역자(易者)
― 사마계주(司馬季主) ―

　역자를 가리켜 옛 중국에서는 복무자나 일자라고 했다. 복(卜)이라는 것은 거북이 껍질을 태워서 그 갈라지는 눈금의 모양에 따라 치는 점, 무(巫)는 무죽(巫竹)에 의한 점을 말한다. 또한 일자라고 하는 것은 일시의 길흉에 대해서 점을 친다는 데서 나온 이름이다.
　고대, 특히 하(夏)·은(殷) 시대에는 복에 의해서 국가 행사를 점쳤기 때문에 복무를 전문으로 다루는 관청이 설치되고 대부라는 높은 지위까지 주어졌으나, 전국 시대부터 점복관의 지위는 떨어졌다.
　오히려 민간에 역자 행상이 많아져서 이곳저곳 대도시에서 역자들이 가게를 차리고 점을 치게 되었다. 복채(점치는 값)는 법외로 비쌌지만 손님들은 구름떼처럼 모여들었다고 한다.

　▷ 역자(易者)는 천한가

　사마계주는 초나라 태생이다. 장안에 나와 동시에서 역자 노릇을 했다.

그런데 당시의 중대부(중(仲)大夫 : 참의관) 송충(宋忠)과 박사(博士) 가의(賈誼)가 우연히 똑같은 날 근무 시간이 끝나 함께 궁중에서 나왔다. 한참 담론(談論)하는 사이에 얘기가 역에 미치게 되었다. — 역은 성왕·성인의 도를 설파하고 있다. 인간이라는 것을 규명하고 있다.

이렇게 이야기하는 사이에 둘은 얼굴을 마주하며 감탄했다.
"내가 듣자니 옛날엔 성인(聖人)이 조정 안에 있지 않으면 역자나 의사들 중에 있었던 것 같아요. 내가 알기에는 지금 조정에는 국정의 중심이 될 만한 인물이라고 내세울 만한 사람들이 없는 것 같아요. 어쩌면 사실상 역자들 중에 있을지도 몰라요. 어떻습니까? 한 번 그런 인물을 찾아보지 않으렵니까?"

두 사람은 서둘러 수레를 같이 타고 거리에 나가서 점쟁이들의 거리를 돌아다녔다.

때마침 비가 와서 사람들이 얼마 나오지 않고 있었다. 사마계주는 손님이 없는 채로 3, 4명의 제자들을 상대로 천지의 도, 일월의 운행, 음양 길흉 등의 근본을 가르치고 있었다.

그 곳에 두 사람이 들어서서 공손히 절을 했다. 사마계주는 두 사람의 얼굴을 쳐다봤다. 아무래도 지식인인 성싶다. 사마계주는 답례를 하고 곧 제자들에게 명해서 자리를 권유하게 했다.

두 사람이 자리에 앉자 사마계주는 다시 강의를 시작했다. 천지의 시종, 일월 성신의 운행을 설명하고, 인과 의의 관계를 밝혔다. 길흉상을 열거했다. 그 말은 수천 마디에 이르렀으나 단 한 마디도 이치에 어긋나는 것은 없었다.

상황에 살다

"어쩌면 이 사람이……."

송충과 가의 두 사람은 크게 놀라며 무언가 깨달았다. 그들은 당황하여 옷매무새를 고치고 바로 앉았다.

"우리는 남몰래 세상을 살피고 있으나 선생께서는 그 모습이든지 말씀하시는 게 천하에 둘도 없는 인물이라 여기고 있습니다. 그런 선생께서 어떻게 이런 천한 지위에 몸을 내맡기고 지저분한 장사를 하고 계십니까?"

사마계주는 호탕한 웃음소리를 내며 말했다.

"제가 뵙자니 두 분께서는 학문을 익히신 분들 같은데 어찌하여 그런 무례한 말씀을 하십니까? 도대체 어떤 인물을 훌륭한 사람이라고 말씀하시는 것입니까? 역자란 존귀한 존재, 그것을 천하다, 지저분하다 하시다니 그게 무슨 말씀이십니까?"

"세상에서는 높은 자리에서 녹을 받는 사람을 귀인이라고 생각하고 있습니다. 사실 그런 자리에 있는 것은 현자입니다. 하지만 역자란 무위무관, 그래서 천한 지위라고 말씀드린 것입니다. 또한 지저분한 장사라고 말씀드린 것은 역자란 여하한 과장이 심하고 점도 맞추지 못하면서 법외의 비싼 복채를 받기 때문입니다. 모름지기 세상 사람들은 점이라는 것을 비웃으며 이렇게 이야기하고 있습니다.

'대체로 역자는 자신만만한 표정을 짓고, 많은 말을 해도 남을 믿게 하며 아무렇게나 하는 소리로 운이 좋다느니 나쁘다니 하여 사람들을 기쁘게 하거나 울리고 있다. 또한 귀신의 재앙을 받는다는 등 비싼 복채를 뒤집어 씌워 재산을 빼내서 제 배만 불린다…….'

이런 소리까지 듣는다는 것은 사실 부끄러운 노릇이라고 여기고 있습니다. 천하고 지저분하다고 말씀드린 것이 어째서 못마땅하십니까?"

▷ 흉기를 갖지 않은 도적

"자아, 편히 앉아 들어 주시오."
사마계주는 이윽고 말하기 시작했다.
"아이들을 보십시오. 해와 달이 나오면 밖에서 놀지만 해나 달이 지고 나면 집으로 돌아옵니다. 일월에 맞추어 행동하고 있는 듯하면서도 아이들에게 일식·월식이라든지 길흉에 대한 것을 묻는다해도 대수로운 설명은 들을 수가 없소. 그렇게 판단하자면 사실상 현자와 우자를 판별할 수 있는 인간이란 그다지 없는 셈이지요.

현자는 곧바른 길을 내딛으면서 바른 의견을 말하오. 세 번을 간언해서 듣지 않는다면 바로 물러서고 마오. 남을 칭찬할 때 그 보상을 기대하지 않소. 남을 비판할 때 보복을 두려워하지 않소. 한결같이 국가와 민중을 위해서 구실하고자 일하오. 꼭 고관자리에 임명하려고 해도 자기에게 적합하지 않다고 하면 거절하며, 아무리 높은 녹을 준다 하여도 자기에게 그런 공이 없다면 받지 않소. 부정이나 독직 행위를 본다면 상대가 아무리 높은 고관일지라도 염려하지 않소. 득을 보았다 기뻐하지 않고, 손을 보았다 하더라도 후회하지를 않소. 어쩌다 포승으로 결박당하더라도 자기가 죄가 없다고 하면 하나도 부끄러워하지 않고 태연자약하오. 이것이 참다운 현자라는 것입니다.

그런 외에 댁에서들 말하는 현자란 어찌 부끄러운 존재라 하지 않을 수 있겠소? 굽신굽신 머리를 숙이며 비위를 맞춘다, 권세를 쫓아 이익만 탐하고 동지를 모은다, 도당을 짜서 바른 자를 밀어내 버리고 지위와 영예를 차지하고 봉록에 급급한다, 사리만을 탐하고 법을 어겨서 농민을 착취한다, 군주의 후광을 업고 법을 악용해서 이익만을 추구하며 온갖 포악을 다한다, 이래 가지고야 도대체 칼을 빼든 강도하고 무엇이 다르겠소?

등용된 뒤부터 교묘하게 남을 속이는 데만 열성을 다한다, 사소한 일을 크게 과장하고 거짓문서를 만들어 천자를 속인다, 위에 있는 자가 훌륭하다 하여, 현자를 차서 떨어뜨리고 자기가 승진하고자 한다, 공적을 이야기할 때에는 남의 공까지 자기 것으로 만들고, 없는 것을 있는 것처럼 보이게 하고, 침소봉대로 과장해서 점찍은 높은 직책을 자기가 차지하려고 하는 일 등이라 하겠소.

그러한 무리는 평소의 생활이 호화롭고 사치스럽소. 연회다 구경이다, 산놀이다 하여 밤낮을 가리지 않고, 첩을 거느리고 가동(歌童)을 데리고 지내면서 어버이를 소홀히 다루고 국법을 어기며, 백성을 학대하며 재왕을 무력하게 만들어가는 것이요.

이러한 무리들이야말로 진실로 흉기를 갖지 않은 도적, 무력을 사용치 않는 침략자가 아니고 무엇입니까? 실로 어버이를 괴롭히면서 저를 힐책당하지 않고, 주군을 시해하면서도 주살당하지 않는 난신적자가 아닙니까? 그런 자들을 두고 어찌 귀인이니, 현자니 하겠습니까?

　도적이 출몰한다, 만족이 모반을 일으킨다, 사악이 범람한다, 관리의 기강이 문란하다, 기후의 이상이 계속되어 곡식의 수확이 나쁘다 ― 이런 식의 사태를 눈 앞에 두고 능력이 있으면서도 수수방관하고 있다고 하면 그건 부실한 것이오. 또 능력이 없는데도 관직의 혜택을 받고 봉록을 탐하며 현자를 따돌리는 것은 직위를 훔치는 일인 것입니다. 도당을 짠 무리들이 등용되고 재력 있는 자들이 우대받는다 ― 이런 일은 실로 터무니없는 잘못입니다.

　보십시오. 지금은 올빼미가 봉황(鳳凰)과 같이 날고 있고, 방초는 들판에 내버려진 채 잡초가 무성하지 않습니까? 훌륭한 인간이 세상에 나타나지 못하게 한 책임이 여러 사람들에게 있는 것이오."

▷ 준마(駿馬)는 늙어도 당나귀와 짝 짓지를 않는다

"유세가를 보십시오. 상황을 판단하고 정책을 결정하는 것은 그들밖에는 아무도 없었어요. 그렇지만, '안됩니다' 하는 한 마디로 군주의 생각을 움직이지는 못합니다. 그래서 먼저 과거의 왕에 대해서 예를 들어 말을 하고 상고 시대의 이상 사회의 사적(事蹟)을 들춰서 말을 시작합니다. 과거의 왕의 위업을 과장하고 그 실패 경위를 들려주어서 군주를 기쁘게 하거나 두려워하게 함으로써 자기의 상황판단과 헌책을 받아들이도록 합니다. 존대다언(尊大多言)이라면 그들을 따를 만큼 큰 것은 없소이다. 하지만 국력을 강화시키고 군주에게 충성을 다하기 위해서는 또한 그렇지 않고는 성취될 수도 없는 형편입니다.
 역자(易者)란 생각이 흔들리는 사람을 바로잡아 이끌고, 어리석은 사람을 가르치는 사람. 그런 사람들을 두고 한 마디로 깨닫게 하려는 것도 무리한 일입니다. 설득시키기 위해서라면 말이 많아도 무방할 것입니다.
 준마가 늙어 빠졌다 하여 당나귀와 짝을 지어 마차를 끌 수는 없소이다. 봉황은 제비나 참새 따위하고는 무리를 짓지 않아요. 그와 마찬가지로 현자도 우자와는 줄을 짓지 않아요. 그렇기에 군자는 사람들을 피하여 그늘에 몸을 숨기고 무리의 눈을 피하여 은자가 되는 법이요. 그렇게 지내면서 덕을 지닌 모습을 아무렇지도 않게 보이면서 숱한 재난을 제거하며 인간 본연의 모습을 밝히는 것이요. 천자를 돕고 신하와 백성을 교화시키며 그들의 이익을 증진시키도록 꾀하는 것이지요. 그렇지만 단연코 지위나 명예를 얻으려 하지 않소. 이것이 바로 현자라오.
 그런데 댁들께서는 지위나 명예를 구하느라 피투성이가 되어 있소. 그래 가지고는 덕을 가진 인간의 사고라는 것을 알 리가 없소."
 이윽고 계주의 말은 끝났다. 송충과 가의는 현기증을 느꼈다. 멍청하게 맥이 빠진 채 대꾸할 기력조차 없었다. 마침내 두 사람은 옷매무새를 바로 고치고 일어서서 공손히 머리를 숙인 뒤에 밖으로 나왔다.
 두 사람은 모두 다리가 휘청휘청했다. 사람들이 많은 곳을 빠져나가 겨우 수레에 올라탔다고 생각했으나 그대로 가로대(橫木 : 가로지른 나무)에 엎어져서 숨을 제대로 못 쉴 지경이었다.

▷ 영화를 쫓다 잃은 목숨

그로부터 사흘 뒤 송충은 궁전문 밖에서 가의를 만났다. 둘은 나란히 걸어가며 소리를 죽여 이야기하면서, 한탄의 말을 했다.

"실제로 도의가 높은 만큼 몸이 완전하고, 권세가 큰 만큼 몸도 위험할 수가 많아요. 절대적인 권세의 자리에서는 어느 때고 몸을 망칠지 모르는 일이예요.

그런 점에서 역자는 속이 편하겠지요. 점괘가 맞지 않더라도 복채를 돌려 줄 염려가 없지만, 우리는 헌책의 결과가 나쁘면 대뜸 신변이 위태롭지요. 실로 천지 차이라고, 아니 위대한 차이라고 하겠어요. 저 노자(老子)가, '무명은 만물의 시초이니라' 라고 말씀하신 것은 어쩌면 그 사마계주와 같은 것을 말하는 것이 아닐까요?

천지는 광대하고, 사물은 팽대하며, 우리의 신변의 안전이란 전혀 예측할 수가 없어요. 그렇다고 하여 우리가 계주와 같은 처세는 할 수 없지요. 그 사람은 장수하면 하는 만큼 편안히 지낼 수 있고, 증씨(曾氏 : 장자를 말하는 듯)도 틀림없이 그런 식으로 살았을 게요."

그로부터 긴 세월이 흘렀다. 송충은 흉노 땅으로 사신의 명을 받고 갔으나 목적지에 도착하지도 못하고 귀국했기 때문에 죄를 추궁당했다. 한편 가의는 양나라 회왕의 교육담당관 노릇을 했으나 왕이 낙마하여 죽었기 때문에 식음을 물리치고 통한에 잠겨 죽어버리고 말았다.

그들은 영화를 쫓다가 오히려 목숨을 잃은 것이었다.

8. 명의(名醫)의 진단(診斷)
— 편작(扁鵲) —

고대의 의사는 모두 관의(官醫)였다. 주대에는 의사의 관청이 설치되어 이미 전문의 제도가 이루어졌다. 처음으로 민간 의사가 나온 것은 춘추 말기이다. 편작은 관의가 아니었다. 춘추 말기의 민간 의사이다. 민간 의사인 그는 의성(醫聖)이라고 불려져서, 의가(醫家)의 본가(本家)가 되었다.

그 진단과 치료법은 정확했다.

뒷날 의가들은 그 원리에 따라서 정리를 가했을 뿐 근본을 바꿀 수는 없었다.

▷ 명의의 탄생

편작은 발해군(勃海郡)의 정현(鄭縣)에서 태어났다. 성은 진(秦), 이름은 월인(越人)이라 했다. 젊어서는 어떤 저택의 빈객을 맞이하는 사장 노릇을 했다. 그 때쯤 장상군(長桑君)이라는 사람이 저택의 빈객으로 머물러 있었다. 보아하니 장상군은 보통 사람과는 다른 어떤 모습이 있었다. 편작만은 시종 변함없이 그를 정중하게 대접했다. 편작이 보통 사람이 아니라는 것을 알고 있었다.

　장상군은 그 뒤에도 자주 저택을 찾아왔고, 10여 년의 세월이 흘러갔다. 어느 날의 일이다. 그는 편작을 곁에 부르더니 이렇게 말했다.

　"나는 병을 치료하는 비방을 알고 있으나 이제 나이가 많아 앞날이 얼마 없다. 그래서 당신에게 전수시키려 하니 결코 남에게 알려서는 안 돼."

　"네. 절대로 입 밖에 내지 않겠습니다."

　"우선 초목에 붙어 있는 이슬을 받아 그것으로 이 약을 30일간 복용하면 무엇이든지 보이게 될 것이다."하고 그 다음에는 비방이 쓰여 있는 의서들을 끄집어내서 모두 편작에게 주었다. 그러자 장상군의 모습은 자취도 없이 사라지고 말았다. 생각컨대 장상군은 인간이 아니었던 것 같다.

　편작은 그가 일러 준 대로 30일간 약을 복용했다. 과연 담장 저 너머에 있는 사람의 모습이 투시되어 보였다. 그래서 병자의 몸을 진단하면 내장 속의 종기까지도 뚜렷하게 보이는 것이 아닌가. 하지만 그는 남에게 말하기를, 그저 맥을 짚으면 병을 알 수 있노라고 했다.

　머지않아 그의 소문은 세상에 널리 퍼져서 머나먼 제나라나 조나라에까지 진찰을 해 달라고 불리어가게 되었다.

　편작이라는 이름은 그가 조나라에 불려 갔을 때 전설상의 명의와 연관시켜 사람들이 붙여 준 별명이다.

▷ 꿈 속의 예언

그 무렵 진나라에서는 소공(昭公)이 왕위에 올라 있었으나 공족(公族)의 세력은 약했고, 대신들이 실권을 장악하고 있었다. 머지않아 조간자(趙簡子)가 대신으로 되자 그가 국사를 한 손에 흔들었다.

언제든가, 그 조간자가 병으로 쓰러졌다. 닷새가 지나도록 혼미 상태에서 깨어나지 못했다. 대신들은 걱정이 되어 견딜 수 없었다. 단연 평판이 높은 편작에게로 그를 모셔 올 사자를 보냈다.

편작이 진찰을 마치고 나왔을 때 간자의 가신인 동안우(董安于)가 용태를 묻자 편작은 이렇게 말했다.

"아니, 맥이 정상이니 근심할 것은 없소. 예전에 진나라 목공(穆公)이 이와 똑같은 병환이 걸린 일이 있으나 이렛 만에 혼수 상태에서 깨어났어요. 목공은 의식을 되찾자 공손지(公孫支)와 자여 두 대신에게 이런 말을 했다 합니다.

'나는 천제(天帝)가 있는 곳에 가 있었는데 아주 즐거웠소. 천제한테서 여러 가지 가르침을 받고 있는 동안에 아주 오래 머물러 있었던 거요. 천제의 말씀을 듣자니, 이웃의 진나라는 머지않아 큰 혼란에 빠져 5대에 걸쳐서 불안정하겠으나 그 뒤에는 천하의 패자가 될 인물이 나타난다, 하지만 그 인물은 일찍 죽고 그의 아들이 뒤를 이으면 풍기가 문란해진다' 하오.

공손지가 이 말을 기록해서 보관해 두었는데 그것이 언제인가 세상에 나타났소. 〈진책(秦策 : 진나라의 기록)〉이라는 게 그

상황에 살다 181

거요.

 그런데 귀국 진에서는 목공의 말처럼 헌공의 대가 되어 나라가 어지러웠으나 문공(文公)이 패자가 되었소. 그의 아들 양공은 진군을 효산 땅에서 쳐부수고 개선하면서 그 뒤 숱한 난행을 저질렀소. 이러한 것은 귀공도 잘 알 줄 아오.

 간자공께서는 목공과 같은 병환이므로 사흘 안으로 틀림없이 의식을 되찾게 되오. 의식을 되찾으면 무언가 꼭 말씀하리라고 여기오."

 과연 간자는 그 뒤 이틀 반 만에 혼수 상태에서 깨어나서 대신들에게 이렇게 말했다.

 "나는 천제가 계신 곳에서 매우 즐겁게 지냈소. 백신(百神)들과 균천(鈞天 : 구천(九天)의 한복판의 하늘)에서 놀 때에는 악사들이 주욱 늘어앉아서 여러 가지 흥겨운 음악을 연주했고, 가지각색 무용을 감상하며 즐겼다오. 그 묘한 것이란 저 3대(三代 : 하(夏)·은(殷)·주(周))의 음악과도 다르고, 실로 이루 다 말할 수 없는 큰 감흥을 받았소.

 그런데 그곳에서 곰 한 마리가 나타나서 나를 잡으려고 하지 않겠소? 천제의 어명을 받고 내가 활을 쏘니 곰이 맞아 쓰러져 버렸소. 그러자 이번에는 큰 곰이 나타났소. 대뜸 활을 쏘니 그것도 명중해서 쓰러지고 말았소. 천제께서는 아주 기뻐하시며 칭찬의 표시로서 네모진 상자 2개를 주시었소. 서로가 쌍을 이루는 상자라오.

 문득 천제가 있는 쪽을 보자 옆에 내 아들이 있지 않겠소?
 '이 애가 어른이 되거든 이 개를 주어라…'

천제는 이렇게 이야기하시더니 책땅의 개를 내게 주시었소. 천제께서는 또 이렇게 말씀하셨소.

'진(晋)나라는 머지않아 쇠약해져서 7대 뒤에는 멸망하지만 너희들 조 일족(趙一族)은 차차 더 번성해서 위군을 범괴 땅 서쪽에서 무찌르리라. 하지만 언제까지고 그 곳을 확보하기는 어렵도다……' 라고."

동안우는 간자의 말을 기록해서 보관해 두었다. 그리고 편작에게서 들은 말을 전하자 간자는 편작에게 논밭 4만 무(畝)를 상으로 주었다.

▷ 환후(桓侯)의 죽음

편작은 제나라를 방문하자 환후(桓侯)에게서 빈객으로 정중한 대접을 받았다. 어느 날, 편작은 왕궁에 들어가 환후를 배알한 뒤 말했다.

"이래 가지고는 안되십니다. 공께서는 병환에 걸려 있습니다. 다행히 지금 피부에 머물러 있는데 이대로 내버려두시면 점점 악화됩니다."

"그럴 까닭이 없소. 난 별로 나쁜 곳이 없소."

편작이 어전에서 물러가자 환후는 좌우의 신하들에게 말했다.

"의사라는 것은 아무래도 장삿속이 심한 것같이 보이는군. 건강한 사람까지 환자 취급을 하다니."

닷새 뒤에 편작은 다시 환후를 배알했다.

"공께서는 병환이 벌써 혈맥에까지 진행되고 있습니다. 이대로 두시면 점점 악화될 뿐입니다."

"따로 이상은 없소."

편작은 물러갔다. 환후는 불쾌한 모습이었다.

그로부터 닷새 뒤에 편작은 세 번째로 환후를 배알했다.

"병환이 위장에까지 이르고 있습니다. 이대로 그냥 두어 두시는 때는 목숨까지 관계가 있습니다."

환후는 대답조차 하지 않았다. 편작이 물러가자 더욱 더 불쾌한 모습을 나타냈다.

다시 닷새가 지났다. 편작은 네 번째로 배알을 하고자 갔지만, 먼데서 인사만 했을 뿐 그대로 물러갔다. 환후는 이상하게 생각하여 신하에게 뒤를 밟게 하고 그 이유를 묻게 했다. 그러자 편작은 말했다.

"병이 피부에 있을 때는 탕약과 고약으로 고칠 수가 있소. 혈맥까지 진행되더라도 침으로 고치오. 위장에까지 들어가더라도 복약으로 어떻게든 고치오. 하지만 골수까지 미치면 이미 사명(司命 : 생명을 다루는 신)이라고 할지라도 어찌 손 쓸 수가 없는 것이요.

환후의 병은 이미 골수에 달하고 있소. 그래서 치료를 권하지 않았소."

과연 닷새 만에 환후는 병으로 쓰러졌다. 급히 편작을 부르러 달려갔으나, 벌써 편작은 국외로 떠난 뒤였다. 환후는 죽었다.

▷ 관의(官醫)의 질투

편작의 이름은 천하에 떨쳤다.

편작은 조(趙)나라 한단에 잠시 머물러 있었다. 그때 이 고장에서는 부인들을 귀하게 대우한다는 얘기를 듣고 부인병 치료에 나섰다. 이어서 주(周)나라 낙양을 방문했는데 이 때도 마찬가지였다. 주나라에서는 노인들을 공경하는 경향이 있으므로 서둘러 노인병 치료에 전념했다. 편작은 다시 진(秦)나라 함양(咸陽) 땅까지 갔다. 이곳은 어린이들을 귀히 여기는 고장이므로 이곳에서 소아과를 개업했다. 이와 같이 편작은 그 고장 고장의 사정에 따라서 치료하는 진료 과목을 변경했다.

편작은 진나라에 체재하는 길에 자기보다 의술이 미약한 것을 원망하는 전의(典醫) 이혜(李醯)라는 자가 보낸 자객의 칼을 맞아 죽었다.

그 뒤로 오늘에 이르기까지, 진맥을 하는 자는 모두 다 편작의 의술을 따르는 것이다.

IV

치욕(恥辱)을 무릅쓰고

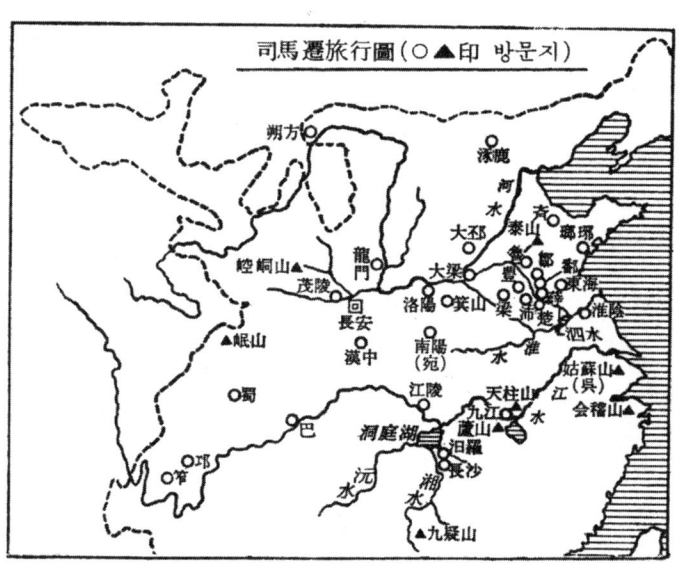

司馬遷旅行圖(○▲印 방문지)

1.「사기(史記)」에 붙이다
― 사마천 자전(自傳) ―

「사기(史記)」의 저자 사마천의 전기는 「사기」에 수록된 「태사공 자서(太史公自序)」와 친구 임안(臨安)에게 보낸 회답 편지인 「임안에게 낸 답서」뿐이다.

우리는 이미 「사기」에 등장하는 여러 인물들과 사건에 대해서 알았다. 이제 다시금 이 두 「전기」를 읽으면서 각 인물과 사건이 어떤 의미를 지니고, 어떤 의도로서 씌어진 것인가를 저마다 명료하게 이해하게 된 것이다. 또한 「임안에게 보낸 답서」는 「사기」에 실려 있는 것이 아니다. 사마천을 알고 「사기」를 알기 위해서는 빼 놓을 수 없는 귀중한 자료이므로 여기 함께 수록한다.

사마천의 아버지 담(談)은 태사령(太史令) 직에 있으면서 무제(武帝)의 봉선 의식(封禪儀式)에 참가하는 것을 허락받지 못해, 분노하며 죽었다.

그는 임종 시에 아들 사마천에게 「사기」를 논술하는 일대 사업을 부탁했다.

담은 어째서 사마천에게 「사기」를 쓰라고 부탁했던가.

사마천은 「태사공 자서」에서 사마씨(司馬氏)의 가계를 5제(五

帝) 시대까지 거슬러 올라가서「사기」집필의 동기를 밝히고 있다.
▷ 사마천(司馬遷)의 가계

　태고에, 제 전욱(帝顓頊 : 황제의 손)은 남정(南正 : 관명(官名))인 중(重)과 북정(北正)인 여(黎)에게 명해서 각기 천문과 지리를 다루도록 했다고 한다. 요(堯)·순(舜)의 무렵, 오래도록 폐지되었던 이 직책이 또다시 부활되어 중씨와 여씨의 자손이 그 일을 다시 하게 되었고, 그것이 하(夏)·은(殷) 시대까지 계속되었다. 그리하여 중씨와 여씨의 집안에서는 천지 운행에 관한 것을 담당하는 직업이 이어져 내려왔다.
　주대(周代)의 정백(程伯 : 정국의 군주로서 백작)인 휴보(休甫)는 여씨의 자손이기는 하지만 선왕(宣王 : 기원전 9세기) 때에 이 세습적인 직업을 버리고 대사마(大司馬 : 군정을 다루는 관사)가 되었다. 그 뒤에 여씨의 집안은 사마씨라는 성을 갖게 되었다.
　사마씨는 대대로 주 왕조(周王朝)의 기록을 담당해 왔으나 혜왕(惠王)으로부터 양왕으로 왕위가 계승될 때의 혼란에 휘말려 주(周)나라를 떠나 진(晋)나라로 옮겨갔다. 거기서 얼마 뒤 진나라 중군장(中軍長) 수회가 진(秦)나라로 망명했을 때 그를 따라 진나라 소량 땅으로 옮겨갔다.
　사마씨 일족은 주나라를 떠나 진나라로 옮긴 이래 위(衛)·조(趙)·진(秦)의 각지에 분산하여 살게 되었다. 위로 옮겨간 사람은 중산국의 재상이 되었다. 조(趙)로 옮겨간 사람은 검술 이론에 매우 뛰어나 세상에 널리 알려졌다. 괴외가 바로 그 자손이다. 진나라로 간 사람은 이름을 착이라고 하는데, 유세객인 장의(張儀)와 논쟁한 것 때문에 진의 혜왕에게 인정받아 촉나라 공격 때 장군에 임명되었고, 그 곳을 평정한 뒤에는 태수가 되었다.

착의 손자를 근(靳)이라고 하는데, 무안군(武安君) 백기(白起)를 받들었다.

이 때쯤 사마씨가 사는 땅인 소량은 하양(夏陽)이라고 지명이 바뀌어 있었다.

근은 무안군을 따라서 장평(長平) 싸움에 참가하여 조군(趙軍) 40만 명을 무찌르고 귀환했으나, 뒷날 무안군이 두우에서 죽음을 당할 때 운명을 같이하여 하양 교외의 화지(華池)에 매장되었다. 그의 손자를 창(昌)이라고 하는데, 진(秦)나라 주철관(主鐵官 : 철의 생산 및 전매 담당 관리)이 되었다.

시황제의 무렵, 조나라에 있던 사마괴외(司馬蒯聵)의 고손자(高孫子)인 앙(卬)은 무신군(武信君) 항양(項梁)의 부장(部將)이 되고 조가(朝歌) 땅을 함락시켰다. 진을 멸망시킨 뒤에 초왕이 각지의 왕을 봉(封)할 때 앙(卬)은 은왕(殷王)이 되었다. 한(韓)나라가 초나라를 쓰러뜨렸을 때 앙은 한나라에 귀속하여 그의 영토는 하내군(河內君)이 되었다.

진나라 주철관이었던 사마창의 아들이 무택(無澤)인데, 그는 한(漢)나라 도읍 장안(長安)의 시장장(市場長)이 되었다. 무택의 아들은 희(喜)인데, 그는 오대부(五大夫)가 되었다. 그들은 다같이 하양(夏陽) 교외의 고문(高門) 땅에 매장되었다. 희의 아들이 담(談)인데, 그는 태사공(太史公)이 되었다.

치욕을 무릅쓰고

▷ 태사공(太史公) 담(談)의 철학

태사공 담은 천문(天文)을 방사(方士)인 당도(唐都)에게서, 역(易)을 양하(楊何)에게서 배우고, 또 황자(黃子)에게서 황로(黃老)의 도를 수업하고, 무제(武帝)의 건원(建元)·원봉(元封) 연간에 조정에 나가서 일했다.

그는 당시의 학자들이 각 학파의 진수를 깨닫지 못하고 그릇되게 받아들이고 있는 것을 걱정하여 중요한 6개 학파의 요지를 다음과 같이 기술하고 있다.

"「역(易)」의 〈계사전〉에, '사고방식은 천차만별 있어도 궁극의 목적은 하나밖에 없다. 찾아가는 길은 다르더라도 돌아오는 곳은 똑같다'라고 되어 있다.

음양가(陰陽家)·유가(儒家)·묵가(墨家)·명가(名家)·법가(法家)·도가(道家)의 설(說)은 어느 것이나 돌아오는 곳이 같고, 그 목적은 천하를 다스리는 데 있다. 입론(立論)의 길만을 달리하여 중점을 두는 곳이 다를 뿐이다.

전에 나는 음양가의 설을 들은 일이 있다. 그 설이 밝히려는 것은 인간성의 규제에 있다. 매우 섬세한 곳까지도 금기를 두고 있기 때문에 구애받는 것이 지나치게 많다. 그렇지만 4계의 위대한 운행 법칙을 파악하고 있다는 점을 무시할 수 없다.

유가의 설은 갈래가 지나치게 많아서 요점을 알아보기 어려워 헛된 수고를 지나치게 하고 있다. 그 때문에 전면적으로 따르기가 어렵다. 하지만 군신·부자의 예절을 바르게 한 뒤 부부와 장유의 구별을 정한 것은 불후의 설이라고 하겠다.

묵가의 설은 보통 사람이 미치기 어려운 절검을 주장하고 있고, 그래서 전면적으로는 준수하기 어렵다. 하지만 생산에 힘쓰고 낭비를 줄이라는 주장은 꼭 부정할 수가 없다.

법가의 설은 지나치게 엄하고 은애의 정이 결여되어 있으나 군신 상하의 구별을 정확하게 하고 있는 점은 타당하다고 하겠다.

명가의 설은 논리의 유희가 심하고, 그 때문에 진실을 잃고 있다. 하지만 명(名)과 실(實)을 바르게 대응시키려는 점은 높이 평가하지 않을 수 없다.

도가(道家)의 설은 인간을 무심의 경지로 이끌어 작위를 배제하고 모든 사물을 있는 그대로 인정하려고 한다. 본질에 있어서는 음양가의 4계 운행의 대법칙을 규범으로 삼고, 유가·묵가의 장점을 채택한 뒤 명가·법가의 요점을 파악하고 있다. 때의 흐름, 사물의 순리에 따르는 처세법, 이것은 이 학설의 요점이다. 그러므로 인간 생활의 모든 것에 적응할 수 있다. 그 주장이 간단 명료해서 실행하기 쉽고 헛된 노력을 기울이지 않게 되어 있는 것이다.

이것과 대조적인 것은 유가이다. 유가는 군주가 천하 만민의 의표이며 군주는 주창하고 솔선하는 자, 신하는 그것을 받아들여 추종하는 자로 되어 있다. 하지만, 이대로 실행하자면 신하가 안일에 빠지는 데 반해서 군주의 노고는 끊임없는 것이 되리라. 대도의 요체는 적극성을 버리고 재지를 배척하며 자연에게 맡기는 데 있다. 정신을 지나치게 쓰면 초췌해지고 육체를 지나치게 쓰면 쇠약해진다. 정신, 육체가 다같이 약해 가지고는 천지와 더불어 영원히 지내기를 바라더라도 참아낼 수 없다."

▶ **당도(唐都)** : 한(漢)시대의 역학가(歷學家)
▶ **양하(楊何)** : 한시대의 역(易)학자
▶ **황자(黃子)** : 경제의 어머니 두태후(두太后)

▷ 제학파(諸學派)의 장단

"음양가의 설에 의하면 천지의 운행에는 4계・8괘(八卦 : 방위)・12지(十二支 : 자(子) 축(丑) 인(寅)…)・24절기(二十四節氣 : 입춘(立春) 춘분(春分)…)가 있으며 저마다 지켜야 할 것이 정해져 있다. 그래서 그 규정에 순응하는 자는 번영하고, 거역하는 자는 죽든지 멸망한다고 한다. 이 설은 짓궂게도 제약이 지나치게 많다는 것이다. 그러나 봄에 싹이 트면 여름에 자라고 가을에는 열매를 맺어 겨울에는 저장한다는 것이 천도의 영원한 대법칙이며, 이것에 순응치 않고는 천하의 기강을 정할 수 없다.
  그런 이유로 나는 음양가가 4계의 위대한 운행 법칙을 파악하고 있는 점을 높이 평가하는 것이다.
  유가는 6예(육예 : 역(易)・서(書)・시(詩)・예(禮)・악(樂)・춘추(春秋))가 그 근본이다. 그 원전과 주석서는 수천 수만을 헤아리며 몇 대에 걸쳐 배우더라도 모든 것에 통달하기란 어려운 것이고, 당대로서는 그 예(禮) 하나만도 통하기가 어렵다. 그런 이유로 수많은 갈래로 전개되어 있어서 그 요점 파악마저 힘들어 헛된 노력만 기울인다고 했거니와, 군신(君臣)·부자(父子)의 예를 바르게 하고 부부(夫婦)·장유(長幼) 구별을 정한 것은 딴 어떤 학파에서도 부정할 수 없는 장점이다.

묵가(墨家)도 요·순(堯舜)의 도를 숭상하고 그 덕행을 이렇게 칭송하고 있다. '요·순의 당우(堂宇)는 마루의 높이가 겨우 석 자, 층계도 땅에서 3단밖에 없고, 초가지붕의 처마 끝도 자르지 않으며, 서까래도 대패질 않은 나무를 그냥 쓰고 있었다. 식사 때는 질그릇을 썼고 잡곡을 먹으며 들의 즙을 마셨고 옷으로 말하자면 여름에는 갈의를, 겨울에는 사슴 가죽옷을 입었다. 죽은 사람을 장사지낼 때도 두께가 불과 세치 짜리 오동나무 관을 썼고, 슬퍼서 우는 것도 소리내지 못하게 했다. 이러한 생활 방식을 만민에게 가르쳤다……'

허나 어쩌다 이것을 천하의 대법으로 삼는다면 귀천의 구별을 잃고 말 것이리라. 시대의 변천과 더불어 인간의 생활도 변하는 것이다. 묵가는 그것을 무시하고 있다. 그런 이유로 보통 사람이 미치지 못하는 절검을 주장하는 것이라고 했다. 하지만 그 종지가 되는 '생산에 힘쓰고 낭비를 없앤다'는 것은 백성들을 모두 풍요하게 이끄는 길이며, 이것이야말로 묵가의 최대 장점이요, 딴 어떤 학파도 부정할 수 없는 장점이다.

법가(法家)는 혈연과 신분을 무시하며 오로지 법으로서 판정한다. 그 설에 따르면 친분이나 존중이라는 감정의 연경성을 끊어 버리고 마는 노릇이다. 그러므로 일시적인 편법이라면 몰라도 장기적으로는 적응시킬 수 없는 일이다. 그런 이유로 나는 너무 지나치게 엄격해서 은애의 정이 결여되어 있다고 말한 것이다. 그렇다고는 하지만 군주와 신하의 귀천의 구별을 정하고, 각인의 직분을 명확하게 해서 월권 행위를 금한 공적은 다른 어떤 학파일지라도 부정할 수가 없다.

명가는 사소한 모순일지라도 용서 없이 추궁하고, 상대방이 반론을 펴지 못할 상태로 몰아 세운다. 논리만을 중시하고 있어서 인간미가 없다. 그런 이유로 논리의 유희가 심하며, 또한 그 때문에 진실을 잃고 있다고 말한 것이다. 하지만 명을 바르게 함으로써 실을 비판하고, 명실상부하게 대응시키는 것으로써 진실을 밝히려고 한 점은 높이 평가되지 않을 수가 없다."

▷ 도가(道家)의 설(說)

"도가는 무위(無爲)를 제창하면서 동시에 무불위(無不爲)를 주장했다. 그 이야기는 난해하지만 실행하기는 용이하다. 도가의 학설은 그 근본이 허무(虛無)이며, 그 운용은 모두 자연(自然)에게 맡기는 것이다. 성견(成見)이나 아집이 없고 고정된 자세도 없으므로 만물의 진실을 규명할 수가 있다. 앞서 가지도 않고 뒤늦는 일도 없이 만물을 주재할 수 있다. 원칙은 있으나 고정시킨 것이 없고 때와 경우에 따라 사물을 처리하고, 만물의 실정에 순응한다. 성인이 무리를 하지 않고 항상 시류를 따라서 변한다는 것도 그 사실을 말한 것이다.

스스로가 내용을 지니지 않는 것(虛), 이것이 도의 변치 않는 마음인 것처럼 아집이 없이 수신에 순응해 나간다는 것(因), 이것이 군주가 지킬 대강이다. 군주가 이것을 지킴으로서 군신 하나하나가 스스로 재능을 발휘하게 된다. 명실상부한 것을 가리켜서 단(端 : 정)이라고 하며, 명실이 상부하지 않은 점을 관(穀 : 공(空))이라고 한다. 관언을 받아들이지 않는다면 굳이 금하지 않아도 간사함이 생기지 않는다. 현(賢)과 우(愚)는 스스로 밝혀지는 것이며, 흑백(黑白)이 가려진다. 생각컨대 쓰이는 쪽의 주체에 있다. 주체가 확립되어 있지 못하다면 무엇이고 성취되지 않을 게 없으리라. 그래서 대도에 합치하고, 무위 속에서 천하에 빛나게 되고, 그래서 다시 원초의 혼돈으로 되돌아가는 것이다.

　인간 생명의 근원은 정신이며, 그 정신이 자리하는 곳은 육체이다. 정신을 너무 많이 쓰면 초췌해지고, 육체를 지나치게 쓰면 쇠약해진다. 정신과 육체가 나뉘지면 죽음이 찾아온다. 한 번 죽으면 다시 살아날 수 없고, 분리되면 다시 합치될 수가 없다. 때문에 성인은 정신과 육체를 함께 소중히 하는 것이다.

　요컨대 정신은 생명의 본원이며, 육체는 생명의 구현(具現)이다. 그러므로 먼저 이 양자를 바르게 하지 않고 천하를 다스리려고 한다면, 대체 어떤 방법이 있을 것인가."

　▷ 젊은 사마천

　태사공 사마담(司馬談)은 천문(天文)을 담당하는 일에 종사하였기에 실제로 정치에 참가한 일은 없었다. 담의 아들은 천(遷)이다. 천은 하양(夏陽)의 북쪽 교외인 용문(龍門)에서 태어났다. 그가 용문산 남쪽 기슭에서 밭갈이와 목축에 종사하고 있었으나 10살이 지나자 벌써 고문서(古文書)들을 암송했다.

20세 때에 천은 남쪽 지방을 편력했다. 먼저 장강(長江)·회수(淮水)에 유력했고, 회계산에 올라가 산 위의 우혈(禹穴 : 우(禹)를 장사지냈다는 동굴)을 탐승했다. 이어서 구의산(九疑山 : 순(舜)을 장사지냈다는 곳, 호남성)을 찾아갔고, 원수(沅水)와 상수에서 배를 탔다. 그 곳에서 북상(北上)하여 문수(汶水)와 사수를 건너 제와 노나라 도읍에 가서 학업을 닦았고, 공자의 발자취를 살폈다. 추·역에서는 향사(鄕射)의 예(禮)를 배웠다. 파(巴)·선(薛)·팽성(彭城) 등에서는 고생스러운 여행을 계속했으나 마침내 양(梁)·초(楚)를 거쳐 귀국했다.

귀국 뒤에 사마천은 궁정에 나아가 낭중(郎中 : 시종견습)이 되었고, 칙명을 받들어 파(巴)·촉(蜀)의 남부를 토벌하여 서남쪽 만지인 공(功)·작(筰)·곤명(昆明)을 평정하고 돌아왔다.

이 해(기원전 110년)에 천자(天子 : 무제)가 한 왕실로서는 처음으로 봉선(封禪)의 의식을 거행했다. 그런데 태사공 담(談)은 낙양에서 떠나지 못하게 됨으로써, 이 의식에 참가하지 못하였다.

그 때문에 담은 분한 나머지 자리에 눕게 되었는데 때마침 아들 사마천이 사명을 다하고 귀환했다.

부자는 낙양에서 서로 만났다.

▷ 아버지의 유촉(遺囑)

태사공 사마담은 자기 아들인 천의 손을 잡고 눈물을 흘리며 말했다.

"우리 조상들은 주실의 태사였다. 그 옛날, 순(舜)·우(禹) 시대에 공명을 떨친 이래로 대대로 천문(天文)에 대한 일을 관장해 왔다. 하지만 그 전통도 차츰 쇠퇴하여 이제 나의 대에서 끊어지려 하고 있다. 알겠느냐? 네가 내 대신 태사가 된다면 꼭 우리 조상들이 하시던 일을 계속해 주어야겠다.

지금 천자(天子)는 천년의 왕통을 이어 태산에서 봉선의 의식을 거행하고 있다. 그런데 어떤 일인지 태사인 내가 수행하는 것을 거절당했다. 이것도 천명, 실로 천명이랄밖에는 없다. 내가 죽은 뒤에는 네가 꼭 태사가 되는 거다. 태사가 된다면 내가 저술하려다가 하지 못한 것을 꼭 완성시켜 주기 바란다.

알겠느냐, 효도(孝道)는 먼저 어버이를 받드는 것으로 시작하며, 다음으로는 군주에게 봉사하고, 입신하는 데서 끝나는 거다. 이름을 뒷날에 남겨 어버이의 이름을 드높인다는 것이야말로 그 이상 더 큰 효과는 없느니라. 천하 만민이 주공을 칭송하는 것도, 주공이 아버지 문왕(文王), 형 무왕의 덕을 구가하고, 주나라의 국위를 떨쳤으며, 증조부 태왕, 조부 왕계 등의 이상을 실현시켰고, 한편 시조인 공유, 먼 조상인 후직에까지 거슬러 올라가 그 이름을 받들었기 때문이다. 유왕·여왕 이래로 왕도는 쓸모없이 되고 예악은 쇠퇴했다. 이 때 공자가 나타나서 폐기되었던 옛 전통에 생명을 불어넣었다.「시경(詩經)」·「서경(書經)」을 논정(論定)했고,「춘추(春秋)」를 지었다. 그「춘추」는 오늘에 이르기까지 규범이 되고 있다. 헌데 획린 때로부터 벌써 4백여 년, 제후들이 서로 물고 뜯는 난세 속에서 사관들의 기록은 버려지고 말았다.

지금 한(漢)이 융성하여 천하가 통일되고, 명주 현군이 세워지고 충신 의사가 배출되고 있다. 나는 태사이면서도 이들의 사적을 논술하여 기재할 수 없었다.

이래 가지고는 천하의 역사 기록이 폐기되고 끊어져버리고 말 것이다. 그것을 생각하니 가슴이 아프다. 내 말을 명심하라."

천은 고개를 숙이고 듣고 있다가 목이 메어 대답했다.

"불초 소자이오나 맹세코 아버님께서 정리하시다 남겨 두신 기록들을 하나도 빠뜨리지 않고 논술하겠습니다."

담이 죽은 지 3년이 지난 뒤에 천은 태사령이 되어, 사관의 기록 및 궁중에 비장된 전적들을 정리해 나갔다. 그로부터 5년이 지나 태초 원년(기원전 104년)이 되었다. 이 해 11월 갑자 삭단 동지(甲子·朔旦·冬至)날에 처음으로 천력(天曆)이 시행되어, 종묘에 봉납된 뒤에 각지에 반포되어 산천의 신들에게 봉납되었다.

▷「춘추(春秋)」와「사기(史記)」(1)

태사공 사마천은「사기(史記)」를 쓰는 데 있어 다음과 같은 생각을 했다.

"전에 아버지는, '주공이 죽은 지 5백 년 만에 공자가 나타났다. 그 공자가 죽은 지 5백 년이 된다'라고 말씀하신 일이 있다.

저 태평성세를 사람들에게 알리고,「역(易)」의 해석을 바로 하고,「춘추(春秋)」를 계승하며,「시(詩)」「서(書)」「예(禮)」「악(樂)」의 본원을 되돌아오게 할 사람이 지금 이 세상에 나타날 것이다. 그것을 아버지는 말씀하시려 했던 거다. 꼭 그럴 것이다. 난 어떻게 하든지 하지 않으면 안 되는 것이다."

그런데 천은 언제인가「춘추」에 대해서 상대부인 호수와 같은 문답을 나눈 일이 있다.

호수 : "동자는 어떤 목적으로「춘추」을 만들었습니까?"

천 : "동중서(董仲舒 : 한대(漢代)의 유학자)는 이렇게 말했습니다.

공자가 노(魯)의 사구(司寇 : 사법장관)가 되었던 것은 주나라의 왕도가 벌써 쓸모없이 되었을 때였다. 그는 제후들에게 미움을 샀으며, 대신들로부터 훼방꾼 취급을 받았다. 공자는 자신의 말이 소용없고 자신의 도가 행해지지 않으리란 것을 깨닫자, 과거 2백42년 간에 걸친 사적에 관해서 시비를 밝혀내, 그것을 천하의 의표로 삼았다. 그것에 의해서 천자가 선하지 못한 것을 비판하고, 제후들이 무도함을 배척하고, 또 대신들의 불손을 공격함으로써 군주가 해야 할 일을 군주 대신 분명히 밝힌 것이다."

공자 자신은「춘추」에 대해서, 나는 처음에 추상적인 말로써 쓰려고 생각했다. 하지만 구체적인 사실을 입각해서 논급(論及)하는 것이 의도하는 바를 더 깊게 보다 뚜렷이 나타내는 방법이리라 생각하고 고쳐 이 방법을 채택했다'고 말했습니다.

「춘추」는 하(夏)·은(殷)·주(周) 3대의 왕도를 뚜렷하게 했고, 인간으로서의 규범을 보여 준 것입니다. 의아스러운 것은 제쳐놓고, 시비를 밝혔으며, 애매한 것은 명확하게, 선악을 판정했고 현우(賢愚)를 구별했으며, 멸망된 나라를 복구시키고, 단절된 가문(家門)을 일으키고, 폐절된 전통을 재생시켰습니다. 이것이야말로 실로 왕도의 으뜸인 것입니다.

「역경」은 천지·음양·4계(四季)·5행(五行)의 운행을 똑똑하게 했습니다. 그런 까닭에 변화를 살피는 데 도움이 됩니다. 「서경」은 옛 성왕들의 사적을 기록했습니다. 그런 이유로 정도에 도움이 됩니다. 「서경」은 산천·계곡·조수·초목·남녀 등에 관한 것을 기록하고 있습니다. 그런 까닭에 풍자와 비유에 도움이 됩니다. 「춘추」는 옳고 그름을 가려내고 있습니다. 때문에 인간의 활동을 규제하는 데 도움이 됩니다. 「악경(樂經)」은 음악의 밑바탕입니다. 그런 이유로 조화에 도움이 됩니다. 이러한 까닭에 「예기」는 사람이 절도를 지니게 하고, 「악경」은 조화를 이루게 하며, 「서경」은 사실을 가르쳐 주고, 「시경」은 심정을 전해 주고, 「역경」은 변화를 가르쳐 주고, 「춘추」는 대의를 가르쳐 주는 것이라고 하겠습니다. 난세를 다스려 정도로 이끌자면 「춘추」만큼 적절한 것은 없습니다.

「춘추」는 전문이 수만 자에 달하며 그가 가린 글이 수천 가지 대목으로, 온갖 사적이 깡그리 기록되어 있습니다. 그 가운데 군주를 시해한 게 36건, 나라를 망치게 한 게 52건이나 기재되어 있습니다. 망명을 함으로써 종묘 사직을 받들지 못하게 된 제후들은 사실 다 헤아릴 수 없이 많습니다. 왜 그렇게 되었느냐고 하면 여하간 근본을 그르쳤기 때문입니다. 「역경」에는 이런 이야기가 있습니다. '처음에는 불과 일리 일모(一厘一毛)의 차이라고 하더라도 뒷날에는 천리의 차가 나타난다.'

'신하가 군주를 시해하고 자식이 아비를 죽이는 것과 같은 일도 그 원인이 결단코 일조일석에 생긴 게 아니다. 오랜 동안 쌓이고 쌓인 결과이다.'

그런 이유로 한 나라를 거느리는 군주는 「춘추」에 통달하지 않으면 안됩니다. 그렇지 않다면 모함하는 이야기를 알아차리지 못하고, 역적도 알아차리지 못하게 되는 것입니다. 신하도 한편 「춘추」에 통달하지 않으면 안됩니다. 그렇지 않다면 일상의 직무를 적절하게 다루지 못하며, 일단 유사시에는 임기 응변으로 대처하지 못하게 됩니다. 군주나 아비이면서 「춘추」의 대의에 통달하고 있지 못하면 못된 짓을 저지른 장본인으로서의 오명을 남기게 됩니다.

신하나 자식으로서 「춘추」의 대의에 통달하고 있지 못하면 꼭 찬탈·시역의 죄를 범하고, 주살당하고 말 것입니다. 주관적으로는 선한 노릇이라고 여기고 한 일일지라도 대의가 무엇인지 몰랐기에 죄를 저지르고 그 오명을 씻지 못하게 되는 것입니다.

모름지기 의의 근본적인 뜻을 알고 있지 못하다면, 임금이라도 임금은 아니며, 신하라도 신하가 아니며, 아비라도 아비가 아니고, 자식이라도 자식이 아니라는 사태를 빚고 말 것입니다.

그렇게 된다면 임금은 반역을 당하고, 신하는 주살당하며, 아비는 무도를 범하고, 자식은 불효로 될 것입니다. 이 네 가지가 최대의 배덕인 것입니다. 이 배덕이라는 이름을 뒤집어쓴다면 끝내 벗어날 길은 없는 것입니다.

「춘추」는 예(禮)·의(義)의 근본입니다. 예는 죄를 미연에 방지하는 것이요, 법은 벌써 범한 죄를 다스리는 것입니다. 때문에 법의 효용은 뚜렷이 눈에 보이지만, 예의 예방 효과는 그대로 간과해 버리기 쉬운 것입니다."

▷「춘추(春秋)」와「사기(史記)」(2)

호수는 다시 물었다.
"공자 때에는 명군도 없고 현인도 등용되지 못했소. 그래서 공자는「춘추」를 지어 단지 이야기로써 예(禮)·의(義)에 비추어 판단했고, 그것을 왕자의 법으로 간주한 데 불과하다고 봅니다.

하지만 지금은 위로 명천자(明天子)를 받들고, 선생 자신도 태사령 자리에 임명되어 있소. 문물 제도(文物制度)는 가지런히 갖추어져 있고, 사람들은 저마다 맡은 바 소임을 다하고 있습니다. 그렇다면 선생께서는 그 이상 더 무엇을 하시겠다는 작정입니까?"

"실로 말씀하신 그대로입니다. 하지만「춘추」를 만든다는 것과는 문제가 다릅니다. 선친께서는 이런 말씀을 했습니다.

'복희(伏羲 : 전설상의 삼황의 한 사람)는 그 위대한 순수성에 입각하여 「역(易)」의를 8괘을 창조했다. 요(堯) · 순(舜)의 성덕은 「서경(書經)」에 기재되어 예악(禮樂)의 기원이 되었다. 탕왕 · 무왕의 태평성세를 시인들이 노래하여 「서경(書經)」이 되었다. 「춘추」는 선을 칭송하고 악을 증오하고 하(夏) · 은(殷) · 주(周) 3대의 덕을 상찬하며 주 왕실을 찬양했던 것이다. 결코 헐뜯고만 있는 것이 아니다.'

한 왕실이 융성한 이래, 오늘의 폐하에 이르기까지 상서로운 일만이 거듭 나타났습니다. 폐하께서는 봉선의 의식을 거행했고, 개력을 했으며, 거마도구(車馬道具)의 빛깔을 바꾸었습니다. 한 왕실은 저 아름답기 그지없는 하늘에서 명을 받은 것입니다. 그 은혜는 끝없이 넓고 해외의 이민족조차 여러 나라를 거쳐와서 조공을 바치고자 하는 것이 부지기수입니다. 문무백관은 최선을 다하며 성덕을 칭송하고 있습니다만, 그래도 아직 뜻을 펴지 못하는 유감을 지니고 있습니다.

유능한 신하가 있으면서도 등용되지 못한다고 하면 그것은 한 나라를 거느리는 군주의 수치이려니와, 그 반대로 명군을 받들고 있으면서도 그 덕을 넓게 펴지 못한다면 그것은 곧 신하의 죄가 됩니다. 더구나 내가 역사의 기록을 담당하는 태사(太史) 자리에 있으면서 성천자(聖天者)의 성덕을 밝게 밝히지 못하고, 공신 · 세가 · 현대부(賢大夫)의 공적을 기록하지 못한다면 선친의 유언을 거역하는 일일지니 그보다 더 큰 죄가 어디 있겠습니까.

내가 쓰고자 하는 것은 고사(故事)를 통하여 지금까지 대대로 전해 내려온 사실을 정리하여 기록하자는 것이지, 결코 창작을 하려는 것은 아닙니다. 선생께서는 이것을 「춘추」와 똑같이 보고 계시지만 그렇지는 않은 것입니다."

▷ 분을 터뜨리다

이래서 태사공 천은 논술에 착수했다. 하지만 그로부터 7년 뒤에 그는 이능(李陵)의 사건에 연좌되어 죄수의 몸이 되었고, 깊은 절망의 구렁텅이에 빠져버리고 말았다.

"아, 이게 내가 받는 벌이란 말이냐? 몸을 망치고 말다니."

하지만 이런 절망의 밑바닥에서 그는 과거의 역사에 생각을 적셨다.

"생각컨대 「시경」 「서경」의 표현에 암시가 풍성한 것은 제약된 상황 안에서 최대한의 생각을 엮으려 했기 때문이리라.

지난날 서백(西伯 : 문왕)은 유리에 유폐되어 「주역」을 발전시켰다. 공자는 진·채에서 위난을 겪은 뒤 「춘추」를 지었다. 굴원은 고국에서 추방당해 「이소(離騷)」를 저술했고, 좌구명(左丘明)은 실명하여 「국어(國語)」를 남겼다. 손빈은 다리를 끊겨 병법을 펴냈고, 여불위는 촉으로 유배되어 「여씨춘추」를 세상에 전했고, 한비는 진에서 옥살이를 하며 「설란(說難)」「고분(孤憤)」 2편의 저작을 했다. 「시경」 3백 편의 시로 치더라도 그 태반은 성현이 치밀어 오르는 생각들을 담아서 지은 것이다.

이와 같이 사람들은 다같이 마음 속의 울적한 감정을 토로할 수 없었을 때 옛날을 말하는 미래에 기대를 걸었던 것이다."

그래서 사마천은 요의 시대로부터 무제가 흰 기린을 잡았을 때까지를 기술했다.

▷ 정본(正本)은 명산(名山)에 소장하다

우리 한(漢)나라는 5제의 흐름을 이어 하(夏)·은(殷)·주(周) 3대의 위업을 계승하는 것이다. 주나라의 왕도가 쇠퇴한 뒤에 진나라는 고문을 폐지하고, 「시경」「서경」등 고전을 불태워 버렸다. 그 때문에 궁중에 비장되어 있던 비문·전적들은 남김없이 산산이 흩어지고 말았다.

한나라가 흥하자 소하는 율령을 정리했고, 한신은 군법을 정했으며, 장창은 역법과 도량형의 제도를 만들었고, 숙손통은 의례를 정했다. 이래서 학문은 차차 융성하기에 이르렀다. 숨겨져 있던 「시경」·「서경」이 각지에서 발견됐다. 조삼(曹參)은 개공(蓋公)을 천거해서 황노(黃老 : 도가(道家))의 학문을 크게 제창했다. 가의(賈誼)나 조착(晁錯)은 신불해(申不害)·상앙(商鞅) 등 법가의 학문을 뚜렷하게 밝혔다. 또한 공손홍은 유학을 들고 세상에 나타났던 것이다.

그리하여 한나라 초로부터 백년 사이에 천하의 고적·고기록은 남김없이 다같이 태사공(史官)에게로 수집되어 왔다. 태사공 자리에는 사마담·사마천 부자가 2대에 걸쳐 임명되었다.

사마천은 태사공에 임명되었을 적에 이렇게 생각했다.

"오, 나의 선조들은 지난날 이 자리에 있을 때 요·순의 시대에 이름을 떨쳤고, 주대에 이르러 다시 이 직위에 올랐다. 그 뒤에도 대대로 천문을 담당하는 직을 이으면서 내 대에 이른 것이다. 이 사실을 생각 속 깊이 명심하지 않으면 안 된다."

그리하여 사마천은 이러저리 흩어진 옛 기록들을 널리 수집하여 역대 제왕의 흥망성쇠를 사실에 입각하여 논증했다. 하(夏)·은(殷)·주(周) 3대에 관해서는 거의 추찰에 입각해서 기록했고, 진·한에 대한 것은 사실을 기록했으며, 위로는 황제로부터 아래로는 한대에 이르기까지「본기(本紀)」2편을 기술했다. 하지만 시대나 세대가 전후하여 시대 관계를 알기 어렵게 때문에 별도로〈표(表)〉10편을 만들었다.

또한 예(禮)·악(樂)의 변화, 음률(音律)·역법의 계정, 병법·지리·제사·천문의 실제, 화폐의 변천을 기술하기 위하여「서(書)」8편을 만들었다.

28수(宿 : 성좌)는 북두칠성의 둘레를 돌고, 수레바퀴의 30개의 바퀴살은 복판의 바퀴통을 중심으로 돌고 있다. 이것에 비유하여 충성을 다하여 제왕을 보좌했던 수족과 다름없던 신하들에 대해 기술하기 위해서「세가(世家)」30편을 지었다.

또한 탁월한 재능을 지니고 정의를 살리며 절호의 순간을 잡아 천하에 공명을 떨친 사람들에 관해서「열전」70편을 지었다. 이상 모두 1백 30편으로, 총 52만 6천 5백 자에 달한다. 이름해서「태사공서(太史公書)」라고 한다.

이「자서(自序)」는 본문에 빠진 것을 보충하고, 또 한 집안의 말을 기록한 것이다. 또한 6경에 관한 갖가지 이설을 정리하여 백가의 각양각색의 학설을 자리잡아 놓은 것이다. 이「태사공서」는 그 정본을 명산에 소장시키고, 부본을 도읍에 두어서, 후세의 성인군자들의 비판을 기다리기로 한다.

2. 환관(宦官)의 슬픔
— 임안에게 보낸 답서 —

「태사공 자서」가 사마천으로 하여금 「사기(史記)」의 '외측'을 엮게 한 것이라고 한다면, 그것을 '내측'에서 논술하게 한 것이 무엇일까? 패장 이능(李陵)을 변호했기 때문에 궁형을 받았다는 것도 바로 그것이다 (제1권 참조).

아버지의 유업을 완성하기 위해서 사형보다는 환관이 될 것을 택했다고는 하지만 사실 그것이야말로 죽음보다도 더 잔혹한 생이었다. 환관이란 거세당한 남자가 궁전, 특히 후궁에서 일하는 것을 말한다. 원래 환관으로는 정복시킨 이민족에서 뽑아 세웠다. 그들은 일반 사회에서 격리되어 먼 곳에서도 바로 알 수 있는 복장과 걸음새를 취했다. 이러한 천대받는 환관으로 전락한 사마천의 울분은 감옥에 있는 친구 임안(臨安)에게 보낸 답서에 되풀이하여 토로되고 있다. 이 분노야말로 「사기(史記)」를 내면에서 구성하는 것이리라.

사마천은 임안에 대해서 「사기(史記)」에서 거의 이야기하고 있지 않으나, 그는 한 영걸이다. 자(字)는 소경(少卿)이라 하며 형양(滎陽) 태생이다. 무제 때에 수도방위사령부 참모라고 할 수 있는 북군 사자호군(北軍使者護軍)에 임명되었으나 정화(征和) 2년(기원전 91년) 위 황태자(衛皇太子)의 반란 사건에 연좌되어 사형 판결을 받았다.

임안에게서 사마천에게 언제 편지가 왔는지는 뚜렷치 않으나 아마도 그가 옥중에 있었을 때였으리라. 그 내용은 간곡하게 감형 운동을 의뢰한 것으로 여겨진다. 사마천이 그것에 회답을 낸 것은 그로부터 수개월 뒤의 일이다. 옥중의 임안이 풍전등화와 같던 때였다.

▷ 혼자 우울하게

사관(史官) 나부랭이에 지나지 못하는 사마천이 재배하며 여쭙니다.

소경께서 지난번에 주신 글월에, 진심으로 남과 사귀고 현재를 천거하도록 힘쓰라는 말씀, 그 하나하나 진실로 귀가 아프도록 배독했습니다. 공께서 굳이 충고해 주신 것을 제가 잊어버리고 그것을 범속한 의견으로 생각할까 걱정하시는 것 같습니다만 저는 그렇지 않다는 것을 여쭈렵니다.

비록 제가 보잘것 없는 존재이기는 하오나 군자의 유훈만은 거듭 귀에 담고 있습니다. 허나 곰곰이 생각하니 부끄럽기 짝이 없는 복역하는 신세로 무엇을 하거나 곧 남에게 업신여김을 당하고 남을 돕고자 하다가 오히려 해만 입히는 결과가 된 것은 잘 아실 만한 일이 아닐까요. 그 때문에 저는 얘기할 상대도 없고 혼자서 침울하게 지내지 않으면 안됩니다. 속담에 말하기를, 자네가 아닌 그 누구에게 이 꽃을 보이라고 했습니다만, 종자기(鍾子期)가 죽은 뒤에는 백아(伯牙)가 두 번 다시 칠현금(七絃琴)을 뜯은 일이 없었다고 했던가요. 말하자면 사나이란 자기를 알아주는 자를 위해 일하고, 여자는 자기를 사랑하는 사람을 위해서 화장한다고 하지 않습니까? 부끄럽게도 반쪽이 되고 만 저 같은 위치의 존재가 설령 수후(隨侯)의 옥(玉), 화씨(和氏)의 구슬에 견줄 만한 재능을 갖고 허유(許由)·백이(伯夷)에게도 손색없는 덕행을 쌓았다손 치더라도, 영예를 얻기는커녕 웃음거리가 되거나 수치를 더한다는 것은 명약관화한 일입니다.

회답을 바로 드려야 했으나 동방 순행에 따라가랴, 천한 제 일도 돌봐야 하랴, 찾아뵈올 겨를도 없이 분주하기만 한 나날에 쫓기다가 이렇게 뒤늦고야 말았습니다. 또한 공께서는 뜻밖에 죄진 지 수개월이나 지나, 이제 12월도 목전에 다달았습니다. 저는 다시 옹(雍) 땅으로 순행을 따라나설 시기가 임박했습니다.

그러니 언제 공께서 예기치 않은 일이 일어날지 모르는 차제에 이렇듯 저의 울적한 생각을 말씀드리지 못하고 끝이 난다면 모름지기 공께서는 죽어도 죽을 수 없는 한이 맺히실 줄 압니다. 소식 드리지 못하고 지냈던 일을 사과 드리는 동시에 어리석은 소견을 말씀 올리는 바입니다.

▶ 종자기(鍾子期)가 … 뜯은 일이 없었다.
백아는 춘추 시대의 칠현금의 명수. 종자기는 그의 벗으로서 백아의 음악을 잘 이해했다고 한다. 이해할 수 있었던 친구를 '지음(知音)'이라고 부르는 것은 이 고사에서 생긴 성어(成語)이다.

▶ **수후(隨侯)의 옥, 화씨(和氏)의 구슬**
어느 것이건 전설적인 명옥(名玉)의 명칭.

▶ **허유(許由)·백이(伯夷)**
인격이 고결했던 숨은 선비의 이름. 허유는 제(帝)인 요(堯)가 천하를 양도해 주겠다는 것을 마다하고 산으로 가서 숨어버렸다. 백이에 대해서는 제1권을 참조할 것.

▶ **12월도 목전에 다달았습니다**
'처형받을 시기가 박두했다'는 것을 은유해서 표현한 말. 한대(漢代)에는 사형 집행이 겨울철에만 행해졌다.

▷ 궁형(宮刑)은 최대의 수치

모름지기 사람의 지라고 하는 것은 수양의 깊이에 따라 알 수 있고, 인은 동정심의 후박에 의해 잴 수 있고, 의는 수수의 당부에 의해 나타나며, 용이란 염치의 강약에 관계되며, 행이란 성명의 유무에 의해서 평가된다고 합니다. 이 다섯 가지 덕을 가진 자만이 사군자(士君子)로서 처세할 수 있는 것입니다. 그런 까닭에 선비라는 자에게 있어서 제일 불행한 경위란 이욕(利慾)에 사로잡히는 일이고, 보다 큰 고통이란 마음에 상처를 입는 일입니다. 제일 으뜸이 되는 것은 궁형을 받는 일입니다. 궁형을 받은 자를 인간 취급하지 않는 것은 도시 당세에만 한

한 것은 아니며, 아득한 옛날부터입니다.

 이를테면 위의 영공이 환관 옹거(雍渠)를 자기 수레에 태웠기 때문에 공자는 진으로 떠나갔습니다. 상앙은 환관인 경감(景監)이 손을 써서 진나라 왕실에서 근무하게 되었기 때문에 조양(趙良)은 그의 장래를 한심스럽게 여겼던 것입니다. 환관 조동(趙同)은 문제의 수레에 탔기 때문에 원앙(袁盎)이 크게 노했습니다. 예나 지금이나 다름없다는 것은 이것만 보더라도 알 수 있습니다.

 대체로 환관과 관련되는 일이 생긴다고 하여 평민조차도 얼굴을 찌푸리지 않는 사람이 없습니다. 하물며 선비들에게 있어서는 말할 수조차 없는 일입니다. 지금 조정에 인재가 없다손 치더라도 어찌 나 같은 복역하는 사나이가 천하의 준재를 천거할 수 있겠습니까?

 저는 아버지의 직위를 계승한 관계로 금중(禁中)에 봉사하기 벌써 20여 년에 이릅니다. 면목 없는 말씀이지만 그 동안 위로 충성을 다하여 지략의 명예를 얻어 명군(明君)의 총애를 받지도 못했고, 안으로는 인재의 천거에 힘써 재야(在野)의 어진 선비를 찾아내어 보필하는 소임을 다하지는 못했고, 밖으로는 군에 나아가 역전분투하여 적장의 목을 자르고 군기를 빼앗는 공도 얻지 못했으며, 아래로는 장기 근속의 공으로 고위 고록을 얻어 일족 붕당의 인기 배우도 되지 못했습니다. 이 넷 가운데에서 그 어느 하나도 이렇다 할 만한 것을 얻은 정도가 없으니 이제 새삼스레 발버둥치며 체재(體裁)를 갖추고 시비를 가리고 나선들 무슨 구실을 할 수 있느냐는 것은 굳이 말하지 않아도 알 만한 일입니다.

예전에는 저도 하대부(下大夫)의 일원으로서 조의에 배석한 일도 있습니다만 그 당시만 하더라도 조리를 바르게 가릴 줄 몰랐던 것입니다. 하물며 오늘 반쪽이 된 비인간으로 전락하여 우스꽝스럽게 고개를 내저으며 시비를 가리고 나선다면 그것이야말로 조정의 권위를 떨어뜨리며 유능한 선비를 모멸하는 것이 되겠지요.

아, 나 같은 자가 오늘 새삼스레 무엇을 말할 필요가 있습니까?

▷ 이능(李陵) 사건의 진상

도대체 세상사처럼 뜻대로 안 되는 것이 없을 것입니다. 저는 어려워서부터 이렇다하게 재능도 없었고, 성인이 된 뒤로도 고향 사람들의 찬사마저 받아보지 못한 채 아버님 덕분에 폐하의 부르심을 받아 보잘것 없는 재질을 가지고 궁중에 드나들도록 허락받았던 것입니다. 동이를 머리에 얹고 보면 하늘을 바라볼 수 없는 처지입니다. 그로부터 나는 친구나, 연분 있는 사람과의 교제나, 집안의 사사로운 것마저 다 내던져 버리고 오로지 직무에만 전념하여 보잘것 없는 능력을 쥐어짜서 폐하를 보필코자 했던 것입니다. 그러나 매사에는 예상할 수 없는 잘못이 생기는 법입니다. 이능(李陵) 사건이 바로 그것입니다.

이능과 저는 전부터 근위(近衛) 직을 받는 벗 사이였습니다. 그다지 친한 사이도 아니었습니다. 서로의 입장이나 성격에도 차이가 있었기 때문에 술잔을 기울이며 우의를 나눌 만한 특별한 사이가 아니었습니다. 그러면서도 내가 보기에 그는 신념을 굽히지 않는 영걸이었습니다. 어버이에게는 효를, 친구에게는 신의를, 금전에는 담백했으며, 주고받는 수수 관계를 온당하게 하여 남에게 양보할 줄 아는 겸허한 것을 지녔고, 몸과 마음을 바쳐 국난을 바로 잡겠다는 굳은 뜻을 간직한, 나라 안의 뛰어난 인재로서의 품격도 지니고 있었습니다. 나라가 위급할 때 한 몸을 던져 천번만번이라도 죽겠다는 생각이야말로 보기 드문 일이라 하지 않을 수 없습니다. 그런데도 오늘 일이 뜻과 다른 결과로 끝났다 하여 내 몸만 소중하고 내 처자만이 사랑스럽다는 생각에 사로잡힌 겁쟁이들이 그를 배반하여 밀어 떨어뜨리려는 것을 저는 도저히 참고 볼 수 없었습니다.

그런데도 그는 5천에도 이르지 못하는 보병을 거느리고 흉노의 본거지 깊숙이 침공하여 전멸의 위험마저 각오한 뒤에 당당하게도 수많은 대군을 물리치며 결전하면서 선우(單于 : 흉노의 왕)와 연전(連戰) 10여 일 간에 걸쳐 막대한 피해를 입혔던 것입니다.

흉노 군사들은 사상자를 처리할 여유조차 없이 좌우현왕 이하 장정을 총동원하여 전군이 포위 공격을 가해 왔던 것입니다. 이렇게 전전(轉戰)하기 천 리, 화살은 떨어지고 길은 끊기고 원군은 오지 않고 사상자의 무리는 산더미같이 쌓일 정도였습니다. 그렇지만 또다시 이능이 소리 질러 군사들을 격려하면 군사들은 다같이 빠짐없이 용감히 일어서서 피를 뒤집어쓰고 눈물을 삼키며 빈주먹을 휘두르면서 칼날에 맞서 나아가 앞을 다투어 적진으로 뛰어들어 결사적으로 싸워 죽었던 것입니다.

이능이 패전하기 전에 전령이 그가 분투한다는 것을 알리자 왕후 중신들은 다같이 축배를 들고 만세를 외쳤던 것입니다. 그런데 며칠이 지나 패전 소식이 닥치자 폐하는 입맛을 잃어 식사를 못했고 정사도 손에 잡히지 않는 모양, 중신들은 어찌 할 방도조차 찾지 못하고 당황할 따름이었습니다.

저는 폐하의 괴로운 심정을 알아차리고, 지체가 천한 것도 잊은 채 폐하를 위로해 드리자는 생각을 했습니다. 이능은 항상 부하들과 생사를 같이했으며 명령 일하에 움직일 만큼 신뢰 관계를 맺었던 것입니다. 옛 명장일지라도 그를 따를 만한 사람이 없다고 여겨집니다. 불행히도 그가 포로의 몸이 된 것도 모름지기 기회를 보아 한나라를 위한 계기를 만들려고 했던 어쩔 수 없는 노릇이었다고 생각됩니다. 설령 일시적이라 하더라도 흉노의 대군을 격파한 공적은 천하에 표창할 가치가 있습니다. 저는 이 의견을 진언드리고자 하면서도 좀처럼 시간을 얻지 못하고 있었습니다.

그런데 뜻밖에도 폐하의 물으심을 받게 되었기 때문에 지체없이 이상과 같은 취지에 의해서 이능의 훈공을 찬양했습니다. 그것으로서 저는 폐하의 도량을 넓히고 신학들의 비방을 막고자 했을 뿐 다른 생각은 없었습니다. 하지만 논지가 명확하지 못해서였는지 폐하께서는 납득하시지 못했고 오히려 이능을 두둔하여 이사 장군을 깎아내리는 것이라 오해받고 저를 옥리의 손에 넘겨버리고 만 것입니다.

절절한 충성심을 밝히지도 못한 채 가공스럽게도 폐하를 기만했다는 죄만 뒤집어쓰게 된 것입니다. 집안이 가난했기 때문에 죄를 대신 속죄받을 만큼의 재산이 없고, 친척이나 지기로부터 일언반구의 변호조차 받지 못했습니다. 저로 말하면 목석이 아닌 몸이었으되 감옥에 깊이 갇힌 채 얼굴을 마주 대하는 자라고는 옥리뿐, 누구에게 호소할 방법이 없이 몸부림쳤다는 것은 지금의 공께서도 남의 일처럼 생각하지는 않으실 줄로 여깁니다.

이능은 목숨을 건져 적에게 항복함으로써 가문을 더럽혔고, 또한 저는 잠실에 내던져진 채 거듭거듭 세상의 웃음거리가 된 것입니다. 슬프도다, 슬프도다. 어찌 간단한 이야기로서 세상 사람들에게 설명할 수 있겠습니까.

▶ 좌우현왕(左右賢王)
좌현왕과 우현왕. 흉노에서는 선우에 다음 가는 고위층.
▶ 이사 장군(李斯將軍)
당시 무제의 신임을 가장 많이 받던 장군인 이광리(李廣利)를 가리키는 것. 흉노 토벌의 총사령관이었음.

▷ 사람은 한 번 죽는 법

저는 봉후(封侯)의 영예나 각별한 은전 등을 받은 일 없는 가문에서 태어났습니다. 태사의 직은 무당이나 역자에 가깝고, 이른바 폐하의 우롱을 받는 예능인과 흡사한 대우를 받으며 세인들로부터도 경시당하는 존재에 불과합니다.

그런 제가 사형을 받았다 해서 폐하의 안중에는 어디 티끌만큼이라도 비칠리 있겠습니까? 흡사 버러지 한 마리쯤 죽은 거나 진배없겠지요. 세상 사람들로 이야기하더라도 제가 절의를 지켜 죽었다고는 생각해 줄 리 없는 노릇이요, 법의 추급에 있어 방도조차 없는 노릇이고, 한결같이 나쁜 짓을 하다가 잡혀 마침내 처벌을 받는다는 게 고작일 것입니다. 결국 제가 저지른 결과일 따름입니다.

인간은 누구나 죽는다는 운명에 놓여 있지만, 그 죽음이 태산보다도 크다고 보거나 터럭만도 못하다고 보는 차이가 생기는 것은 그 동기의 차이에 있는 것입니다. 최선은 조상의 명예를 위해 죽는 것이고, 자기 스스로 절의를 지켜 죽는 것이며, 제3은 체면을 더럽히지 않기 위해서, 제4는 발언에 책임을 지기 위한 것입니다.

이 이하로 내려간다면 죽음을 두려워하고 포승의 치욕, 붉은 수의를 입는 치욕, 손발에 고랑을 차고 채찍을 맞는 치욕, 중대가리가 되어 목에 쇠고리를 채우는 치욕, 먹으로 문신을 하게 한 뒤 코 베기·발 자르기 등의 형을 받는 치욕 등으로 이어집니다만 그 중 가장 밑바닥이 되는 것은 물론 부형(腐刑: 궁형의 별칭)인 것입니다. 고서(古書)에는, '형(刑)은 대부(大夫)에까지 이르지 않음'이라는 말이 있기는 합니다마는 그것은 사절(士節)을 격려하기 위한 실례이었음에 틀림이 없습니다.

깊은 산에서는 백수(百獸)를 엎드리게 하는 맹호도 우리 속에 갇히고 나면 단지 꼬리를 흔들며 먹이를 찾는 것을 알 따름입니다. 협박당하고 고통을 당하는 결과는 이러한 변화를 가져 오게 하는 것입니다. 선비라는 자는 땅에 선을 긋고 감옥이라 비유하게 하며, 나무를 깎아 옥리라고 모방하게 하더라도 누구라도 그 곳에 가까이 하려고 하지 않습니다. 그만큼이나 사직 당국자를 꺼리고 겁내는 것이며, 하물며 손발을 묶이고 벌거벗겨서 채찍을 맞고 감옥에 처박히게 되는 날이면 옥리를 보기만 하더라도 머리를 땅에 처박고, 간수나 잡역부에게조차 겁에 질려 떨기 마련입니다.

협박당하고 고통을 받으면 저절로 그렇게 되는 것입니다만, 그런 일에 처해서 오히려 자기가 자랑을 버리지 않고 있다고 하는 인간이 있다면 그것이야 말로 세상에서 말하는 철면피 같은 종류요, 어떤 존경할 가치도 없습니다.

주(周)의 문왕(文王)은 백(伯 : 제후의 우두머리)의 신분으로 유리에 유폐되었고, 이사(李斯)는 진나라 재상의 신분으로 5형(五刑)을 받으며, 한신(韓信)은 초의 왕이면서 억류당해 목에다 형구를 채웠고, 팽월·장오도 왕(王)의 신분으로 옥에 갇혀 죄를 받았습니다.

주발은 여씨(呂氏) 일족을 평정하고 저 5패(五覇)도 뛰어넘는 권세를 떨치다가 감옥에 처박히었고, 두영(竇嬰)은 대장군의 몸으로 붉은 수의를 입고 손발에 고랑을 찬 채 목에까지 형구를 채웠으며, 계포는 주가의 노예가 되었고, 관부도 감옥에서 욕을 당했습니다.

이 사람들은 다같이 왕후 장상의 위치에 있으면서 국외까지 이름을 떨친 영걸들이었으나, 사직 당국에 잡힌 뒤로 자결하지도 못하고 굴욕 속에 살았던 것입니다. 자랑이고 무엇이고 다 버린 점에 있어서는 저나 다름이 없겠지요. 결국은 상황의 소산에 지나지 않는다는 것은 이 점으로도 똑똑한 노릇입니다.

사직 당국에 구금당하기 전에 자결하지 못하고 협박당하며 고통을 당하는 단계가 되자 새삼스럽게 수치를 당하지 않겠노라 바둥거려도 벌써 때가 늦은 것입니다. 옛 사람이 사대부에게 형을 가하는 것을 기피했던 이유는 실로 이 때문이었다고 생각됩니다.

▷ 저술(著述)에 대한 집착

생에 집착해서 죽음을 무서워하고 부모 처자를 걱정하는 것은 인지상정입니다. 그렇지만 서로 한 번 의리를 위해 일어서면 자기가 자신의 목숨은 물론 가족들의 신변을 염두에 두지 않으면 안된다는 것이 필연적인 노릇입니다.

저는 불행하게도 조실부모하여 동기간조차 없이 고독하게 살아왔습니다. 하지만 제가 이제 새삼스럽게 처자 때문에 살고자 했다고는 공께서도 생각지 않으신 줄로 압니다. 그렇지만 열사라고 하더라도 꼭 절의 때문에만 죽지 않으며, 겁쟁이라 하더라도 수치는 알고 있는 것이니, 생사의 길이라는 것이 뜻대로 되지 못한다는 것은 누구에게나 마찬가지인 것입니다.

저도 생명을 아까워하는 비열한 자라고는 하더라도 거취만은 분별할 줄 알고 있습니다. 어찌 창피를 모르고 죄인 노릇만을 하고 있겠습니까? 노복 비첩들일지라도 자결할 줄 알 판인데 제가 어찌 그 도리를 모르고 있겠습니까? 굳이 오욕을 피하지도 않고 은인하며 살아가고 있는 이유란, 가슴속에 지닌 숙원을 이루지 못하고 세상을 떠나 문장을 후세에 전할 수 없이 되고 만다는 것을 안타깝게 여기기 때문입니다.

옛날부터 영화를 누리던 몸으로 죽음과 더불어 그 이름을 끝장내고 만 사람들은 수없이 많습니다. 하지만 후세에 이름을 남긴 사람들이란 예외 없이 탁월하고 비범한 업적을 남겼던 사람들입니다.

더구나 문왕이「주역」을 발전시킨 것은 유리(羑里) 땅에 유폐되었기 때문이요, 공자가「춘추(春秋)」를 편찬한 것은 진(陳)·채(蔡)에서 액(厄)을 당했기 때문이고, 굴원이「이소(離騷)」를 지은 것은 추방이라는 비운 속에서였습니다. 좌구명(左丘明)은 실명한 뒤「국어」를 저술했고, 손자는 다리를 잘리고 병법을 편찬했으며, 여불위는 촉나라에 유배되어「여씨춘추(呂氏春秋)」를 세상에 남겼으며, 또 한비(韓非)는 진나라에 억류되어「설란(說難)」「고분(孤憤)」2편을 집필했던 것입니다.「시경(詩經)」의 작품들만 보더라도 그 태반이 성현(聖賢)들의 생각에서 우러나온 생각들을 엮은 것이라고 하겠습니다.

생각컨대 인간은 울적한 감정을 토로할 수 없는 처지에는 옛날 일들을 엮으며 미래에다 기대를 거는 명저를 엮게 되는 것이겠지요. 이를테면 좌구명이나 손자가 시력을 잃거나 다리가 끊겨서, 벌써 입신 처세할 가망이 없었기 때문에 붓에다가 적분을 맡기고 무력한 언사에 스스로의 모든 것을 걸었던 것입니다.

저도 분수를 생각지 못하고 서투른 문장에다 스스로를 맡기고자 생각하여 전국에 산재하는 옛 기록들을 수집하여 그 당부(當否)를 검토하고 체재를 세우고 흥망성쇠의 이치를 캐내어, 위로는 황제의 상고 시대로부터 아래로는 오늘에 이르기까지의 역사를 〈표(表)〉10편, 「본기(本紀)」12편, 「서(書)」8편, 「세가(世家)」30편, 「열전(列傳)」70편, 도합 1백 30편으로 마무리진 것입니다.

저는 이것을 이유로 천도와 인위의 관계를 추구하고 역사적 변화의 발자취를 살펴서 일가견을 세우려고 의도한 것입니다. 그런데 원고를 쓰기 시작한 지 아직 얼마 되지 않아 이 재화가 밀어닥친 것입니다.

극형을 받았으면서도 태연스럽게 부끄러운 빛조차 띠지 않았던 것은 이 저술을 미완성으로 끝내고 싶지 않았기 때문입니다.

어쩌다 이 저술을 완성하여 명산에 소장하고 각지의 지식인들에게 전달할 수 있게 된다면 저의 수치도 충분히 씻게 된다고 생각합니다.

설령 이 몸이 산산조각으로 찢긴다 한들 어떤 후회가 있겠습니까.

▷ **치욕은 차차 더해지다**

이상 말씀드린 바는 공과 같으신 지자에게는 솔직히 알려드릴 수 있는 것이오나, 속인들에게는 이야기할 수가 없습니다.

복역하는 몸에 부세(浮世)의 바람은 차갑기만 하고, 또 세상은 말도 많습니다.

저는 구설 때문에 이 화를 당한 것입니다. 거듭 고향 사람들의 웃음거리가 되고 선조의 이름을 더럽히게 된다면 또다시 부모의 묘지에 성묘할 수 없는 것이요, 금후 백대를 거듭하면서 치욕은 한결 더해질 따름입니다.

그것을 생각하자니 창자가 뒤틀리는 듯한 슬픔에 사로잡히고 멍청해져서 일이 손에 잡히지 않으며, 밖으로는 어디로 갈 바도 모르게 되고, 솟아오르는 식은땀이 등을 흥건히 적십니다.

벌써부터 후궁에서 봉사하는 노복이 되고 본즉, 이제 와서 산 속 깊이 몸을 숨길 수도 없습니다. 그런 이유로 할 수 없이 세속에 영합하고 시류에 거슬림 없이 적당히 그날 그날을 보내고 있는 것입니다.

글월 주신 것과 같이 현재를 천거하라고 가르쳐 주신 것을 진실로 과분하게 여기오나만, 저의 심경과는 너무나 거리가 멀다고 생각됩니다. 설령 제가 아무리 착한 말을 하고 명예를 회복하려고 애쓰더라도 세상은 아무런 보탬이 될 것도 없고, 믿음을 받지 못한 채 단지 치욕만을 한결 거듭하게 될 따름이겠지요. 여하간 옳고 그른 판단은 뒷날에 맡기려고 합니다.

충분한 회신을 드리지 못하는 짓이라 여기오며 고루한 소견만을 말씀드렸나 봅니다.

삼가 재배합니다.

朝鮮列傳

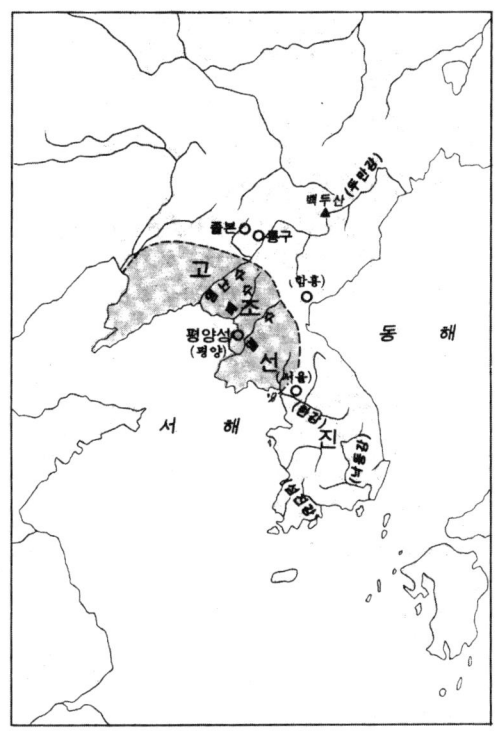

고조선 (서기전 2세기경)

▷ 왕험(王險)에 도읍을 정하다

「태사공 자서(太史公自序)」에는 이렇게 기록되어 있다.
 연(燕)나라 태자 단(丹)의 군사는 진나라 군사에게 쫓기다가 요하 근처에서 마침내 전멸하고 말았다.
 그 뒤 위만(衛滿)은 연나라의 유민을 비롯해서 발해(渤海) 동쪽의 만족과 진번(眞番)을 합쳐 나라를 세우고 한(漢)나라의 속국으로 되었다. 그래서 「조선열전」을 짓는다.

 조선왕(朝鮮王) 만(滿 : 위만(衛滿))은 원래 연(燕)나라 사람이었다. 연나라는 전성기에 진번(眞番 : 지금의 개성(開城) 지방)을 공략해서 귀속시킨 뒤에 관리를 두어 국경에 요새를 쌓게 했다.
 진나라가 연나라를 정복했을 때 조선은 요동군 밖에 있었다. 한나라가 흥하자 조선은 거리가 멀어 수비하기 곤란하다고 하여 다시 요동의 옛 요새를 수축하여 패수(浿水 : 고조선(古朝鮮) 때의 강 이름. 패수는 북경동과의 경계를 흐르는 강으로서 청천강·대동강·예성강 등의 여러 설이 있으나 청천강 설이 제일 유력하다)를 경계로 하고 연나라에 귀속시켰다.
 연나라 왕 노관이 한나라를 배반하여 흉노로 도망해 갔을 때 위만(衛滿)도 천 명의 무리를 이끌고 망명하여 머리와 의복을 만이 모양으로 하고는 요새를 빠져나가서 동쪽으로 달아나 패수를 건넜다. 그렇게 하여 진나라 시대에는 공지로 있던 조선을 기반으로 해서 한나라의 요새를 침공했다.

그 뒤에 진번군과 조선의 만이, 그리고 그 전의 연나라와 제나라의 망명자들을 규합하여 조선의 왕이 되고 도읍을 왕험(王險: 왕검(王儉)의 오기(誤記)인 듯, 지금의 평양)으로 정했다.

혜제(惠帝)와 여후(呂后) 때 천하가 평정되자 요동군의 태수(太守)는 바로 위만과 이런 약속을 했다.

'조선왕은 한나라의 외신(外臣)으로서 요새 밖의 만이를 보유하고 변방에서는 그들에게 약탈시키는 일이 없도록 하고 만이의 군장(君長)들이 한나라에 와서 천자의 알현을 요청할 적에 이것을 막지 말 것'

이런 약속문을 천자에게 올려서 이를 승인받았다.

그래서 위만은 군사와 재물을 얻었고 이웃에 있는 소읍을 쳐서 항복시켰다. 진번군과 임둔군도 위만에게 귀속되어 그 범위는 수천 리에 이르게 되었다.

그의 손자 우거가 왕위를 계승함에 이르러 유혹을 받은 한나라 사람들도 많이 망명했다.

하지만 조선왕은 한나라에 입조(入朝)한 일이 없으며 진번과 이웃하고 있는 여러 나라가 천자를 만나기 위해 글을 올려도 통하지 않았다. 그래서 원봉(元封) 2년에 한나라는 섭하(涉何)를 보내 우거왕을 타이르게 했지만 응하지 않았.

섭하는 돌아오는 길에 경계선인 패수까지 왔을 때 부하를 시켜 전송나온 조선의 비왕장을 죽이고 그대로 패수를 건너 한나라의 요새로 돌아왔다.

수도로 돌아온 섭하는 천자께 이처럼 보고했다.

"조선의 장수를 죽였습니다."

천자는 이 이야기를 듣고도 섭하를 꾸짖지 않고 그를 요동의 동부도위로 임명했다.

조선은 섭하를 원망한 뒤에 군사를 일으켜 그를 죽였다. 그러자 천자는 죄인들에게서 병사를 모집하여 조선을 공격했다.

▷ 조선(朝鮮) 공략

그 해 가을에 누선장군(樓船將軍) 양복(楊僕)에게 군사 5만을 이끌고 제나라에서 바다를 거쳐 발해로 향하게 한 뒤 한편 좌장군 순체(荀彘)는 요동에서 출격해서 우거왕을 토벌하도록 했다. 우거왕도 군사를 일으켜 험한 진지에서 적과 싸웠다.

좌장군 순체는 먼저 다(多)를 시켜 요동에서 병사를 이끌고 공격하게 했으나 패하고 말았다. 그래서 다 장군은 법에 의해 처형되고 말았다.

누선 장군 양복은 제나라 군사 7천을 이끌고 먼저 왕험성(王險城)에 이르렀다. 이 때 성을 지키고 있던 우거왕은 양복의 군사가 얼마 되지 않는 것을 보고 성 밖으로 나와서 양복을 공격했다. 양복은 우거왕에게 패하여 달아나고 말았다.

많은 부하를 잃은 양복은 10여 일 간을 산 속에 숨어서 겨우 패잔병을 규합하여 다시 한 부대를 만들었다. 한편 좌장군 순체는 패수 서쪽에 있는 군사를 공격했지만 그도 적을 격파하지 못하고 있었다.

천자는 두 장군의 공격이 순조롭지 않은 것을 알고 위산(衛山)을 사자로 보내어 천자의 병력이 우세하다는 것을 알리며 우거왕을 달래도록 했다.
 우거왕은 사자를 보자 머리를 숙여 사죄하고 이렇게 말했다.
 '벌써 항복하려고 했지만 두 장군이 속여 신을 죽이지 않을까 겁을 먹었던 판입니다. 이제 천자의 사자를 보니 믿고 항복을 하는 것입니다."
 그래서 우거왕은 태자를 보내서 사과하도록 했다. 우거왕은 천자에게 말 5천 필과 군량을 바치기로 하였다. 무기를 가진 군사 1만여 명이 막 패수를 도강하려는 때였다.
 이것을 본 사자는 또 조선의 병사들이 무슨 변을 일으키지나 않을까 하고 의심이 되어 태자를 향해 이렇게 말했다.
 "항복은 벌써 했으니 무기를 버리도록 명령을 내리시오."
 그러자 태자도 역시 사자와 순체가 속여 자신을 죽이지 않을까 의심하던 터이기 때문에 패수를 건너지 않고 되돌아오고 말았다. 사자 위산은 돌아가서 천자에게 이 내용을 보고했다. 천자는 위산을 처벌해 버렸다.
 순체는 패수 근방에 있는 우거왕의 군사를 치고 왕험성 아래까지 공격해 왔으며 양복도 여기에 합세하여 왕험성의 남쪽에 진을 쳤다.
 하지만 우거왕이 성을 굳게 지켰기에 한나라 군사들은 몇 개월이 지나도록 성을 함락시키지 못했다. 그런데 순체는 본래 궁중에서 천자를 모시고 있었고 또 천자로부터 총애를 받고 있었으며, 연(燕)·대의 군사를 통솔하고 있었다. 따라서 순체의 군사 가운데에는 표독하고 날쌘 병사들이 많았기 때문에 교만한 마음이 많았다.

양복은 처음에 제나라 군사를 이끌고 바다로 공격해 보았지만 패전을 당해 많은 부하를 잃은 일이 있었다. 그래서 싸움을 겁내는 한편 마음 속으로 부끄러운 생각까지 가지고 있었으므로 우거왕을 포위하면서도 늘 화목을 기대하고 있었다.

순체는 늘 조선을 공격하려 하였고 조선의 대신 역시 은밀히 정탐꾼을 보내서 적의 내막을 탐지하는 반면 양복과 화친을 맺으려고 사자를 보내 교섭했다. 하지만 양복은 아직 그 결정을 내리지 않고 있었다. 순체는 몇 차례에 걸쳐 양복과 같이 싸우기로 마음먹었지만 양복은 조선과 맺은 화친에 대한 약속을 지키기 위해 순체와 같이 싸우려 하지 않았다. 순체 역시 자기대로 사람을 보내 기회를 보아 조선이 항복하도록 했다.

하지만 조선은 그것을 받아들이지 않고 마음을 양복에게만 쏟고 있었다.

이렇게 되자 두 장군은 서로 생각이 일치되지 못하였고 순체는 마음 속으로 달리 생각했다.

"양복은 전번에 군사를 잃은 죄가 있다. 또한 지금은 조선과 친해져서 항복을 시키려는 것이나 아닐까 했고 또 양복에게는 반란을 일으킬 계획이 있는 것은 아닐까." 하고 의심까지 했지만 그것을 밖으로 표현하지는 않았다.

▷ 조선(朝鮮)의 멸망

이처럼 공격이 부진하자 천자는,

"전에 장군들이 진격을 못했기에 위산을 사자로 보내 우거왕에게 항복을 종용한 일도 있다. 그 때 우거왕은 천자의 뜻을 받아들여 태자를 천자에게 보내기로 했었다. 그런데 사자 위산은 그것을 자신의 힘으로 해결하지 못하고 좌장군과 의논하여 오히려 일을 망치고 말았다. 그런데 오늘 두 장군은 적의 왕험성을 포위하면서도 다시 의견의 일치를 보지 못한 채 해결을 짓지 못하고 있다."라고 이야기하면서 제남(濟南) 태수(太守) 공손수(公孫遂)에게 명하여 이 일을 수습하고 경우에 따라서 적절한 조치를 취하도록 했다.

공손수가 도착하자 순체는 이렇게 이야기했다.

"조선은 벌써 항복했을 텐데, 아직 항복하지 않는 데는 그럴 사유가 있습니다."

그리고 순체는 양복이 여러 차례 약속을 하고도 공동으로 싸우지 않았다는 것과 자신의 마음속에 안고 있는 양복에 대한 의혹을 모두 이야기해 버렸다.

그리고 계속해서 이렇게 말했다.

"이런 사태를 급히 해소하지 않으면 큰 일이 일어날지도 모릅니다. 우리 한나라는 양복의 군사를 잃었을 뿐 아니고 끝내는 양복과 조선이 한 패가 되어 내 군사까지 멸망시킬지 모릅니다."

이 이야기를 들은 공손수는 천자의 사자로서 양복을 불렀다. 양복이 오자 공손수는 순체의 진영에서의 회담을 가장하고는 양복을 체포하도록 순체의 부하에게 명령했다. 그리고 양복의 군사를 순체에게 병합시키고 천자에게 이 사실을 보고했다.

이 보고를 들은 천자는 공손수를 극형에 처해 버렸다.

순체는 양복군의 군사를 편입하자 양군을 합쳐 바로 조선을 공격했다. 노인(路人)·한음(韓陰 : 또는 漢陰) 등 조선의 대신과 이계(尼鷄)의 대신 삼(參), 그리고 장군 왕겹(王唊)은 회합을 가졌다.

"우리는 처음에 누선 장군 양복에게 항복하려고 했다. 하지만 오늘은 누선 장군도 체포되고 좌장군 순체가 양군을 거느리고 공격해 오니 사태가 한결 위급해졌다. 우리는 한나라 군사에 대항할 수 없을 것이나, 우거왕은 항복을 허락하지 않을 것이다."

　이런 결론을 얻자 노인과 한음 그리고 왕겹 장군은 다같이 한나라로 도망가 투항해 버렸다. 그 길에 노인만은 죽고 말았다.

　이렇게 대신 삼은 원봉 3년 여름에 조선의 우거왕을 죽인 뒤 사자를 보내 한나라에 항복해 왔다.

　그때까지 왕험성은 아직 함락되지 않았으며 우거왕의 대신인 성기(成己)가 다시 반기를 들고 한나라 군사를 공격했다. 하지만 우거왕의 아들 장항(長降)과 노인의 아들 최(最)에게 명하여 백성들을 납득시키도록 한 뒤 성기를 죽이고 말았다.

　이렇게 하여 조선을 평정한 뒤에 한나라는 진번(眞番)·임둔(臨屯)·낙랑(樂浪) 그리고 현도(玄菟) 4군을 두었다.

　그 뒤 한나라는 삼을 홰청후에 봉하고 한음을 추저후에 봉했으며, 왕겹을 평주후에 봉하고 장항을 기후에 봉했다. 그리고 노인의 아들 최는 아버지가 한나라에 투항해서 죽었을 뿐 아니라 공적이 있고 해서 온양후에 봉했다.

한편 순체는 천자에게 불려가서 공적을 다투고 서로 질투하며 모략했다는 죄로 처형되어 거리에 목이 매달렸다. 그리고 양복도 열구성으로 가서 순체를 기다리게 되어 있었는데도 자기 생각으로 공격하다가 많은 부하를 잃은 죄로 처형되어야 했지만 그 죄를 용서받는 대신 서민으로 전락되고 말았다.

이에 대해 태사공은 이렇게 말하고 있다.

— 우거왕은 요새가 견고하다는 것을 믿고 한나라를 배반한 뒤에 나라까지 망하게 하여 선조의 제사를 끊었으며, 섭하는 공로를 속이고 전쟁을 일으켰다. 양복은 적은 군사를 이끌고 곤란을 당하고도 견책을 받았는데 번우에서의 실패에 대해 반성을 하고 있었는데도 도리어 의심을 받았다. 또한 순체는 양복과 공을 다투다가 공손수와 같이 죽음을 당하고 말았다. 두 장군의 군사는 다같이 치욕을 당했으며 부하 장군 중에서 후(侯)에 봉해진 자가 하나도 없었다.

史記 6　歷史의 底流

I

의협(義俠)의 정신(精神)

| 해설 |

1. 역사의 저변을 흐르는 것

　「사기(史記)」의 「열전(列傳)」은 제왕이나 제후 외에도 역사에 큰 역할을 한 인물들의 전기다. 그것은 「백이열전(伯夷列傳)」을 비롯하여, 예를 들면 「노자·한비열전(老子韓非列傳)」이라든가 「춘신군열전(春申君列傳)」이라고 부르는 것처럼 각 권마다 한 사람 또는 두 사람의 전기가 기록되어 있다.
　그런데 「열전」의 뒤편에 와서는 「순리열전(循吏列傳)」 「유협열전(遊俠列傳)」 「영행열전(佞幸列傳)」과 같이 좀 별다른 권명이 나타난다. 여기서는 한 사람 한 사람이 그리 유명하지는 않지만 대단히 개성적인 생활을 한 사람들이다. 순리(청렴한 관리)·영행(佞幸: 남색 따위)·화식(貨殖) 등등 몇 개의 항목으로 분류되어 있다.
　제왕이나 제후와 같이 화려한 각광을 받지는 못했으나 역사의 무대 뒤에서 참참히 일한 인물을 이런 형태로 다루었다는 데 사마천의 뛰어난 사안이 있는 것이다.
　여기서는 일반적으로 잘 소개되어 오지 않는 「유협열전」 「자객열전」 「순리열전」 「골계열전(滑稽列傳)」 「화식열전」 그리고 「외척세가(外戚世家)」 등을 중심으로 풀어가는 동시에 또 일반의 이해를 돕기 위하여「사기」의 다른 부분에서도 똑같은 주제로 다루어진 것을 추려내어 재정리한 것이다.

이들은 관허공인(官許公認)의 역사에서도 등장하는 일이 없는 하나의 조연들이다. 이 조연들의 정신이나 행동이 때때로 넓게 밑바탕을 이루어 역사를 형성해 나가고 있다.

'의협(義俠)의 정신' '중류(中流)의 지주(砥柱)' '여인 군상(女人群像)' 등 각장은「사기」의 원문에는 없으나「사기」의 재구성상의 필요에 따라 역자가 만들어 붙였다.

다시「사기」전권을 통하여 크게 역사를 움직여 가는 것으로서 '인간관계'가 묘사되어 있다. 이것도 한편 역사를 형성하는 큰 요인이며, 사마천의 눈길에 비친 인간과 인간의 갈등이야말로「사기」가 2천여 년 간에 걸쳐 읽혀 온 비밀인지도 모른다. 그것은「사기」의 어느 부분만이 아니고 본 전집의 각 권에 새겨져 있듯이 여기서는 그것을 좀 보충하기 위한 인간의 결합과 이반, 사랑과 미움, 신뢰와 오해 같은 인간 관계의 여러 형태를「사기」의 각 부분에서 추려 모은 것이다. '인간 굴레'라는 장이 여기에 해당한다.

또한 인간의 정신 및 인간 관계와 같이 역사를 형성하는 큰 요인으로 경제가 있다. 오늘날 그것은 역사라고 하는 무대 위에서 보다 더 화려한 빛을 지나칠 정도로 받게 되었지만 최근 이전의 무대에 있어서는 대사마저 주어지지 않는 존재였다. 하지만「화식열전」은 2천 년 이전의 것이다. 사마천이 특별히「화식열전」이라는 편을 구성하고 그 역할을 강조한 것은 놀랄 정도의 식견이다. '소봉가(素封家)'라는 이야기가「사기」에서 나왔다는 것조차 오늘날에는 그리 알려져 있지 않다.

　의식이 풍족할 때 비로소 도덕심도 생긴다고 하는 견해는, 벌써 기원전 7세기의 관중의 이야기라고 전해질 정도로 고대 중국에 있어서는 하나의 사고방식으로 정착해 있었지만 마음과 물질의 상관 관계는 인류에게 있어서 영원한 명제인지도 모른다. 그래서「사기」의 열전 70권이 유심론이라고 할 수 있는「백이열전」에서 시작해서 끝머리에 유물론이라고도 할 수 있는「화식열전」을 두었다는 깊은 의미를, 놀라움을 가지고 이야기하는 학자도 있다.

　이 책의 제 5장 '경제의 역할'에서는「화식열전」의 중요 부분을 다루었다.

　끝으로「사기」를 통하여 역사의 저류를 생각할 때 무시할 수 없는 것이 있다. 그것은 바로 온고지신이라고 하는 것이다. 중국사(中國史)에서 뿐만이 아니고 현실이 타당한 것이냐 아니냐는 것을 검증하는 데는 원점으로 돌아가는 일도 많다.「사기」에 담긴 고대 중국에 있어서는 이 원점으로서 '요순의 전설적인 이상 사회'가 있으며, 이것이 '민중의 마음'과 같이 정치의 체크라스트가 되었다. 여기에 위배되었을 때 변혁에의 의지가 정치성을 띠고 나타났던 것이다.

　현대의 눈으로 본 그 표현이 꼭 생채가 있다고는 볼 수 없으며, 중국의 역사에 있어서 원점으로의 회귀가 항상 역사를 움직이는 큰 계기가 됐다는 것을 알아주기 바라는 뜻에서 감히 옮겨 본 것이다.

2. 사기(史記)의 복안적 구성

「사기(史記)」는 '주역(主役)'만이, 또는 '선(善)'만이, 아니면 '힘'만이 역사의 추진자가 아니라는 것을 또 한번 가르쳐 주고 있다. '방역(傍役)'도 '악(惡)'도 또한 '무력(無力)'까지도 역사의 형성에 없어서는 안될 것들이다.

이와 같은 복안의 시야를 가능케 하기 위하여 「사기」는 독특한 구성 방법을 취하고 있다. 원래 제일 간명한 역사 저술 방법은 시대별로 연월을 따라서 사적을 이어 가는 것으로, 이것을 편년체라고 한다. 「춘추(春秋)」같은 것은 그 전형적인 예이다. 이런 종래의 수법에 대하여 사마천은 「사기」에서 획기적인 서술법을 창조했다.

'기전체(紀傳體)'라고 하는 것이 그것이다.

「사기」는 전설 시대로부터 사마천의 '현대'에 해당하는 기원전 2세기, 즉 한의 무제에 이르기까지 2천 년 이상에 걸친 역사를 제왕들의 역사만이 아니라 다른 여러 각도에서 기록하고 있다. 크게 나눠서 「사기」는 5개 부분으로 되어 있다.

본기(本紀) 전설상의 5제(五帝)로부터 시작하여 한의 무제에 이르기까지 제왕의 계보와 사적을 기록했다. 12권

표(表) 본기에 나타나는 제왕과 제후들의 흥망의 연표. 10권.

서(書) 역법·천문·법제·예법·치수 공사·경제 등의 제도사. 8권

세가(世家) 나라별로 제후의 계보며 사적을 기술한 것. 공

자는 제후는 아니지만 특별히 「공자세가(孔子世家)」라 하여 이 속에 포함되어 있다. 30권

열전(列傳) 정치가·군인·학자로부터 시속의 사람들에 이르기까지 개인의 전기를 기술한 것이다. 70권.

— 이 '기(紀)'와 '전(傳)'의 이름을 발채해서 '기전체'라고 한다. 이들이 모든 것에 영향을 주어 하나의 대우주를 형성하고 있다.

이 기전체는 입체적으로 역사를 파악할 수 있는 반면 전후좌우의 관계가 조금 복잡하다. 그래서 이 전집 전6권은 '일러두기'에 이야기한 것처럼 기전체의 특성을 살리면서 편년체적인 요소를 가미하여 요약 재구성했다.

하지만 이 제6권만은 테마별의 구성을 주안으로 했기 때문에 꼭 여기에 따르지 않았다는 것을 덧붙여 이야기해 둔다.

다음에 「사기」전 1백 30권의 권명을 적어 둔다. 그 아래에 있는 숫자는 본역서 소재의 권수이다.

본기(本紀)

(1) 5제 본기(五帝本紀) Ⅵ
(2) 하 본기(夏本紀)
(3) 은 본기(殷本紀) Ⅰ·Ⅵ
(4) 주 본기(周本紀) Ⅰ
(5) 진 본기(秦本紀) Ⅰ·Ⅲ
(6) 진시황 본기(秦始皇本紀) Ⅱ·Ⅲ
(7) 항우 본기(項羽本紀) Ⅲ

(8) 고조 본기(高祖本紀) Ⅲ

(9) 여후 본기(呂后本紀) Ⅳ

(10) 효문 본기(孝文本紀)

(11) 효경 본기(孝景本紀)

(12) 효무 본기(孝武本紀)

표(表)

(1) 3대 세표(三代世表)

(2) 12제후 연표(十二諸侯年表)

(3) 6국 연표(六國年表)

(4) 진초지제 월표(秦楚之際月表)

(5) 한흥 이래 제후왕 연표(漢興以來諸侯王年表)

(6) 고조 공신 후자 연표(高祖功臣侯者年表)

(7) 혜경간 후자 연표(惠景間侯者年表)

(8) 건원 이래 후자 연표(建元以來侯者年表)

(9) 건원 이래 왕자·후자 연표(建元以來王者侯者年表)

(10) 한흥 이래 장상 명신 연표(漢興以來將相名臣年表)

서(書)

(1) 예서(禮書)

(2) 악서(樂書)

(3) 율서(律書)

(4) 역서(曆書)

(5) 천관서(天官書) Ⅴ

(6) 봉선서(封禪書)

(7) 하거서(河渠書)

(8) 평준서(平准書)

세가(世家)

(1) 오태백 세가(吳太伯世家) Ⅰ · Ⅳ · Ⅵ

(2) 제태공 세가(齊太公世家) Ⅰ

(3) 노주공 세가(魯周公世家)

(4) 연소공 세가(燕召公世家)

(5) 관채 세가(官蔡世家)

(6) 진기 세가(陳紀世家) Ⅰ

(7) 위강숙 세가(衛康叔世家)

(8) 송미자 세가(宋微子世家) Ⅰ

(9) 진 세가(晋世家) Ⅰ

(10) 초 세가(楚世家) Ⅰ

(11) 월왕 구천 세가(越王句踐世家) Ⅰ

(12) 정 세가(鄭世家) Ⅵ

(13) 조 세가(趙世家)

(14) 위 세가(魏世家) Ⅱ

(15) 한 세가(韓世家)

(16) 전경 중완 세가(田敬仲完世家)

(17) 공자 세가(孔子世家) Ⅴ

(18) 진섭 세사(陳涉世家) Ⅲ

(19) 외척 세가(外戚世家) Ⅵ

해설 243

(20) 초 원왕 세가(楚元王世家)

(21) 형연 세가(荊燕世家)

(22) 제 도혜왕 세가(齊悼惠王世家)

(23) 소상국 세가(蕭相國世家) Ⅲ

(24) 조상국 세가(曹相國世家)

(25) 유후세가(留侯世家) Ⅲ · Ⅳ

(26) 진승상 세가(陳丞相世家) Ⅲ · Ⅳ

(27) 강후 주발 세가(降侯周勃世家) Ⅳ

(28) 양효왕 세가(梁孝王世家)

(29) 5종 세가(五宗世家)

(30) 3왕 세가(三王世家)

열전(列傳)

(1) 백이 열전(伯夷列傳) Ⅰ

(2) 관안 열전(管晏列傳) Ⅰ · Ⅵ

(3) 노자 · 한비 열전(老子韓非列傳) Ⅴ

(4) 사마양저 열전(司馬穰苴列傳)

(5) 손자 · 오기 열전(孫子吳起列傳) Ⅱ · Ⅴ

(6) 오자서 열전(伍子胥列傳) Ⅰ

(7) 중니 제자 열전(仲尼弟子列傳) Ⅴ

(8) 상군 열전(商君列傳) Ⅱ

(9) 소진 열전(蘇秦列傳) Ⅱ

(10) 장의 열전(張儀列傳) Ⅱ

(11) 저리자 감무 열전(樗里子甘茂列傳) Ⅵ

(12) 양후 열전(穰侯列傳)

(13) 백기 · 왕전 열전(白起王翦列傳) Ⅱ

(14) 맹자 · 순경 열전(孟子荀卿列傳) Ⅳ

(15) 맹상군 열전(孟嘗君列傳) Ⅱ · Ⅵ

(16) 평원군 · 우경 열전(平原君虞卿列傳) Ⅱ

(17) 위공자 열전(魏公子列傳) Ⅱ

(18) 춘신군 열전(春申君列傳) Ⅱ · Ⅵ

(19) 범수 · 채택 열전(范睢蔡澤列傳) Ⅱ

(20) 악의 열전(樂毅列傳)

(21) 염파 · 인상여 열전(廉頗藺相如列傳) Ⅱ

(22) 전단 열전(田單列傳)

(23) 노중련 · 추양 열전(魯仲連鄒陽列傳) Ⅴ · Ⅵ

(24) 굴원 · 가생 열전(屈原賈生列傳) Ⅴ

(25) 여불위 열전(呂不韋列傳) Ⅲ

(26) 자객 열전(刺客列傳) Ⅰ

(27) 이사 열전(李斯列傳) Ⅱ

(28) 몽염 열전(蒙恬列傳) Ⅲ

(29) 장이 · 진여 열전(張耳陣餘列傳) Ⅵ

(30) 위표 · 팽월 열전(魏豹彭越列傳) Ⅲ

(31) 경포 열전(黥布列傳) Ⅲ

(32) 회음후 열전(淮陰侯列傳) Ⅲ

(33) 한신 · 노관 열전(韓信盧綰列傳)

(34) 전담 열전(田儋列傳)

(35) 번역 · 등관 열전

해설 245

(36) 장승상 열전(張丞相列傳)
(37) 역생・육가 열전(酈生陸賈列傳) Ⅲ・Ⅳ・Ⅵ
(38) 부근・괴성 열전
(39) 유경・숙손통 열전(劉敬叔孫通列傳) Ⅴ
(40) 계포・난포 열전(季布欒布列傳) Ⅵ
(41) 원앙・조착 열전(袁盎晁錯列傳) Ⅳ
(42) 장석지・풍당 열전(張石之馮唐列傳)
(43) 만석・장숙 열전(萬石張叔列傳) Ⅵ
(44) 전숙 열전(田叔列傳)
(45) 편작・창공 열전(遍鵲倉公列傳) Ⅴ
(46) 오왕비 열전(吳王 列傳) Ⅳ
(47) 위기・무안후 열전(魏其武安侯列傳)
(48) 한장유 열전(韓長孺列傳)
(49) 이장군열전(李將軍列傳) Ⅳ
(50) 흉노 열전(匈奴列傳) Ⅳ
(51) 위장군표기 열전(衛將軍驃騎列傳) Ⅳ
(52) 평진후주보 열전(平津侯主父列傳) Ⅳ
(53) 남월 열전(南越列傳)
(54) 동월 열전(東越列傳)
(55) 조선 열전(朝鮮列傳) Ⅴ
(56) 서남이 열전(西南夷列傳) Ⅴ
(57) 사마상여 열전(司馬相如列傳) Ⅴ
(58) 회남형산 열전(淮南衡山列傳)
(59) 순리 열전(循吏列傳) Ⅵ

(60) 급정 열전(汲鄭列傳) Ⅳ

(61) 유림 열전(儒林列傳) Ⅴ

(62) 혹리 열전(酷吏列傳) Ⅳ

(63) 대원 열전(大宛列傳) Ⅳ

(64) 유협 열전(遊俠列傳) Ⅵ

(65) 영행 열전(佞幸列傳) Ⅵ

(66) 골계 열전(滑稽列傳) Ⅱ · Ⅴ · Ⅵ

(67) 일자 열전(日者列傳) Ⅴ

(68) 구책 열전(龜策熱전)

(69) 화식 열전(貨殖列傳) Ⅵ

(70) 태사공 자서(太史公自序) Ⅴ

「사기(史記)」는 역사의 저류를 구성하고 있는 인간의 정신을 만화경처럼 비쳐놓고 있다. 2천 년의 세월을 지나온 오늘날에도 「사기」가 읽혀지고 있는 이유 중의 하나가 여기에 있다고 하겠다.

「사기」의 세계를 채색하는 것에 '의협의 정신'이 있다. 인간이 고난을 당하고 어떤 때 세차게 흔들릴 때, 이 정신은 인간관계를 지켜주는 크나큰 힘으로 나타난다.

사마천은 특별히 이것을 중시하며 '의협'적인 인간과 그 행동의 기록을 특히 염두에 두고 또 그것을 구현한 '유협의 무리'에 대해서는 「유협열전」이라고 하는 한 권을 구성하고 있을 정도다.

'의협'의 내용은 본문으로 미루지만 그것은 '관(官)'의 윤리에 대한 '야(野)'의 윤리라고도 할 수 있다. 앞의 것은 체제 질서를 제일로 생각하고, 뒤의 것은 인간의 결합을 절대시한다. 드디어 '의협의 정신'은 권력이나 강제에 의하지 않고 자연 발생적인 동기에 의한 인간관계의 접착제라고 하는 사연을 가지고 있는 것이다.

1. 유협(遊俠)의 무리

'의협(義俠)'의 정신을 제일 잘 구현한 것이 '유협의 무리'다. '유협'이라는 것은 본래 「사기(史記)」에 그대로 쓰여져 있는 원어다.

중국에서는 전국 시대로부터 한대(漢代)의 초기, 또다시 말해서 기원전 5세기에서 기원전 1세기경에 걸쳐서 '유협의 무리'라는 사회 집단이 대단한 힘을 가지고 존재했다.

그들은 때로 시정의 무기한이 되어 법적 질서에 등을 돌리기는 했으나, '의협의 정신'에는 충실했다. 의협의 정신은 한 마디로 이야기해서 '몸의 위험을 돌보지 않고 사람의 곤경을 구한다'는 것을 뜻한다.

원래는 사회의 격동기를 당했을 때 벼슬의 길에 오르지 않은 자들이 자의를 위해서 결합한 것이 그 시초라고 보여지며, 그 가운데에는 집단을 만들어 뻗어 나가려는 자도 있었다. 전국 시대에는 민중 단계로서 높이 평가되는 반면에 체제면으로는 국가 질서를 문란케 하는 자들이라는 비난도 받았다.

전국 말기의 사상서인 「한비자」에서는 '유협의 무리'가 '5개 사회적 해충'의 하나로 지적되어 있다. 하지만 권력자 가운데도 '의협의 정신'을 존중하고 '유협의 무리'를 중요한 자리에 등용한 사람이 있다.

그 가운데에서도 기원전 3세기경 제(齊)의 공족이었던 맹상군(孟嘗君)은 '천하의 임협(任俠)을 초치하여 설중(薛中)에 들여보내기를 6만여 명이라'(맹상군열전)했고, 거의 똑같은 시대의 위나라 공자(公子) 신릉군도 이름 높은 유협의 무리와 친교를 맺고 있었다.

유협의 무리에서 출세한 사람도 많이 있다. 한 제국의 초대 황제 고조도 본래는 '무뢰한 유민'이었다. 고조를 보좌한 사람들 중에서도 유민 출신이 많다. 한신(韓信)과 진평(陳平) 등 어느 누구를 지칭해 말하지 않더라도 고조 집단 그 자체가 '의협'을 인연으로 모여서 천하를 얻은 것이다. 하지만 초창기가 끝나고 질서가 형성됨에 따라 이런 인간 관계는 무용한 것으로 되고, 법직인 조직이 여기에 대신하게 되었다. 여기에 유협의 무리에게 불가피했던 비극은 있다. 이렇게 하여 한대(漢代)의 유협의 무리는 역사의 표면에서 자취를 감추게 되지만 '의협의 정신'은 일종의 유전자로서 인류의 역사에 이어지고 있다. 또한 어떤 질서가 야성미를 잃고 형해화되었을 때 새로운 힘이 되어 그 변혁에 큰 역할을 다하는 것이다.

▷ 유협이란

한비(韓非)는 이렇게 이야기하고 있다. '유자는 학문으로 세상을 어지럽히고, 유협의 무리는 힘으로 해서는 안될 일(禁)을 범하고 있다.' 유자와 유협은 다같이 비난의 대상이 되고 있는

고대 중국의 수렵도

셈이다.

그러면서도 현실적으로 보아 학자의 대부분은 세상의 칭찬을 받고 있다. 그 전문적인 학식에 의하여 재상이나 대신의 지위를 얻어 군주를 보좌하고 공적과 명성을 얻어 일국의 정사에 기록하고 있다. 이런 인물은 굳이 말할 이유가 없다. 하지만 같은 학자라도 계차(季次)나 원헌(原憲 : 모두 공자의 제자)은 아무 관직이 없는 서민이다. 그들은 학문을 닦고 그 무엇에도 흔들리지 않고 군자의 덕을 쌓았다. 어디까지나 도를 지키려 세상에 영합하지 않고 세상이 또한 그들을 상대하지 않았다. 그 이유로 그들은 평생을 가재도구 하나 없는 집에서 살았고 남루한 의복과 식사도 제대로 못하는 생활을 했다. 하지만 그들의 경우도 성실한 제자들에 의해서 사적이 후세에 전하여 그들이 죽은 뒤 백 년이 지나간 오늘날에도 그 이름은 잊혀지지 않고 있는 것이다.

의협의 정신 251

그런데 유협의 무리만은 무시되어 있다. 사실 그들의 행동은 소위 사회 규범이라고 하는 것에서 떨어져 있다. 하지만 그들은 한 번 약속한 것은 꼭 지킨다. 행동은 언제나 과감하다. 일단 받아들인 일은 최후까지 해 내고 몸을 아끼지 않고 사람의 위난을 구한다. 생명을 버리고 일에 임하면서 그 능력을 과시하지 않고, 남에게 폐를 끼치는 일은 하지 않는다. 이런 점은 그 나름대로 평가되어야 할 것이고 게다가 그들의 존재 가치는 그뿐만이 아니다. 왜냐하면 사람이란 언제 위험에 빠지게 될지 모르기 때문이다.

태사공은 다음과 같이 생각한다. 옛날 순은 우물을 파고 있을 때 흙에 묻혀 죽을 뻔했고 토장에서 불에 타 죽을 뻔한 일도 있다. 은나라의 명재상 이윤(利尹 : 탕왕과 같이 은나라를 창건)은 요리인으로 전락되어 고생을 했다. 명신(名臣)인 부열(전설 : 은나라 고종 때의 명신)은 막일꾼이 되어 암굴에 몸을 숨겼으며, 여상(呂尙 : 주나라의 창업에 공이 크다. 태공망)은 극진(棘津)에서 가난에 시달렸다. 관중(管仲 : 제나라의 명재상)은 붙잡혀서 손과 발에 고랑이 채워졌고, 백리혜(百里傒)는 노예가 되어 소를 먹였다. 공자는 광에서 위험을 당해 죽을 뻔하고 또 진과 채에서는 배를 주리며 고생을 했다. 이들은 다같이 유학자들이 말하는 '덕이 있고 어진 사람'이면서도 이런 재난을 당해야 했던 것이다. 하물며 평범한 능력으로 난세의 탁류를 헤쳐가려면 이런 재액을 피하기가 어려운 일이다.

속인은 이렇게 이야기한다. '인(仁)이라든가 의(義) 같은 것은 어려워서 모르나, 요컨대 우리에게 이익을 주는 사람은 덕이 있는 사람이다.' 이런 사고방식이 있었기에 백이(伯夷 : 주나라 무왕이 은나라를 토벌한 것을 비난하며 은둔 생활을 함)가 수양산에서 굶어 죽으면서까지 주나라의 비도덕을 비난해도 문왕과 무왕은 왕위를 버리지 않았다. 대도적(大盜賊)인 도척과 장교가 법을 짓밟고 난폭한 짓을 해도 그 부하들에게서는 의인으로 섬김을 받았다. 마침내 '허리띠나 돈을 훔친 자는 극형에 처해지고, 나라를 훔친 자는 제후가 된다. 제후가 되면 인과 의가 따른다'는 말을 누가 거짓이라고 할 수 있겠는가.

이제 학문에 구애를 받아 사소한 모략에 연연한 나머지 세상을 등진 사람들과 세속의 의논에 보조를 맞추며 시대의 조류를 따라 부침하면서 영예를 얻는 사람들을 비교하여 어느 쪽이 더 낫다고는 말할 수 없는 것이 아닐까. 한편 유협의 무리는 한낱 서민이면서도 일단 약속을 정하고 부탁을 받아들였을 적에는 신의를 위해서 천리도 멀다 않고 죽음도 두려워하지 않으며 세평도 돌아보지 않는 사람들이다. 이처럼 그들은 뛰어난 점을 가지고 있으며 결코 적당히 행동하지는 않는다. 그렇기에 곤경에 빠진 사람들은 그들에게 생명을 의탁하는 것이다. 그들이야말로 현자나 호걸이 아닐까.

어쩌다 거리의 유협의 무리를 그 힘과 그리고 시대에 끼친 영향으로 이야기한다면 계차(季次)나 원헌 등과는 비교해 논할 수 없을 만큼 거대한 것이다. 그렇게 된 주원인은 그들의 행동이 현실에 효과를 주고 신의에 차 있기 때문이다. 그렇다고 하면 그들의 존재 의의(存在意義)를 결코 가볍게 보아 넘겨서는 안될 것이다.

의협의 정신 253

▷ 유협의 계보

고대에 있어서 지위도 명예도 없는 유협의 무리들이 어떻게 생활해 왔느냐에 대해서는 유감스럽게도 오늘 전해져 있지 않다. 근세에 와서는 연릉군·춘신군·평원군·신릉군이라고 하는 사람들이 알려져 있지만, 이들은 다같이 왕족이며 영지나 관직의 혜택을 받고 있었다. 그들은 넘치는 재력을 기초로 하여 천하의 뛰어난 인재들을 불러모아 제후의 평판을 얻은 것이다. 본래 그들은 뛰어난 인물들이다. 하지만 그 명성을 자기 개인의 힘으로 얻었다고 하기보다는 권력의 힘에 의한 도움을 받았다고 보아야 할 것이다.

하지만 거리의 협객들은 그렇지가 않다. 그들은 오로지 수양을 쌓고 이름을 더럽히지 않도록 노력함으로써 천하의 평판을 얻었으며 그 인물됨을 칭찬받은 것이다. 그렇게까지 된다는 것은 그리 쉬운 일은 아니다. 하지만 유가나 묵가는 그들의 행위를 인정하지 않고 기록에 남겨 놓지 않았다. 그래서 진 이전에 나타난 거리의 협객들에 대해서는 전혀 기록이 남아 있지 않은데 이것은 진실로 유감이 아닐 수 없다.

그런데 전해지는 이야기에 의하면 한대에 와서 주가(朱家)·전중(田仲)·왕공(王公)·극맹(劇孟)·곽해라는 사람들이 유협의 무리로 알려져 있다. 그들에겐 그때의 법망을 범하는 행동도 있었지만 그것은 어디까지나 자신의 신조를 관철하기 위한 것이었으며 그들 자신은 청렴하고 겸손한 인물들이었다. 그렇기에 그들의 행위는 칭찬받을 만한 가치가 있는 것이다. 그들의 이름은 이유 없이 높은 것이 아니며, 많은 사람들이 그들을 따른 것은 그럴 만한 사유가 있기 때문이었다. 강력한 일가를 중심으로 패를 짠 무리들이 연합하여 재산을 모으고, 도와 주는 사람이 없는 약한 자들을 폭력으로 협박한 뒤 욕심껏 약탈하며 쾌재를 부르는 폭력단의 무리에 대해서는 유협들도 이것을 부끄럽게 생각하며 그들을 경멸하는 것이다. 하지만 세상사람들은 이것을 이해하지 못하고 주가나 곽해 같은 사람들을 잘못 알고 폭력단과 같이 취급해서 조소하고 있다.

   정말 슬픈 일이다.

2. 궁조(窮鳥), 품안에 들어오면
― 주가(朱家) ―

그런데 구체적으로 '유협의 무리'란 어떤 인물을 말하는 것일까.「유협열전(遊俠列傳)」은 먼저 주가를 예로 하고 있다.

진나라 말기에서 한대의 초기에 걸쳐 유동하는 시대에 있어서는 특별히 '유협의 무리'가 큰 세력이 되었는데 주가는 그 대표적인 인물로 손꼽힌다.

▷ 의지할 수 있는 사나이

노의 주가는 한의 고조와 같은 시대에 태어났다. 노나라 사람들은 다같이 유교를 받들었지만 주가는 협객으로 유명했다. 그가 숨겨 주어 생명을 구한 사람의 수는 이름 있는 사람만도 몇 백 명에 달한다. 그밖에도 그는 헤아릴 수 없을 정도로 많은 사람을 구했다.

그러면서도 그는 평생 자기의 기량을 과시한다든가 또는 상대방이 은혜를 갚았으면 하고 기대하는 일은 없었다. 그것뿐이 아니고 원조를 한 뒤에는 상대방에게 부담을 주지 않기 위해서 두 번 다시 얼굴을 맞대지 않으려고 노력할 정도였다. 경제적인 도움을 줄 때도 먼저 가난하며 신분이 낮은 사람부터 돕는 것이었다.

그렇기에 주가의 집에는 여유 있는 재산 같은 것이라곤 없었다. 몸에 걸치는 것이라야 실용적이고 소박한 옷뿐이고 음식도 별로 맛을 더한 것은 아니며, 타는 것도 송아지가 끄는 보잘것없는 것이었다. 자신의 일엔 이같이 신경을 안 쓰면서도 다른 사람의 일이라면 침식을 잊고 돌보는 것이었다. 계포 장군을 구했을 적만 해도 계포가 나중에 고위한 신분이 된 뒤에는 결사코 만나지 않았다.

때문에 함곡관 이동 지방에서는 주가와 교제를 원하는 사람들이 많았다.

▷ 상금이 붙은 목

「유협열전」에서는 '주가가 패전의 장군 계포(季布)를 구했다'고만 기록되어 있지만 「계포·난포 열전(季布欒布列傳)」에 그 경위가 상세히 기록되어 있으므로 이 부분을 소개하겠다. 진이 망한 뒤 초의 항우와 한의 고조의 대결은 고조의 승리로 끝나고 한나라의 천하가 된 데서부터 이 일화가 시작된다.

계포는 초나라 사람인데 의기가 사내답다는 것으로 온 나라에 알려져 있었다. 항우에 의해 그는 장군에 임명되었고 번번히 고조를 괴롭혔다. 그 때문에 고조는 항우를 멸한 뒤에 계포의 목에 상금을 크게 걸고 그 행방을 수색했다. 그리고 계포를 숨겨 준 자는 삼족을 멸하겠다는 엄한 포고령을 내렸다.
 계포는 복양의 주씨(周氏) 집에서 몸을 숨겼다.
 어느 날 주씨는 계포에게 이렇게 말했다.
 "한나라는 상금까지 걸고 장군을 찾고 있습니다. 이 곳에도 꼭 그들의 추격의 손길이 곧 닥칠 것입니다. 나에게 한 가지 방책이 있는데 들어 주시겠습니까. 만일 싫다고 하신다면 남는 길이란 스스로 목숨을 끊는 길뿐입니다."
 계포는 여기에 동의했다. 주씨는 그의 머리를 깎고 남루한 옷을 입혀 노예로 변장시키고는 그를 황마차(덮개가 있는 수레)에 태웠다. 이렇게 하여 계포는 다른 노예 수십명과 같이 노(魯)나라 협객 주가에 끌려가 노예로 팔렸다. 주가도 그 노예가 계포라는 것을 인지했으며, 그에게 농사를 시키기로 했다.
 그 때 주가는 아들을 불러 이렇게 말했다.
 "모든 밭일은 이 노예가 시키는대로 하거라. 식사도 같이 하며 결코 소홀히 대해서는 안 된다."
 그 뒤 주가는 마차를 타고 낙양으로 가서 여음후(汝陰侯) 하후영(夏侯嬰)을 문안했다. 하후영은 몇 주 동안 매일같이 주연을 베풀어 주가를 대접했다. 주가는 틈을 보아 하후영에게 말을 꺼냈다.
 "계포라는 자가 어떤 큰 죄를 범했기로 그처럼 쫓기고 있습니까?"
 "계포는 항우를 위해 폐하를 자주 괴롭혔다. 폐하의 입장에서 본다면 증오하여 마땅한 자다. 그래서 누가 뭐래도 체포할 생각이다."

"그대는 계포를 어떤 사람이라고 생각하십니까?"

"훌륭한 인물이라고 생각한다."

"주군을 위해 일하는 것이 신하의 임무입니다 계포가 항우를 위해 일한 것은 어디까지나 직무에 충실했기 때문입니다. 천하가 안정된 오늘날 자기 개인의 원한 때문에 한 사람의 목숨을 쫓는다는 것은 천하에 자기 기량이 좁다는 것을 나타내는 일입니다. 무엇보다도 계포 같은 사람이 쉽게 체포되리라고는 생각하지 않습니다. 추격의 손이 심해지면 북방의 흉노에게 가든가 남방의 월로 달아날 것입니다. 장사(壯士)를 미워하여 적을 도와 준다는 것은 예전의 초의 잘못을 되풀이하는 것이 됩니다. 오자서가 초나라의 평왕의 무덤을 파헤치고 시체에 매질을 한 것도 기실은 초나라가 오자서를 국외로 추방했기 때문이 아니겠습니까. 그대는 어찌하여 폐하에게 당당히 이 잘못을 말하지 않습니까."

하후영은 이런 이야기를 듣고 새삼스럽게 주가가 대협객인 것을 알았다. 그는 바로 계포가 주가의 집에 숨어 있다는 것을 눈치채고는,

"좋소, 해 봅시다."하고 대답했다.

하후영은 틈을 보아 주가의 말을 고조에게 전했다. 고조는 즉시 계포에게 사면령을 내렸다. 이런 일이 알려지자 조정에서는 그만한 인물이 그 굴욕을 진실로 잘도 견디어냈다고 하여 계포의 칭찬이 대단했다. 주가도 또한 이 일 때문에 천하에 이름을 떨쳤다.

그 뒤 계포는 불려가서 고조를 뵙고 용서를 빌었으며 고조는

그를 낭중(郎中 : 시종)으로 임명했다.

▶ 계포(季布)의 한마디 대답

주가의 덕택으로 살아난 계포 장군도 의협심이 강한 사람으로 알려져 있다. 그는 좀체로 대답을 하지 않으나 일단 받아들이면 꼭 그 약속을 지켰기에 초나라에서는 황금 백 근을 얻는 것이 계포의 대답 하나를 얻는 일만도 못하다는 속담이 있을 정도였다.

그와 같은 고향 출신으로 조구생(曹丘生)이라는 사람도 있었다. 말을 잘하며 고관에 아첨을 잘하여 계포와의 면회를 구하고는 마구 지껄여댔다.

"초나라의 속담에, 황금 백 근보다는 계포의 말 한 마디가 더욱 가치가 있다고 합니다. 진정 대단한 명성을 얻은 셈이지만, 유감스럽게도 그 명성은 양(梁)·초(楚) 두 나라에 국한되어 있습니다. 나는 초나라에 태어났고 당신도 초나라에서 태어나지 않았습니까. 같은 고향이라는 인연으로 내가 그대의 명성을 천하에 알리면 한결 더 위대해질 것입니다. 그런데 그대는 왜 나를 피하는 것입니까."

이 이야기를 들은 계포는 크게 기뻐했다고 한다. 그리고 조구생을 머물게 하여 몇 개월 간을 식객으로서 최고의 대우를 했다. 조구생이 추켜세우는 데 깨끗이 넘어가고 만 것이다.

과연 조구생이 각처를 돌아다니며 계포의 이름을 팔고 있었기 때문에 점점 천하에 그 이름이 알려졌다고 한다. 선동에 약한 협객의 일면이 엿보이기는 하지만, 이름을 널리 알리기 위해서는 이런 방법도 필요했던 것이다.

더욱이 사마천은 계포를 높이 평가하여 이렇게 말하고 있다.

"항우 같은 사람 아래서는 어떤 용자도 빛을 볼 수가 없다. 하지만 계포는 초나라에서 용자로 알려져 있었다. 직접 적진에 침입하여 빼앗은 군기는 헤아릴 수 없을 정도다. 계포야말로 장사라고 해도 무방하다. 하지만 이런 장사도 일단 쫓기는 몸이 되자 노예의 신분이 되면서까지 목숨을 이어갔다. 이런 결단을 내리기란 그리 쉬운 일은 아니다. 하지만 계포로서는 자기의 재능을 자부하며 굴욕 같은 것을 받는 따위의 대해서는 신경을 쓰지 않았다. 그보다도 그는 자신의 재능이 발휘되지 못한 채 죽게 된다는 것이 한결 참을 수가 없는 일이었다. 이렇게 모든 굴욕을 참고 견디어낸 계포는 뒷날에 한(漢)나라의 명장으로 그 이름을 떨쳤다.

참된 용자는 가벼운 죽음을 하지 않는다. 흔히 미천한 사람들이 단순한 감정에 못이겨 자살해 버리는 것은 결코 용기가 있어서가 아니라 살기 위한 계획이 무너지고 다시 재기할 수 있는 길은 벌써 막혀 버렸다고 생각했기 때문이라고밖에 볼 수 없다."

3. 이 사람을 얻으니 한 나라를 얻은 것 같다
― 극맹(劇孟) ―

'유협의 무리'란 단순한 '거리의 깡패들'만은 아니었다. 권력자도 무시할 수 없는 사회 세력으로의 집단이었다. 한나라 고조가 천하를 얻은 뒤 약 50년 뒤(기원전 154년) 경제(景帝) 때에 이르러 한제국을 뒤흔든 '오초(吳楚) 7국의 난'이 일어났다. 오나라와 초나라를 위시해서 7개 국의 영주가 봉기한 것인데 그 때 '유협의 무리' 중 한 사람의 향배가 큰 역할을 하고 있었다.

낙양의 극맹이라는 자가 바로 그 사람이다. 난이 평정된 뒷날에도 그의 힘이 큰 역할을 했다고 전해진다.

주나라 도읍이었던 낙양에서 극맹이 나왔다. 낙양은 옛날부터 상업이 번성했던 곳인데, 극맹은 협객으로 제후들 사이에서 이름을 날렸다.

그런데 오초의 난이 일어났을 적에 한나라에는 주아부(周亞夫)가 태위(최고 군사령관)의 자리에 있었다. 그는 바로 여섯 마리의 말이 끄는 역마차를 몰아 하남군(河南郡)으로 달려갔는데, 중간에 극맹을 만나 같이 가게 되었다. 아부는 아주 기뻐하며,

"오·초는 반란을 일으키고 있으면서 극맹을 얻으려 하지 않았다. 그 자들은 어떤 일도 할 수 없는 놈들이다."라고 말했다.

이처럼 주아부는 천하의 동란을 당하여 극맹 한 사람을 얻었다는 것을 곧 하나의 적국을 점령한 것과 같이 평가하고 있었다.

극맹은 같은 '협객'이라고 하는 점에서는 단연코 주가(朱家)에 뒤지지 않는다. 그러나 그는 도박을 좋아했고 젊은이들과 자주 어울렸다. 극맹의 어머니가 죽자 문상객이 각지에서 모여들고 문 앞에는 마차가 천 대나 줄을 이었다.

하지만, 극맹이 죽었을 적에는 그의 집에 십 금의 재산도 남아 있지 않았다.

4. 거물의 조건
— 곽해(郭解) —

 사마천과 같은 시대의 '유협의 무리'에 곽해라는 큰 인물이 있었다. 사마천도 만난 일이 있었다고 하는 만큼 그 기록이 생생하고, 묘사된 생활 감정도 2천 년 전의 인물이라고는 생각되지 않을 정도다.
 이 곽해에게는 오늘날에도 통용될 '거물'의 원형이 있다.

▷ 곽해라는 사나이

 곽해는 지(軹)의 사람이며 자(字)는 옹백(翁伯)이다. 유명한 관상가인 허부의 손(孫)이다. 곽해의 아버지도 협기(俠氣)가 있는 사람으로 문제(文帝)의 시대에 법을 범하고 처형되었다.
 그런데 곽해는 몸집이 작았으나 보기에도 동작이 빠르고 날카로운 사나이였으며 술을 마시지 않았다. 젊었을 적에는 사람을 사람으로 여기지 않는 난폭자이어서 일이 뜻대로 되지 않을 적에는 사람을 죽이는 일이 많았다. 동료들 가운데서는 의리가 굳고, 친구가 당하면 복수를 했으며, 의탁해 오는 자에게 대해서는 비록 범죄자라 해도 즐겨 숨겨 주었다. 강도질을 하고 화폐를 위조하거나 무덤을 도굴하는 등 헤아릴 수 없이 나쁜 짓을 했다.

하지만 그에게는 하늘의 가호가 있었는지 궁지에 몰렸을 때는 꼭 도움을 받았고, 체포되면 곧 석방이 되었다.

그런 곽해도 나이가 들면서 사람이 변했다. 외고집을 부리는 일은 없어졌으며 방자한 행위도 않게 되었다. 원한에는 덕으로 대했고, 사람에게 은혜를 베풀면서 보답 같은 것은 기대하지 않았다. 타고난 협객으로서의 행동을 사랑하는 그의 성격은 한결 더 강해졌다. 사람의 생명을 구하고도 자만하는 일이 없었다.

하지만 그의 잔인한 성품은 마음 안에 남아 있어서 사소한 원한에도 돌연 그 전과 같은 잔인성이 나타나는 일도 있었다고 한다. 그럴 때는 그를 따르는 젊은이들이 그를 대신해서 원수를 갚고 그에게는 알리지 않았던 것이다.

▷ 내 생질이 나쁘다

그런데 곽해(郭解)의 누이의 아들은 곽해의 세력을 믿고 횡포를 부리는 일이 많았다.

어느 날 싫어하는 상대를 술집으로 끌고 가서는 마구 마시게 한 뒤에 이젠 더 못마시겠다고 하는데도 자꾸만 강요했다. 상대는 화가 나자 칼을 빼 그를 찔러 죽이고 달아났다. 곽해의 누이는 화가 났다.

"이대로 아무 말도 하지 않고 내버려두어도 괜찮으냐. 죽은 것은 너의 생질이 아니냐."

이렇게 곽해를 나무라면서 누이는 시체를 길바닥에 내버려 둔 채 장사를 지내려 하지 않았다. 이렇게 되면 곽해의 체면은 땅에 떨어지게 되었다.

곽해는 부하를 여기저기 파견해서 살인자를 찾도록 했다. 도망할 수 없다고 판단한 살인자는 자진해서 곽해에게 나타나 자초지종을 자세히 말했다.

곽해는 이야기를 다 듣고 나서 이렇게 말했다.

"그러고 보니 네가 그 놈을 죽인 것도 무리는 아니다. 잘못은 내 생질에게 있다."

곽해는 그 자리에서 생질의 잘못을 시인했고 상대방을 풀어 주었다. 그리고 생질의 시체를 집으로 가져다가 매장해 버렸다.

이 이야기는 드디어 세상에 알려졌다. 곽해의 협기를 칭찬하며 그를 따르는 자가 한결 많아졌다.

▷ 내 수양이 모자라기 때문이다

곽해가 외출할 때 사람들은 사양해서 길을 비켰다. 그런데 어느 날 책상다리를 한 채 곽해가 지나는 것을 보고 있는 사람이 있었다. 곽해는 사람을 시켜 그 사나이의 이름을 알아보도록 했다. 부하 중의 한 사람은 곽해가 그 사나이의 무례한 태도에 화를 낸 것으로 생각하고 자신이 대신 죽이려고 했다. 그것을 눈치챈 곽해가 그를 말렸다.

"내가 사는 마을에서 존경을 못받는 것은 내 수양이 모자라기 때문이다. 저 사람이 나쁜 것은 아니다."

그는 마을의 관리에게 가서 조용히 부탁을 했다.

"저 사람은 내게는 귀중한 사람이다. 병력 교체 때에는 명부에서 빼 놔주게."

그 결과 병력 교체의 시기가 와도 그는 병역 의무를 면했다. 더구나 관리가 병역 면제금을 요구해 오지도 않았다. 그는 이상하게 생각했다. 관리에게 그 사유를 물어 보고 나서야 곽해의 부탁 때문이라는 것을 알았다. 그는 바로 곽해 앞에서 상반신을 드러내고 전날의 잘못을 빌었다. 이 이야기가 전해지자 젊은이들은 한결 더 곽해를 존경하게 되었다.

▷ 중재(仲裁)

낙양(洛陽) 사람으로 서로 원수처럼 지내던 사람들이 있었다. 도을의 유력자가 차례로 열 사람이나 중재에 나섰건만 상대방은 도무지 받아들이지 않는다. 그래서 곽해에게 중재를 요청해 왔다.

곽해는 그 때 이렇게 말했다.

"이번 문제는 낙양의 유력자들이 중재에 나서도 이야기의 매듭이 지어지지 않았다고 들었소. 다행히 그대는 내 중재에 응해 주었소. 하지만 내가 이 마을의 유력자들을 제쳐놓고 중재를 했다는 것은 의리에 어긋나는 일이요."

사람들의 눈에 띄지 않게 그 날 밤중으로 돌아가기로 하고 다시 이렇게 말했다.

"어쨌든 중재에 응하지 않는 것으로 하니 내가 돌아간 뒤 유력자 가운데 누군가를 중간에 내세워 그 사람의 설득에 응한 것으로 해주오."

어찌 남의 마을에서 그 곳 어진 자의 권한을 빼앗을 수 있겠는가.

딴 곳에서 찾아와서 무엇인가를 하려고 할 때 잘 인용되는 말이다. 다시 이야기해서, 그곳 사람들의 체면을 해치려 하는 것이 아니다 라는 뜻이다.

▷ 곽해의 최후

이처럼 큰 인물도 하찮은 사건으로 처형된다. 한 제국의 기초가 튼튼해짐에 따라 유교적인 질서가 중시되어 유협의 정신은 쓸모없고 위험한 것으로 배격되었다. 사마천은 곽해가 죽은 뒤의 유협의 무리가 유명무실하게 된 데 대해 한탄하며 특별히 곽해의 죽음을 슬퍼했다.

곽해는 언제나 겸허한 태도를 취하여 외출할 때는 말을 타는 일이 없었고, 마차를 탄 채 관청에 들어가는 일도 없었다. 남의 부탁으로 관청에 진정을 할 때는 이쪽이 정당할 경우라면 꼭 그것을 관철했다. 무리라고 생각되는 경우라도 의뢰자가 납득하도록 가능한 수단을 다했다. 그러고 난 뒤에야 자신도 주식을 취하였다.

그렇기에 각지의 유력자들도 곽해에게 경의를 표하며 그를 도우려고 한 것이다. 매일 밤만 되면 마을의 젊은이들이건 가까운 마을의 유력자들이 마차를 탄 채 곽해의 집을 방문했다. 그들은 곽해가 숨겨 두고 있는 사람을 데려다가 자신의 집에서 돌보겠다고 청해 오는 자들이었다.

무제가 지방의 호족을 무릉으로 강제 이주시키는 정책을 시행할 때의 일이다. 곽해에게는 재산이라고 할 만한 것은 없었기에 3백 만 전(錢) 이상의 재산가(財産家)라는 규정에 해당되지 않았다. 하지만 관리로서는 곽해가 귀찮은 존재였기에 어떻게 해서든지 이주시키려고 계략을 짰다. 위청 장군이 곽해 편을 들어 무제에게 진언했다.

"곽해는 가난해서 이주 규정에는 해당되지 않는다고 생각합니다."

무제는 이렇게 대답했다.

"서민인 주제에 장군을 시켜 변명을 전할 만큼 힘을 가지고 있다니. 가난할 리는 없다."

이렇게 해서 곽해는 이주를 당하게 되었다.

그 때 전송하러 나온 사람들이 낸 전별금이 천여 만 전이나 되었다.

그런데 곽해의 이주를 획책한 것은 실은 같은 고향 사람인 양계주(楊季主)의 아들로서 현(縣)의 관리 노릇을 하고 있던 사람이다.

화가 난 곽해의 형의 아들이 양가의 아들의 목을 쳤다. 이것이 원인이 되어 곽해의 집안과 양가의 집안은 서로가 원수가 되었다.

그런데 곽해가 함곡관으로 가자 이 소식을 들은 관중의 유력자들이 앞을 다투어 곽해와 친해지기를 요청해 왔다.

그럭저럭 하는 시간에 고향에서는 양계주까지 살해되었다. 양계주의 가족은 천자에 직소하기 위해서 사자(使者)를 세웠다. 하지만 사자가 궁문까지 왔을 때 누군가의 손에 의해 살해되고 말았다. 이 사건이 무제의 귀에 들어가자 곽해를 체포하라는 명령이 내렸다.

곽해는 가족을 하양에 숨긴 뒤에 자신은 임진(臨晋)으로 도망했다. 임진의 적소공(籍小公)은 곽해와 면식은 없었지만 가명을 써서 관소를 빠져나가려는 곽해를 못본 척 내버려두었다.

곽해는 거기서 태원으로 향했다.

한편 곽해를 쫓던 군사들은 소문을 통해 수사를 한 뒤에 겨우 적소공이 있는 곳까지 왔다. 하지만 적소공이 자살하면서까지 입을 열지 않자 여기서 수사의 실마리는 완전히 끊어지고 말았다.

곽해가 체포된 것은 그로부터 몇 년 뒤의 일이다. 관리는 그의 범죄를 세차게 추궁했으나 살인 사건은 대사령이 내려지기 이전의 사건이었기에 유죄로 할 수가 없었다.

지(軹)의 출신인 유가의 한 학자가 심문관과 같이 앉아 있었다. 곽해를 숭배하는 자는 곽해를 옹호하자 그 학자는 이렇게 이야기했다.

"곽해는 천하의 법을 어긴 대죄인이다. 무엇이 훌륭하단 말이냐?"

이 이야기를 들은 곽해 숭배자는 그 학자를 죽이고 혀를 뽑아 버렸다. 관리는 곽해가 시킨 것이 틀림없다고 생각하고 곽해를 추궁했다. 하지만 곽해는 이 살인자를 전혀 몰랐고 또 살인자의 거취도 묘연하여 이 사건도 미궁에 빠지고 말았다. 결국 관리는 곽해가 무죄라고 올렸다. 이 때 어사대부(御史大夫) 공손홍이 의견을 말했다.

"곽해는 지위도 신분도 없는 사람이다. 그런데도 임협(任俠)으로 권력을 휘두른 뒤에 사소한 원한으로 사람을 죽이도록 부하에게 시켰다. 본인은 하나도 모른다고 하나 이런 행위는 직접 손을 써서 살인한 것 이상으로 죄가 무겁다. 대역무도의 죄에 해당한다고 이야기하지 않을 수 없다."

이렇게 해서 곽해의 일족은 다같이 처형되었다.

곽해가 죽은 뒤 임협이 되는 사람은 많았지만 다같이 임협을 팔아 제멋대로 날뛰는 무리일 뿐 이렇다 할 인물을 찾아 볼 수가 없었다. 「태사공평(太史公評)」에는 곽해를 일러서, 나는 곽해를 본 일이 있다. 그 풍모는 보통사람만 못했고 말하는 것도 이렇다 할 특별한 곳은 없었다. 그러나 실제로는 그 평판이 대단했다. 훌륭한 사람이나 또는 안면이 있는 사람 없는 사람이나 다같이 그의 명성을 동경하고 협객을 논할 때는 누구나 반드시 곽해를 끌

조양자의 옷을 칼로 찌르는 예양

의협의 정신 271

어들인다. 속담에 이런 말이 있다.
 이름이 그 사람의 간판이 되면 영원히 망하지 않는다. 하지만 아까운 인물을 잃은 것이다.

5. 자기를 알아주는 자를 위해 죽다
— 예양(豫讓) —

 물론 의협의 정신은 '유협의 무리'에만 있는 것은 아니다. 전국 시대의 드라마를 채색한 자객도 또한 협의에 의해 이루어졌던 것이다. 춘추 시대에서 전국 말기까지 5인의 유명한 자객이 있다.

조말(曹沫) 기원전 7세기, 노나라 장군으로 대국인 제가 침략하자 강화 회의의 석상에서 제나라의 환공에게 칼을 들이대고 빼앗긴 땅을 반환시킴.

전제(專諸) 기원전 6세기, 오(吳)나라 사람

예양(豫讓) 기원전 5세기, 진(晋)나라 사람

섭정(聶政) 기원전 5세기, 위나라 사람

형가(荊軻) 기원전 3세기, 위나라 사람이다. 연을 위해 진의 시황제 암살을 꾀하다 실패

 이들은 이익을 위해 움직이는 살인자들은 아니다. 동기는 모두 의를 위한 것이며 '협'이라는 점에서 공통적임.

▷ 진(晉)의 내분

 진에 예양이라는 사람이 있었다. 처음에 진나라의 중신인 범(范)씨와 중행(中行)씨를 섬겼지만 명성이 오르지 않아 주인을 바꿔 지백에게로 갔는데 지백은 예양을 잘 대접했다. 하지만 조양자는 한씨·위씨와 같이 지백을 쳐서 그의 가족을 모두 죽이고 영토를 3분 했다. 조양자는 또 지백을 몹시 미워한 나머지 지백의 두개골에 옻칠을 하고 그릇으로 사용했다.
 예양은 산 속으로 도망가서 탄식했다.
 "아아, 무사는 자기를 알아주는 사람을 위해서 죽고, 여자는 자기를 기쁘게 해주는 사람을 위해 단장한다고 한다. 나를 인정해 준 것은 지백뿐이었으니 그 은혜를 갚지 않고서야 무슨 면목으로 저 세상에 가서 지백을 뵈올 수가 있겠는가."
 예양은 이름도 바꾸고 죄인들 틈에 끼어 궁중에서 일하게 되었다. 품속에 칼을 품고는 변소의 벽을 바르는 일에 열중하면서 몰래 조양자를 죽일 찬스만 노리고 있었다.
 양자가 변소에 올 때마다 예양은 가슴이 두근거려 눈에 띄게 당황해 했다. 때문에 양자가 그 일꾼을 붙잡고 보니 예양이다. 더구나 그의 품속에서 비수가 나왔다. 지백의 원수를 갚자는 것이라고 한다. 좌우에 있는 사람들이 죽이려고 했다. 하지만 양자는 말렸다.
 "그만둬라. 그는 의인(義人)이다. 지백이 죽고 자손도 남아 있지 않는 데도 끝까지 의리를 지키려고 하는 천하의 현인이다. 내가 조심하면 되지 않느냐."

이렇게 말하고 예양을 석방해 주었다.

그 뒤 예양은 온 몸에 옻칠을 한 뒤 문둥병자로 가장했으며 숯을 먹고 목소리를 바꾸어 아주 딴 사람으로 변했다. 이렇게 변장한 그는 거리에서 걸식을 하며 다녔는데 아내까지도 그를 알아보지 못했다. 친구 집에 구걸을 하러 갔을 적에 '아니, 예양이 아닌가' 하고 묻자, 예양은 '그렇다'고 응답했다.

친구는 그의 손을 붙잡고 울면서 이렇게 말했다.

"자네처럼 재능이 있는 사람이 예를 가지고 양자를 섬기면 꼭 자네를 가까이할 것이다. 그런 뒤에 행동에 옮기면 보다 쉽게 목적을 달성할 수도 있지 않겠는가. 몸가짐을 바꾸고 원수를 갚는 것도 좋지만 그것은 도리어 고생만 할 뿐이 아니겠나?"

"아니다, 신하의 예를 갖추면서 그의 목을 노리는 것이 처음부터 두 마음을 품는 일이 된다. 내가 하는 방법으로는 본래의 뜻을 이루기가 어려운 일이다. 하지만 그것을 알면서도 하지 않을 수 없는 것은 뒷날에 두 마음을 품고 주인을 섬기려는 자를 반성시키고 싶기 때문이다."

예양은 그렇게 이야기하고 가 버렸다.

무사(武士)는 자신을 알아주는 사람을 위해 죽는다

이 명구는 본 절에서 나오는 이야기다. 지백은 권력욕이 강하고 악명 높은 사나이였는데 그런 인물을 위하여 예양이 일부러 원수를 갚으려 한 것은 오로지 '지백이 자기를 인정해 주었다'고 하는 것이 동기가 돼 있다.

인간은 누구든지 상대의 인정을 받으려는 욕망을 가지고 있다. 이 욕구가 이루어졌을 때 자발적으로 '해보자'는 힘이 생긴다는 것이 심리학적으로 실증되어 있다. 이런 심리작용을 현대의 경영에 활용한 것이 미국 학자 마크레가 분류한 'X이론과 Y이론'이다. 'X이론'은 인간이 강제적이 아니면 움직이려 하지 않는다. 지시·명령·금전적인 자극을 중시한다. 여기 대해 'Y이론'은, 인간이 자발적으로 노력하는 것이라고 하고 엄격한 관리보다도 자발성을 중요시한 성원 참가의 관리를 이상으로 한다.

우리 동양인에게 있어서 이것은 다같이 낯선 것이 아니다. 마음으로부터 상대방을 움직이는 것은 '이(利)'도 아니며 '이(理)'도 아니다. 상대를 믿는 것으로부터 시작한다고 하는 것이 인간은 체험을 통해 알고 있다. 지백은 2천 4백 년 전에 일찍이 마크레가 말하는 'Y이론'을 실천한 것이다.

▷ 원수의 의복만이라도

얼마 뒤의 일이다. 어느 날 양자가 외출할 적에 예양은 그가 지나는 길의 다리 아래 숨어 있었다. 양자가 다리에 이르렀을 때 양자의 말이 놀라 껑충 뛰었다.
"혹시 예양이 아닐까……."
붙잡고 보니 과연 예양이었다.
양자도 이번만은 용서하지 않았다.
"너는 이전에 범씨(范氏)와 중행씨(中行氏)를 섬기지 않았느냐. 이 양가는 지백에게 멸망됐는데 넌 그 원수를 갚지 않았을 뿐만 아니고 신면도 없이 신하의 예를 갖추어 지백을 섬겼다. 그 지백도 벌써 죽었다. 도대체 무엇 때문에 지백만을 위해서 목숨을 걸고 원수를 갚으려느냐?"

이 말을 듣고 예양이 이처럼 대답했다.

"내가 이전에 범씨와 중행씨를 섬긴 일은 있으나 평범한 대우를 받는 것에 불과했소. 그래서 난 보통으로 그들을 대해 왔소. 하지만 지백은 다르오. 나를 국사로 인정해 주었기에 나도 국사로서 보답하려는 것이오."

양자는 눈물을 글썽이며 이렇게 탄식했다.

"예양이여, 그것만으로도 지백에 대한 명분은 섰다. 나도 너를 용서할 만큼 했다. 하지만 이번은 그대로 보아 넘길 수가 없다. 각오하라."

병사들이 예양을 둘러쌌다. 이 때 예양이 부탁했다.

"명군은 사람의 의거를 방해하지 않고 충신은 이름을 위해 죽음도 사양치 않는다고 했소. 그대는 전에 나를 용서해 주었소. 때문에 세상 사람들은 다같이 그대를 칭찬하고 있소. 이제는 나도 웃으며 죽겠소. 다만 그 전에 그대의 의복을 얻어 그것이라도 베고 마음으로나마 복수의 마음을 청산할 수 있다면 죽은 뒤에도 여한은 없겠소. 들어주리라고는 생각하지 않지만 생각만을 말한 것뿐이오."

양자는 그 의기에 감탄하고 부하에게 명령하여 의복을 예양에게 주었다.

예양은 칼을 뽑아 세 번을 뛰어오르며 베었다.

"나는 이것으로 죽은 지백에게 보답하고 죽는다."

이렇게 이야기하고 스스로 칼에 엎어져 죽었다.
이 날 조나라의 지사들은 이 말을 듣고 모두 눈물을 흘렸다.

Ⅱ

중류(中流)의 지주(砥柱)

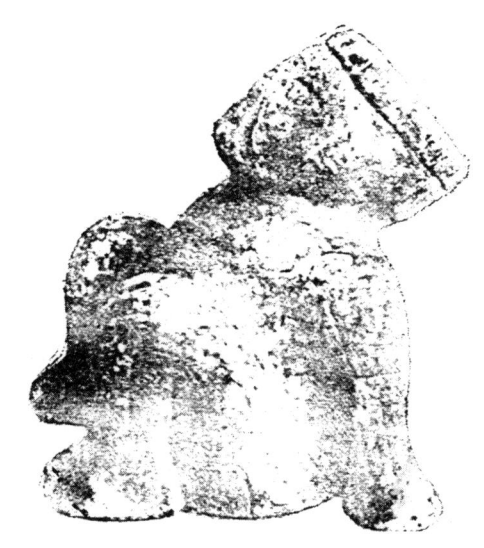

1. 좋아하니까 받지 않는다
— 공의휴(公儀休) —

　산서성을 꿰뚫고 흐르는 황하의 흐름이 동관(潼關) 근처에서 동쪽으로 꺾여 드디어 화북 평원으로 뻗으려는 곳의 격류 속에 큰 바위가 우뚝 서 있다. 그 의연한 모습이 '중류의 지주'라는 표현을 낳았다. 그것이 바로 신념을 고수하며 시류대로 흐르지 않는 것의 비유이다.

　흐름을 타려고 하지 않는 완고한 정신은 어떤 때는 반동으로 몰리기 쉽다. 그리고 어떤 때는 새로운 시대로부터 밀려날지도 모른다. 하지만 이런 정신 이 바람에 날리는 연의 추가 되어 역사를 지켜 온 일면의 작용을 무시할 수 는 없다.

　폭군을 무력으로 치려고 했던 주나라의 무왕을 비판하고 결국은 굶어 죽은 백이와 숙제 두 형제(제1권 참조)를 비롯하여「사기(史記)」에는 여러 형태의 '의리의 사나이들'이 등장한다. 시대나 체제에 불구하고 인간이 의리를 잃었을 적에는 역사는 어디로 표류해 갈 것인가.

　이 정신도 역사의 표면에는 나타나지 않지만 하나의 저류가 되어 계승되는 것이다.

「사기(史記)」 열전(列傳) 가운데 「순리열전(循吏列傳)」이라는 것이 있다.

순리라면 법을 잘 지키고 백성을 잘 다스리는 관리, 다시 이야기해서 청렴 결백(淸廉潔白)한 관리를 말한다. 다음에 소개하는 노나라의 재상 공의휴(公儀休), 초나라의 재상 석사(石奢), 진나라의 사법장관 이이(李離), 이 세 사람은 순리의 대표적인 인물로 「순리 열전」에 기록되어 있다.

공의휴는 노나라의 학자였다. 그의 뛰어난 재능이 인정되어 노나라의 재상에 임명되었다. 그는 국법을 중히 여기고 인간 세계의 이법(理法)에 따라 이치에 벗어난 일을 하지 않았다.

따라서 노나라의 관리들은 자연적으로 부정을 범하지 않게 되었다. 그가 제일 신경을 쓴 것은 녹(祿)을 먹는 관리가 서민의 이익을 착취하지 않도록 해서, 고급관리가 뇌물을 받지 않게 하는 것이었다.

어느 날 공의휴를 찾아온 손님이 선물로 생선을 바쳤지만 그는 결사코 받지 않았다. 그러자 손님이 그 사유를 물었다.

"생선을 좋아하시는 것을 알고 일부러 가지고 왔습니다. 어째서 받아 주시지 않습니까?"

"좋아하는 것이니까 받지 않는 것입니다. 난 지금 재상의 몸입니다. 생선을 얻으려고 생각하면 언제든지 얻을 수가 있습니다. 하지만 그대가 가져온 생선을 받고 괜한 의심을 사서 사직을 하게 된다면 어디서든지 생선을 얻을 수가 없게 됩니다. 그렇기에 난 받을 수가 없습니다."

또한 그는 자기 집에서 가꾼 야채를 먹어보고, 그 맛이 좋으면 뿌리를 뽑아버렸다. 또한 집에서 짠 옷감이 좋으면 그 옷감을 짠 여인을 내보냈으며, 그 틀까지 불태워 버렸다. 그 사유가 이렇다.

"이렇게 되면 농부나 옷감을 짜는 여인이 가서 팔 곳은 없어지지 않겠느냐."

▶ 욕심이 지나치면 해를 본다

공의휴의 일화는 단지 '뇌물을 받아서는 안 된다'는 윤리적인 설교만은 아니다. 이것을 또 한번 음미해 보면 자신의 욕망까지도 객관시해 버리는 투철한 사고방식과 생활 방법이다. 그 사유는 「노자(老子)」의 '욕심이 지나치면 오히려 해를 보고, 지나치게 쌓아 두면 큰 것을 잃는다'는 것과 통한다.

2. 범인(犯人)은 아버지였다
— 석사(石奢) —

석사는 초나라 소왕(昭王 : 기원전 515년~488년 재위) 때의 재상이다.

끝까지 신념을 잃지 않는 사람으로, 상대가 누구든 결코 원칙에서 벗어나지 않았다.

어느 날 그가 지방 순행을 떠났을 때 도중에서 살인 사건에 부닥쳤다. 범인을 추격하여 체포해 보니 바로 자기 아버지였다. 그는 아버지를 석방하고 돌아와서 자기가 옥에 갇혔다. 그리고 왕에게 이처럼 전하도록 했다.

"살인범을 잡고 보니 범인은 우리 아버지였습니다. 아버지에게 법을 집행한다면 불효가 됩니다. 또한 법을 무시하고 죄인을 석방하는 것은 법에 충실치 않은 일이 됩니다. 어떤 쪽을 취하더라도 제 죄는 살인에 해당합니다."

소왕은 석사를 구하려고 이처럼 말했다.

"추격해서 잡지 못했다면 죄에 해당할 필요가 없다. 직무에 복귀해 주기 바란다."

하지만 그는 이렇게 대답했다.

"아버지에게 사사로운 정이 없는 사람은 효자가 아닙니다.

주군의 법을 지키지 않는 자는 충신일 수 없습니다. 임금이 죄를 용서해 주시는 것도 군주로서의 은혜입니다. 당연히 사형을 받고 죽는 것은 신하로서의 직무입니다."

이렇게 대답한 석사는 왕의 명령에 따르지 않고 스스로 목을 찔러 죽었다.

3. 오판의 책임
― 이이(李離) ―

이이(李離)는 진나라 문공(文公 : 기원전 635년~627년 재위) 때의 사법장관이다.

어느 날 부하가 적당히 아무렇게나 취조한 것을 그대로 믿고 죄 없는 사람을 처형하고 말았다. 뒷날 그것을 안 이이는 오판의 책임을 지고 스스로 고랑을 차고 자기를 사형에 처해 줄 것을 청원했다.

이 이야기를 들은 문공(文公)은 이이를 불러 이렇게 말했다.

"그대는 그대의 책임이라고 하나 그 직분에 따라 책임은 달라진다. 이번 사정의 잘못은 부하에게 있는 것이지 그대의 죄가 아니다."

"저는 사법관의 장으로서 그 권한을 부하에게 넘겨 준 일이 없습니다. 또한 많은 봉록을 받아 부하에게 나누어 준 일도 없습니다. 그런데 어찌 오판의 책임만을 부하에게 돌릴 수가 있겠습니까?"

"그대는 그대에게 죄가 있다고 하나, 그렇다면 그대 위에 있는 나에게도 죄가 있을 것이 아닌가?"

"아니옵니다. 사법관에게는 사법관의 법이 있는 것입니다.

잘못하여 형벌을 내렸을 적에 자기도 그만한 형벌을 받아야 하며 잘못해서 사형에 처했으면 다같이 사형에 처해져야 합니다. 제왕께서는 제가 어떤 어려운 사건도 올바로 심리할 수 있다고 믿었기에 저를 사법장관에 임명하신 것으로 압니다. 그런데 그 기대에 어긋나 죄 없는 사람을 죽게 한 오판을 한 이상 저는 죽어 마땅합니다."

이렇게 하여 이이는 왕의 명령에 따르지 않고 칼에 몸을 던져 죽고 말았다.

4. 변명보다는 먼저 행동
― 직불의(直不疑) ―

　시류(時流)에 흐르지 않는 정신이라고 하여 반드시 적극적으로 시류와 싸우는 자세를 취한다고는 할 수 없다. 시류 같은 것을 아예 생각도 하지 않는 정신도 또한 '중류의 지주' 라고 할 수 있다. 세상의 명성보다도 자신의 기분에 따르고, 꾸며내는 일보다는 자연을 중히 한다.
　직불의는 이런 사나이의 전형인 것이다.

　새후(塞侯) 직불의는 남양 사람이다.
　그가 시종(侍從)으로 문제(文帝 : 재위 기원전 180년~157년)를 섬길 때의 일이다. 같이 기거하고 있는 동료의 한 사람이 휴가로 고향에 갈 때 잘못해서 동료의 금을 가지고 가 버렸다. 주인은 자기 금이 없어진 것을 알고 불의가 훔친 것이 아닌가 하고 의심을 했다. 그것을 알자 불의는 훔친 것은 틀림없이 자기라고 이야기하고는 사죄하며 금을 사서 변상했다.
　그런 얼마 뒤에 그 본인이 고향에서 돌아와 그 금을 반환했다. 불의를 의심했던 동료는 자신의 경솔을 부끄러워했다. 그 뒤 불의가 보통 사람이 아니라는 평판이 났다.

이 일 때문에 불의는 문제의 눈에 들어 태중대부(太中大夫 : 궁중 원문관)에까지 승진했다.

그 무렵의 일이다. 왕을 배알하는 장소에서 불의를 나쁘게 이야기하는 자가 있었다.

"그 사나이는 풍채는 훌륭했지만 형수와 내통하는 것은 용서할 수 없는 일이다."

"나에게는 형이라곤 없는데……."

불의는 이렇게 이야기할 뿐 스스로 자신의 결백을 밝히려 하지는 않았다.

오·초(吳楚) 7국의 난이 일어났을 적에 불의는 2천 석(石 : 각료·지방 장관급의 봉록)의 신분으로 장군이 되어 출정했다. 경제가 죽은 뒤 무제 원년(元年 : 기원전 143년)에 그는 어사대부(御史大夫 : 부수상 겸 감찰장관)에 승진됨과 함께 오·초의 난을 진압하는데 공을 세워 새 후에 봉해졌다. 그런데 경제 뒤에 무제가 즉위하자 그는 무제에게서 미움을 사, 무제 원년에 승상 위관과 함께 과거의 실정을 이유로 해직되고 말았다.

불의는 노자의 학설을 배우고 있었다. 그는 어떤 직위에 앉더라도 종래의 관습을 존중했다. 자신의 하는 일을 다른 사람이 모르도록 조심했기 때문이다.

이렇게 본인의 명성이 오르는 것을 싫어했는데도 세상 사람들로부터는 큰 인물이라는 평을 받았다.

5. 강직한 자의 보은
— 주건(朱建) —

'강직한 정신'과 '완고한 기질'의 소유자는 '사리를 분별 못하는 사람'과는 다르다. 그는 정면으로 부딪쳐 오는 격류에는 과감히 저항하지만, 예를 들면 옆에서 오는 파도에는 쉽게 부서지는 때가 있다. 그것이 바로 약점인 것이며, 인간으로서의 흥미꺼리라고 할 수 있다.

또 하나의 '중류의 지주'로서 주건의 경우를 보자.

평원군(平原君) 주건(朱建)은 이론이 정연한 고집쟁이였다. 한나라의 도장(都長)에 살고 있었는데 불의에 영합하지 않고 청빈함을 달게 여겼다. 그 때에 여태후(呂太后)의 총애를 한 몸에 지니고 있던 벽양후 심이기가 교제를 희망했을 적에 그는 상대하지 않았다. 벽양후가 여태후와 불의를 일삼고 있었기 때문이다.

주건의 어머니가 죽었을 적의 일이다.

평소 친했던 육가가 문상을 왔을 적에 주건은 가난했기에 장사도 지내지 못하고 있었다. 상복까지도 남에게 빌려야 할 정도였는데 보다 못한 육가는 돈을 내어 장사를 치르게 하고 한편 벽양후에게 찾아가 이렇게 말했다.

"기뻐해 주십시오. 주건의 어머니가 세상을 떠났습니다."

"주건의 어머니가 죽었는데 왜 내가 기뻐해야 하느냐?"

"전에 그대는 주건에게 교제를 청했다가 거절당한 일이 있습니다. 그것은 어머니가 생존해 있었기 때문입니다. 이 기회에 성의를 보이면 주건은 그대를 위해서 몸을 바칠 것입니다."

벽양후는 바로 주건을 문상하고 부의금으로 백 금(百金)을 내놓았다. 이 말이 전해지자 열후(列侯)·귀인(貴人)이 너도 나도 와서 내놓은 돈이 5백 금이나 되었다.

그런데 그 뒤 여태후와의 추문을 이용하여 벽양후를 고자질 하는 자가 있었다. 처음으로 이 추문을 들은 혜제는 분노에 몸을 떨면서 형리에게 벽양후를 체포시켜 죽이라 했다. 당당한 여태후지만 이번만은 부끄러움을 느껴 벽양후를 감쌀 수가 없었다. 한편 중신들은 다같이 벽양후의 행위를 미워하고 있었기에 일제히 벽양후를 죽여야 한다고 주장했다. 궁지에 몰린 벽양후는 주건에게 구원을 청했다.

그러나 주건은,.

"일이 벌써 사직의 손에 넘어간 뒤라 공연히 그대를 만날 수는 없습니다."하고 거절해 버렸다.

그 뒤 바로 주건은 혜제의 사랑을 받고 있던 소년 굉적을 찾아갔다.

"폐하와 그대와의 관계는 천하가 다 아는 사실입니다. 이번에 여태후의 총애를 받고 있는 벽양후가 체포된 사건에 대하여 한결같이 세상에서는 그대가 벽양후를 함정에 몰아 넣은 것은 틀림없다고 수군거리고 있습니다. 그대로 방관하고 계실 수는 없는 일입니다.

 만일 벽양후가 사형이 되는 사태가 일어난다면 여태후도 잠자코 있지는 않을 것입니다. 보복으로 꼭 그대를 죽이려 할 것입니다.

 주저하고 있을 때가 아닙니다. 이번엔 그대 자신을 위해서라도 벽양후를 구해야만 합니다. 폐하가 그대의 청을 받아들여 벽양후를 석방한다면 여태후의 기쁨은 말할 수 없을 것입니다.

 그렇게만 되면 폐하와 여태후에게서 다 사랑을 받게 되어 한결 더 영달을 누리게 될 것이 틀림없으리라고 생각합니다."

 소년 굉적은 급히 혜제에게 달려가서 벽양후를 용서해 달라고 사정했다. 이렇게 하여 이 사건은 주건의 생각대로 해결이 되었다.

 벽양후는 처음에 주건에게 배척을 당했을 적에 은혜를 원수로 갚는다고 하여 화를 냈다. 하지만 그 뒤 주건의 주선으로 자기가 석방되었다는 것을 알고 이 의외의 일에 놀라는 것이었다.

 그 뒤 몇 년이 지나 여태후가 죽자 중신들은 여씨 일족을 멸했다. 이 때 벽양후는 여씨 일족과의 관계가 깊었는데도 그 화를 면했다.

 그것도 오로지 육가와 주건의 숨은 힘이 있었기 때문이었다.

 하지만 그 벽양후도 문제 시대에 회남의 여왕 손에 죽었다. 역시 여씨 일족과의 관계로 그 화근을 남긴 것이다.

 그 때 문제는 주건이 지난날 벽양후 구출에 큰 역할을 했다는 것을 중시하고 그를 잡아서 그 동안의 사정을 규명하기 위해 군사를 보냈다.

군사들이 왔다는 것을 알고 주건은 자살하려 했다. 그것을 보고 가족들은 물론 군졸까지도 말렸다.

"서둘러서는 안됩니다. 어떤 판결이 내려질 것인가는 지금 모르는 일이 아닙니까?"

"아니다, 내가 죽기만 한다면 너희들은 이 화란에 휩싸일 필요도 없는 것이다."

주건은 이렇게 이야기하고 스스로 목을 찔렀다.

보고를 받은 문제는,

"죽일 생각은 없었는데…" 하며 주건의 죽음을 아쉬워했다.

은나라 때 청동의 코뿔소

6. 입이 무거운 사나이
— 주문인(周文人) —

 눈부시게 뛰어난 재능도 없고 이렇다 할 말솜씨도 없다. 그런데도 왠지 위엄을 주는 그런 인물이 간혹 있는 법이다.
 폭이 좁고 도량이 적은 능력주의의 시대일수록 이런 꾸밈없는 인간도 필요하지 않을까. 어떤 민예품처럼……. 이것도 또한 남을 휠뜯고 모략과 중상이 들끓는 시대에 있어서 '중류의 지주'라고 할 수 있다.
 한 제국의 4대째의 군주 경제를 섬겨 낭중령이 되었던 주문인이 그런 인물이었다.

 경제의 낭중령(시종장으로 궁전의 문을 관리)에 주문이라는 사람이 있었다. 이름은 인(仁)이라 한다. 조상은 임성 사람이다. 문제 때에 시의로 있던 중 태자부로 전임되었다. 그곳에서 공적을 쌓아 승진을 거듭해서 태중대부(太中大夫)에 올랐다.
 또한 마침내 태자가 즉위하여 경제가 되자 낭중령에 기용되었다.
 주문은 대단히 입이 무거운 사람이었다. 언제나 누덕누덕 기운 옷을 입으며 오줌에 전 아랫바지를 걸친 채 일부러 청렴한 태도를 취했다. 그래서 경제는 안심하고 침실에 출입시켜 부부 생활까지 할 때도 옆에 있게 했다. 경제가 죽은 뒤에도 그는 낭중령의 지위에 있었지만 후궁에 관한 이야기는 끝내 한 마디도 입 밖에 내지 않았다.

어쩌다 경제는 신하들의 인물됨에 대해 물었지만 그때마다,

"폐하, 스스로 판단해 주십시오." 하고 이야기하며 신하의 운명을 좌우할 만한 말을 하지 않았다. 그 때문에 경제는 두 번이나 그의 집을 찾아가서 경의를 표했다.

그가 수도인 장안에서 양릉으로 옮긴 뒤에도 경제는 여러 가지 물품을 내렸으나 그는 그 때마다 사양했다. 제후나 군신들로부터의 선물도 일체 받지 않았다.

무제가 등극한 뒤에는 선제의 총신으로서 대접을 받았다.

그러나 얼마 뒤 병으로 사직하고, 2천 석 신분으로 고향에 돌아갔다.

그의 자손은 다같이 대관에 올랐다.

7. 근직일가(謹直一家)
― 만석군(萬石君) ―

한 제국의 창업기에 '근직일가'라고 할 수 있는 대단히 건실한 부자가 있었다. 세상이 어지럽고 혼란해질 적에는 이런 형의 인재가 필요하다는 것이 사실이지만 그들의 근실한 자세는 대단히 시류에 벗어나는 것이었다. 시대의 차는 어쨌든 이 성실한 자세는 맛있는 요리에 치는 소금이라고도 이야기할 수 있지 않을까.

▷ 만석군(萬石君)의 연유

만석군은 성(姓)은 석(石)이고 이름은 분(奮)이라고 한다. 부친은 조(趙)에 살고 있었는데 조나라가 진나라에 망했을 적에는 하내 땅의 온(溫)으로 옮겼다.

고조가 항우를 치기 위해 하내 땅을 지날 적에 나이 15세로 하급 관리였던 석분은 고조의 몸 심부름을 하게 되었다.

고조가 이야기를 걸어보니, 그 솔직하고 조심성 있는 소년이 아주 마음에 들었다.

"너의 집 가족은?"

"예, 어머니가 생존해 계시지만 불행하게도 눈을 보지 못하여 집은 가난합니다. 또한 누이가 있습니다. 거문고를 좋아합니다."

"어때, 계속하여 나를 따를 생각은 없느냐?"

"예, 힘있는 데까지 받들고 싶습니다."

그래서 고조는 석분을 중연의 자리에 앉힌 뒤 배알의 일을 맡아보게 했고 누이를 후궁으로 맞아들였다. 그리고 누이가 후궁으로 들어가자 집도 장안의 척리(황실의 인척이 사는 마을)로 옮기게 했다.

그 뒤 석분은 공을 쌓아 문제 때에는 태중대부에 올랐다.

특별히 빼어난 것도 아니었지만 공순하고 건실한 면에서는 그에 비할 만한 사람은 없었다.

문제 때에 동양후(東陽侯) 장상여(張相如)가 태자대부 직에서 물러났다. 그 후임 선출에 있어서 군신들은 다같이 석분을 추천했다. 그래서 석분은 태자대부에 임명되었다. 태자인 경이 제위에 오르자 석분을 구경으로 삼았다. 하지만 경제는 이런 건실하고 곧은 인물을 항상 옆에 있게 한다는 것은 당치도 않은 일이라 생각하고 체면이 깎이지 않도록 제후의 재상으로 전출시켰다.

석분의 아들은 장자인 건(建)과 차남·3남 그리고 막내아들인 경까지도 공순효경(恭順孝敬)으로 칭찬이 높았으며 다같이 2천 석의 관위에 올랐다. 이런 일 때문에 경제는,

"석군(石君)과 그의 네 아들은 다같이 관위 2천 석, 모두 합해 1만 석이다. 인신(人臣)으로서 최고의 영예가 이 일가에 쌓

중류의 지주

였다."라고 이야기하며 그 뒤 석분을 만석군이라고 부르게 되었다.

▷ 은퇴하고도 강직한 만석군(萬石君)

경제 치하의 말년에 만석군은 은퇴했다. 하지만 상대부의 신분은 여전했기에 4계절의 궁전의 행사에는 조신들과 같이 참석했다. 수레가 궁궐문을 지날 적에는 반드시 내려서 허리를 약간 굽히고 걸었으며 천자의 어용마(御用馬)가 눈에 띄면 정중하게 범절을 지켰다.

아들이나 손자 중에서 관리가 된 자가 인사하러 와도 만석군은 상대가 아무리 지위가 낮을지라도 꼭 예장을 갖추고 만났으며 이름을 마구 부르는 일은 없었다.

아들이나 손자 중에서 잘못을 범한 사람이 있으면 그를 심하게 나무라기 전에 자신을 먼저 꾸짖고 사실로 들어가 식사도 않았다. 그러면 아들이나 손자들은 자신이 서로 비판하고 연장자에게 잘못을 빌도록 부탁했다. 잘못을 마음속으로부터 뉘우쳤을 적에 비로소 용서해 주는 것이었다.

만석군은 성인이 되어 갓을 쓴 아들이나 자손과 같이 있을 적에 가령 편히 쉬고 있을 때라도 꼭 갓을 썼다. 그렇다고 하여 지나치게 엄격하고 딱딱하지도 않았다. 하인들도 이런 주인 아래에서 즐겁게 일을 하였지만 조심만은 잊는 일이 없었다.

때때로 천자로부터 식사가 하사되는 일이 있었는데 그때는 마치 천자의 앞에 있는 것처럼 꼭 깊이 머리를 숙여 엎드려서 먹는 것이었다. 친척이나 친지 가운데 불행한 일이 있어서 상복을 입었을 적에는 충심으로 슬픔을 표시했다.

이와 같은 만석군의 태도를 아들이나 자손들도 본받아 만석군의 일족에 대한 효경근직(孝敬謹直)의 평판은 다른 나라에도 자자했다. 꾸밈이 없어 진실한 생활을 바탕으로 하고 있는 제나라나 노나라의 유학자들까지도 이 만석군의 일족에겐 도무지 미칠 수가 없다는 것을 인정하고 있었다.

▷ 장자(長子) 건(建)과 막내아들 경(慶)

건원 2년(기원전 139년) 낭중령인 왕장이 학술상의 문제로 처벌되었다. 유자는 형식에만 시끄러울 뿐 실제 내용이 없었다. 거기에 비해 만석군의 일족이 말없이 실행하고 있는 것은 훌륭한 일이다. ― 이렇게 생각한 여태후는 장자인 건을 낭중령의 후임에, 그리고 막내아들인 경을 내사(內史 : 수도장관)에 임명했다.

그 당시 석건은 머리가 백발이 되었지만 아버지 만석군은 아직 정정했다. 석건은 낭중령이 된 뒤에도 5일마다 휴가를 얻고 꼭 아버지를 찾아가서 문안을 드리곤 했다. 인사가 끝나면 자기 가족이 살고 있는 곳으로 가서 머슴을 시켜 아버지의 속옷을 가져오게 하고 자기 손으로 빨아 다시 그것을 머슴을 시켜 가져가게 했다. 이것은 늘 하는 그의 습관이었지만, 아버지는 모르게 했다.

조정에서는 낭중령으로서 진언해야 할 일이 있으면 꼭 사람들을 물러가게 한 뒤에 기탄 없이 의견을 말했다. 하지만 다른 신하들과 자리를 같이 했을 때는 거의 입을 열지 않았다. 무제의 마음에 들어 후하게 대접을 받았다.

아버지 만석군은 그 뒤 능리로 집을 옮겼다. 어느 날 내사 석경이 술에 취해 마을의 외문을 지날 적에 마차에서 내리지 않았다. 이 이야기를 들은 만석군은 식사를 하지 않았다. 석경은 부들부들 떨면서 매를 맞으려고 상반신을 벗고 용서를 구했다. 하지만 만석군은 용서하지 않았다. 어쩔 수 없이 형 건을 비롯해서 가족 모두가 상반신을 벗고 사과하는 소동을 벌였다.

"내사라면 대단한 지위다. 마을에 들어오면 장로들도 무서워서 도망을 간다. 그러면 내사는 장한 듯이 마차를 탄 채 거드름을 피우고서 지나간다 ─ 그 말이지, 그렇지?"

만석군은 이렇게 비꼬아 이야기하고는 간신히 경을 물러나게 했다. 그 뒤부터 경은 물론 그 가족 다같이 마을의 문을 들어서면 마차에서 내려 빠른 걸음으로 집에 돌아왔다.

만석군은 원작 5년(기원전 124년)에 죽었다. 큰아들 건은 통곡하며 아버지를 그리던 나머지 지팡이에 의지하여 겨우 걸을 정도로 여위고 지쳤다. 그 때문에 1년이 지나 건도 아버지의 뒤를 따랐다. 만석군의 아들이나 손자들이 다같이 효도를 다했으나 그 가운데에서도 석건은 아버지 이상이었다.

석건이 낭중령으로 있을 때 상주문을 천자에게 올린 일이 있었다. 곧이어 그것이 반환되었다. 건은 그것을 다시 읽어가는 길에 갑자기 얼굴이 창백해졌다.

"오자가 있군. 마(馬)라는 자는 최후의 획까지 더해서 5점이 되어야 하는데 4점밖에 없어. 폐하의 꾸짖음이 있으면 죽음으로 사죄하지 않으면 안 된다."

언행을 삼가고 조심하는 석건의 몸가짐은 만사에 있어서 이런 식이었다.

막내아들 경이 태복으로 있을 때 임금의 마차를 끌고 궁중을 나간 일이 있었다. 그때 천자가 이처럼 물었다.

"마차를 끌고 있은 말은 몇 마리요?"

석경은 채찍으로 한 마리, 두 마, 세 마리…… 이렇게 세고는 조용히 말했다.

"여섯 마리입니다."

만석군의 아들 경이 제일 시원스러웠다. 그런데도 그 정도였다. 그가 제나라의 재상이 되어 부임하자 제나라 사람들은 다같이 그의 가풍을 존중했으며, 나라는 자연히 크게 다스려졌다. 뒤에 제나라 사람들은 석상사를 세우고 석경을 제사지냈다.

은나라의 구리 가면

Ⅲ

인간(人間)의 굴레

1. 장검(長劍)이여, 돌아오라
― 맹상군(孟嘗君)과 풍환(馮驩) ―

 기원전 3세기, 전국 시대에 제나라의 실력자인 맹상군은 식객 수천을 거느려서 그 이름이 제후에게 알려졌다고 할 만큼 사람을 다루는 수단에 독특한 신념을 가지고 있다.
 그런 사람 아래에 몸을 의탁한 한 사람의 풍채 좋은 사나이가 일으키는 사건은 진실로 대범한 인간의 결속을 보여 주고 있다.

▷ 파렴치한

 여기 풍환이라는 사나이는 먹고 살 수가 없게 되자, 때마침 맹상군이 많은 식객을 거느리고 있다는 소문을 듣고, 먼 길에 짚신을 신은 힘없는 모습으로 찾아와서 면회를 청했다.
 맹상군은 그 남루한 모습을 탓하지 않고 물었다.
 "먼 길을 와 주어서 고맙습니다. 그런데 귀공은 무엇을 이야기해 주시렵니까?"
 "선생님이 인재를 좋아한다고 듣고, 가난한 몸으로 선생님에게 몸을 의지하려고 찾아왔습니다."
 풍환은 그저 이렇게 응답할 뿐이었다.

맹상군은 풍환을 전사(傳舍 : 삼등숙사)에 두고 10일이 지나자 관리인을 불러 물었다.

"그 손님은 어떻게 지내고 있나?"

"그 손님은 진실로 가난해서 칼 한 자루를 가지고 있을 뿐입니다. 그것도 새끼로 자루를 감은 볼 것 없는 것입니다. 그 칼을 손으로 두들기며, '장검(長劍 : 자루가 긴 칼)이여, 돌아오지 않겠느냐. 여기 식사엔 생선이 없구나' 하는 노래를 부르고 있습니다."

맹상군는 풍환을 행사(幸舍 : 이등숙사)로 옮겼다. 이 숙사에서는 식사에 생선이 나온다. 그리고 5일 뒤에 관리인에게 묻자,

"여전히 칼을 두들기면서, '장검이여, 돌아오지 않겠는가. 외출을 하자니 수레가 없구나' 하며 노래를 부르고 있습니다."

그래서 대사(代舍 : 일등숙사)로 옮기고 수레를 준 지 5일 뒤에 관리인을 불러 물었다.

"그 분은 항상 칼을 두들기고 있습니다. 이번에는, '장검이여, 돌아오지 않겠느냐. 이것으로는 집을 가질 수가 없구나' 하며 노래를 부르고 있습니다."라고 대답했다

맹상군은 불쾌했다. 그대로 1년이 지났는데도 풍환이 무엇 하나 건의하지 않았기 때문이다.

▷ 대부금(貸付金) 징수인(徵收人)

맹상군은 제나라의 재상으로 있으면서 설(薛)나라 1만 호의

영주였다. 그런데 그 식객이 3천이나 있다. 영지에서 거둬들이는 조세 수입만으로는 도무지 대접할 수가 없었다. 그래서 이자놀이로 설나라 사람들에게 빌려 주었지만 그 계획은 완전히 실패했다. 1년이 지나도록 회수가 안 될 뿐 아니라 이자도 거의 받지 못했다. 끝내는 식객들의 식비도 문제가 되었다. 그래서 맹상군은 대부금을 취급할 적임자를 찾았다. 그러자 전사(傳舍)의 관리인이,

"지금 대사에 있는 풍환이 어떻습니까. 이렇다 할 재능은 없는 것 같지만 풍채가 좋고 말도 잘해 대인의 품격이 있습니다. 이런 일을 하기에 적당한 인물이 아닐까 합니다."

맹상군은 그 의견을 따라 풍환을 불러들였다.

"나 같은 사람은 집에 3천이 넘는 손님이 몸을 의탁하고 있습니다. 정말 영광으로 생각하고 있습니다. 하지만 내 집의 경상 수입으로는 여러분의 접대에도 부족한 상태입니다. 때문에 설나라 사람들에게 돈을 대부해 주는 일을 해보았으나 기한이 되어도 회수가 안 될 뿐 아니라 이자도 잘 걷히지 않는 형편입니다. 이래서는 여러분을 제대로 대접하지 못할까 걱정입니다. 그러니 선생께 이 일을 부탁드릴까 합니다."

▷ 증서를 태워버리다

풍환은 맹상군의 부탁을 받아들여 설나라에 왔다. 풍환은 바로 대부받은 사람들을 불렀다. 전원이 모인 자리에서 이자 10만 전을 징수할 수가 있었다. 그는 이 돈으로 살찐 소를 사고

많은 술을 빚은 뒤에 다시 공고문을 돌렸다.

'이자를 낸 사람이나 내지 않은 사람이나 막론하고 차용증서를 대조할 것이니 다시 한번 모이라.'

그래서 풍환은 그 날 다 한데 모인 자리에서 준비한 소를 잡은 채로 술을 사다가 큰 잔치를 벌였다. 잔치가 한창일 때 풍환은 증서를 대조한 뒤에 하나하나 결재를 했다. 이자를 낼 수 있는 사람에 대해서는 새로 원금 반제의 기일을 정했다. 하지만 가난해서 이자를 내지 못하는 사람에 대해서는 그 자리에서 증서를 불태워버렸다. 그런 뒤에 풍환은 이렇게 말했다.

"맹상군이 당초 돈을 대부해 준 것은 가난한 영민의 생업 자금으로 하도록 한 것이다. 그런데 거기에 이자를 붙인 것은 우리들 식객을 위해서였다. 이제 부유한 사람에겐 갚을 날짜를 또 정하고 가난한 사람에게는 대부금을 말소해 주는 조치를 취한 것도 바로 그런 뜻에서였다. 자, 안심하고 마음껏 마시도록. 그리고 이런 자비심 깊은 영주님을 만난 데 대하여 고맙게 생각하라."

거기 모인 사람들은 다 같이 머리를 숙이고 맹상군의 덕에 감사하였다.

▷ 감복(感服)한 맹상군

증서를 태워버렸다는 소식을 들은 맹상군은 몹시 화를 냈다. 바로 풍환을 소환하라는 명령이 내려 사자가 설(薛)나라로 갔다. 풍환이 돌아오자 맹상군은 풍환을 나무라며 이렇게 물었다.

"내가 설나라 사람에게 대부해 준 것은 모두가 식객들 때문이요. 영지에서의 수입도 부족한데 이자까지 체납이 되어서는 식객들에게 풍족한 대접을 할 수가 없소. 그래서 그대에게 대부금에 대한 일을 좀 도와달라고 부탁한 것이요. 그런데 그대는 거둔 돈으로 잔치를 열고 증서까지 불태워버렸다고 하니, 도무지 어찌 된 일이요?"

"그렇습니다. 전 먼저 채무자의 변제 능력을 확인하기 위해서는 전원을 한자리에 모으는 것도 필요하다고 생각했습니다. 잔치는 그것을 위해서 하는 하나의 방편이었습니다. 저는 변제 능력이 있다고 인정된 자에게는 기한을 약속했습니다. 그러나 능력이 없는 자에게 10년을 독촉해 본들 그저 이자만 쌓일 뿐입니다. 그렇다고 무리하게 다룬다면 도망질을 쳐서 제 손으로 증서를 잃을 것입니다. 또한 그 결과로 영주는 이익을 탐하여 영민을 사랑하지 않는다고 할 것이고 영민은 영주를 멀리하여 빚을 갚지 않는다는, 아래 위로 동시에 오명을 남기게 됩니다. 이렇게 된다면 민심을 격려해서 군주의 이름을 드러내는 일은 못될 것입니다. 저는 유명무실한 채권을 불태워버림으로써 영민이 군주에게 친하게 하고 인군의 이름을 드높이려 했습니다. 어디 못마땅한 데가 있습니까?"

맹상군은 무릎을 치며 풍환의 기지에 감탄했다.

▷ 진(秦)·제(齊) 양국을 제멋대로

　이윽고 진나라와 초나라는 강적인 제나라의 국력을 약화시키기 위해 제나라 왕과 재상 맹상군을 이간시킬 계책을 꾸몄다. 제나라 왕은 그들의 꼬임에 빠져, 맹상군의 명성이 군주를 능가하여 제나라의 실권을 한 손에 잡으려 한다고 생각하여, 맹상군을 재상의 자리에서 파면시켜 버렸다.
　그러자 그렇게 많던 식객은 빗살 빠져나가듯 모두 맹상군의 곁을 떠났다.
　혼자 남은 풍환은 이렇게 말했다.
　"부디 수레 1대만 빌려 주시고, 저를 진나라로 보내 주십시오. 꼭 당신의 지위를 회복시키고 영지도 다시 확대시키도록 하겠습니다."
　맹상군은 풍환의 말대로 수레와 예물을 준비했다. 풍환은 서쪽 진나라로 가서 왕을 만나도록 열변을 토했다.
　"이제껏 천하의 세객은 진나라 편에 서는 자와 제나라 편에 서는 자로 나뉘어 있었습니다. 자진해서 진나라를 찾아온 사람은 제나라 타도의 비책을 가지고 있었으며 제나라를 찾은 자는 진나라를 멸할 큰 계획을 가슴에 안고 있었습니다. 어쩌면 진나라와 제나라는 천하의 양대 강국으로 그 자웅을 겨루지 않으면 안될 숙적인지도 모릅니다."
　이 이야기를 들은 진나라 왕은 무릎을 꿇고 물었다.
　"그러면 어떻게 제나라에 뒤지지 않을 방법은 없을까요."
　"제나라에서 맹상군이 파면된 사건을 알고 계십니까?"

"알고 있소."

"애당초 제나라가 천하에 무게를 얻게 된 것은 맹상군이 있었기 때문입니다. 그런데 중상으로 물러나게 되었습니다. 맹상군으로서는 제나라 왕에 대한 분노가 뼈에 사무쳐 있을 것입니다. 지금 진나라에서는 그를 맞아들여야 합니다. 그렇게 되면 제나라의 내정을 알게 되며, 제나라 공격에 성공한 거나 진배없습니다. 뒤지지 않을 뿐 아니라 천하를 제압할 수 있는 절호의 기회입니다. 지체하지 말고 사자를 보내어 맹상군을 모셔오는 것이 좋을 것입니다. 제나라 왕이 또다시 맹상군을 등용하게 된다면 패권의 행방은 예측할 수 없게 됩니다."

진나라 왕은 바로 수레 10대와 황금 1백 일(鎰 : 1일(鎰)은 24냥(兩))을 준비하고 맹상군을 초청해 오기로 했다.

풍환은 작별 인사를 한 뒤 진나라 사자보다 일찍 돌아와서 제나라 왕을 뵈었다.

"마침내 천하 세객들의 눈은 다같이 제나라와 진나라에 쏠리고 있으며, 자진해서 제나라를 찾아온 자는 진나라 타도를 원하고 있고, 진나라를 선택한 자는 제나라를 멸할 방도를 세우고 있습니다. 제나라와 진나라 양국은 자웅과 같아서 한쪽이 강해지면 한쪽은 약해지는 것이니, 공존이 불가능한 것입니다. 진나라 국력의 증가는 당연하게 우리나라 국력의 저하를 가져오는 것입니다. 이제 신이 듣기로는 진나라의 사자가 수레 10대에 황금 1백 일을 싣고 맹상군을 초빙하러 온다고 합니다. 맹상군이 사퇴한다면 문제는 없지만 만일 진나라의 재상이라도 되는 때는 천하의 인심은 진나라로 집중되고 따라서 우리나라는 그 밑에 들지 않으면 안 되는 형편이 됩니다. 그렇게 되면 우리나라의 흥망이 언제까지 지속될 수 있을까요. 진나라 사자가 오기 전에 바로 맹상군을 복직시켜야 합니다. 영지도 늘려서 사의를 표하면 맹상군도 납득할 것입니다. 진나라가 대단한 강국이라지만 남의 재상을 무리하게 초청해 가지는 않을 것입니다. 진나라의 음모를 분쇄하여 그 야망을 분쇄시키는 데는 이 방법밖에 없습니다."

"알았소." 하고 응답한 왕은 풍환의 정보를 확인하기 위해 국경으로 사람을 보냈다. 과연 진나라 사자가 국경을 넘어오고 있었다. 그 사실을 왕에게 보고하니 왕은 맹상군을 불러 재상의 지위에 복직시키고 옛 영지 외에 1천 호의 땅을 더 내렸다.

진나라 사자는 맹상군이 복직되었다는 소식을 알고 그대로 돌아갔다.

▷ 식객에게는 죄(罪)가 없다

맹상군이 파면되었을 때 식객(食客)들은 모두 그의 곁을 떠나 버렸다. 맹상군이 또다시 재상으로 복직하자 풍환은 또 그들을 맞으려고 했다. 맹상군이 또다시 탄식하며 풍환에게 말했다.

"나는 손님을 귀히 여기고 그 대접에도 별로 잘못이 없는 것으로 알고 있소. 그 증거로는 식객의 수가 3천 명이나 되지 않았었소. 그런 내가 일단 지위를 잃자 나를 버리고 돌아보려는 자는 없었소. 다행히도 선생의 도움으로 지위를 다시 얻게 된 것인데 그들이 어떤 면목으로 나를 만나려 하오. 만일 뻔뻔스럽게도 돌아오는 자가 있으면 그 얼굴에 침을 뱉어 모욕을 주고 싶소."

그러자 풍환이 말에서 내려 머리를 깊이 숙였다. 맹상군도 수레에서 내려 답례하고 물었다.

"그대가 손들을 대신해서 사과하는 거요?"

"아닙니다. 그저 오늘 하신 말씀이 잘못되었다고 생각되기 때문입니다. 모든 사물에는 필연의 도리가 있다는 것을 아시는지요."

"어떤 것이요?"

"살아 있던 자가 죽는다는 것이 필연적인 일입니다. 마찬가지로 부귀한 몸만 되면 따르는 자가 많으며 빈천한 몸이 되면 교우도 적어진다는 것은 이야기하자면 당연한 도리입니다. 시장을 왕래하는 사람들의 모습을 살펴보십시오. 아침에는 서로 다투어 문으로 들어가지만 해가 진 뒤에는 돌아보지도 않습니다. 그것은 저녁에는 시장에 상품이 없기 때문이고 시장에 대한 어떤 호오(好惡)의 정이 있어서가 아닙니다.

식객들이 당신의 실각을 보며 떠나버린 것도 그것과 같은 사유입니다. 다시 말해서 구하는 것이 없어졌기 때문입니다. 그들을 미워할 이유는 없습니다. 아무쪼록 그 전과 같이 그들을 대해 주십시오."

맹상군은 마음속으로부터 경의를 표했다.

"삼가 그대의 이야기에 따르겠소. 그대의 의견은 진정 옳은 의견이요."

2. 윤활유(潤滑油)
— 우맹(優孟)·순우곤(淳于髡)·우전(優旃) —

　인간 관계는 잘못하면 무뚝뚝한 것이 되기 쉽다. 동료·상하·혈연……. 어떤 사이든 거기엔 윤활유가 필요하다. 그것에 의해 인간의 인연은 보다 탄력성이 강해지는 것이다.
　「사기(史記)」에는 「골계열전(滑稽列傳)」이라는 것이 있다. '골계'라고 하는 것은 우리가 이야기하는 해학 같은 것은 아니다. 그렇다고 유머의 요소가 아주 없는 것은 아니다. 여기서 말하는 '골계'는 '기지(機智)'에 가깝다. 기지로써 인간 관계를 원만히 한 사람으로 우맹·순우곤·우전 이 세 사람을 소개한다.

▷ 말의 장례식

　초나라 장왕 시대에 우맹(優孟)이라는 사람이 있었다. '우'라고 하면 궁중에 속해 있는 어릿광대로서 익살 섞인 말로 주인의 기분을 돋구는 사람이다. 배우(俳優)의 '우(優)'는 여기서 나온 말이다.

옛날 초나라의 악관(樂官) 중에 우맹이란 사나이가 있었다. 키가 8척이나 되는 거인으로 말을 잘해 언제나 담소로써 왕에게 풍간하였다.

그때에 장왕은 한 마리의 말을 사랑하고 있었다. 그 말에게 아름답게 수를 놓은 비단을 입히고 어전 같은 건물에 침상을 놓아준 뒤에 또 대추와 말린 고기를 먹였다. 그 말은 너무 비대해져서 죽고 말았다. 왕은 신하에게 명하여 상복을 입게 하고 관과 외관까지 갖추게 하여 대부에 해당하는 장례를 치르려 생각했다. 측근자들은 입을 모아 반대했지만 왕이 듣지 않았다.

"말에 관한 일로 간하는 자가 있으면 사형에 처한다."

우맹은 이 말을 듣고 왕궁으로 나가 하늘을 향해 큰 소리로 울었다. 왕이 놀라 그 사유를 묻자 우맹은 이렇게 대답했다.

"죽은 말은 대왕께서 귀여워하시던 말이 아닙니까. 천하의 힘을 자랑하는 대국인 초나라로서 생각만 있으면 못할 일이 어디 있겠습니까. 그런데 겨우 대부의 격식으로 장례를 치르라고 하시니 너무 초라하지 않습니까. 장례는 아무쪼록 군주의 격식으로 치르도록 하는 것이 어떻습니까."

"어떤 식으로 하는 것인가?"

"이렇게 해 주십시오. 관은 옥관을 준비하시고 외관은 나무결이 좋은 가래나무(梓)를 사용하여 아름다운 무늬를 새기십시오. 그리고 그 주위는 편나무·단풍나무·예장나무 같은 좋은 재목으로 덮는 일입니다. 그리고 병사를 동원하여 거대한 능묘를 파게 한 뒤 노인이나 어린애에겐 흙을 나르게 하는 것입니다. 장례식 때는 제나라와 조나라의 사자가 앞장서서 안내하게 하고, 한나라와 위나라의 사자는 맨 뒤에 서서 호위를 하게 하는 일입니다. 또 영묘에는 소·돼지·양을 바치고 만 호의 영지를 말에게 내려 주십시오. 이것은 제후에게 알려지면 대왕께서는 인간보다도 말을 더 높인다는 것이 천하에 알려질 것입니다."

왕은 이 말을 듣자 이렇게 말했다.

"알았도다. 내 생각이 잘못된 것 같구나. 어떻게 하면 좋겠는가?"

"그러시다면 가축장으로 하십시오. 외관은 흙으로 쌓아 만들고, 내관은 동(銅)으로 만든 관으로 합니다. 그리고 관속에는 생강과 대추 같은 향신료를 넣고 아래에는 목란(木蘭) 섶을 깝니다. 제물로는 쌀을 바친 뒤에 불(火)의 옷을 입힌 다음에, 인간의 배 안에 묻는 것입니다."

왕은 말을 태관(太官)에게 넘겨준 뒤에, 이 이야기가 세상에 알려지지 않도록 했다.

▷ 재상(宰相)은 되고 싶지 않다

초나라 재상 손숙오(孫叔敖)는 우맹이 현인이란 것을 알고 나서 후하게 대접했다. 병으로 쓰러져 임종하게 되자 아들을 불러 이렇게 유언했다.

"내가 죽으면 너는 반드시 가난해질 것이다. 그렇게 되면 우맹을 찾아가서, 손숙오의 아들이라고 이야기하도록 하라."

그리고 몇 년이 지났다. 과연 재상의 아들은 가난해져서 나무를 해 파는 것으로 겨우 생활을 해 나가는 형편이 되었다. 그래서 그는 우맹을 찾아갔다.

"저는 손숙오의 아들입니다. 아버지가 세상을 떠날 때 가난해지거든 당신을 찾아가라고 유언하셨습니다."

그러자 우맹은 그의 말을 받아들였다.

"얼마 동안 여기서 쉬게."

그 날부터 우맹은 손숙오가 착용했던 의관을 만들어 입고 그의 몸가짐과 말씨를 연습했다. 1년이 되자 손숙오를 꼭 닮게 되었으며, 항상 그와 가까이 하던 장왕의 측근까지도 본인으로 착각할 정도였다.

그러던 어느 날 장왕이 연회를 열었을 적에 우맹은 손숙오의 모양을 하고 왕 앞에 나가 장수의 축하를 드렸다. 왕은 깜짝 놀라 소리를 지르며 손숙오가 살아 돌아온 줄만 알았다. 우맹의 분장임을 알게 되자 왕은 그를 재상으로 임명하려 했다. 그러자 우맹은 이렇게 대답했다.

"집에 돌아가서 아내와 의논하게 해 주십시오. 3일 간의 여유만 주시기 바랍니다."

왕은 이것을 허락했다. 3일 뒤 우맹은 다시 왕을 뵈오러 왔다.

"어때, 의논은 다 되었나?"

"아내는 이렇게 반대하고 있습니다. '초나라의 재상 같은 것을 해서는 안됩니다. 손숙오 같은 분은 초나라의 재상이 된 뒤 충성을 다하고, 사욕을 버린 채로 나라를 다스렸습니다. 그 때문에 성상은 패자가 될 수 있었던 것입니다. 그런데 손숙오 그 분이 세상을 떠난 뒤로 그의 아들에게는 약간의 땅도 남기지 않았기에 지금 아주 가난해져서 나무를 해 팔아 겨우 생계를 이어가는 형편입니다. 어차피 손숙오와 같이 될 바엔 자살하는 편이 더 낫습니다.' 이것은 아내의 말이었습니다."

또 이런 노래를 불렀다.

산에 살며 밭을 갈고
일하고 또 일해도 먹을 수가 없구나
그렇다하여 관리가 된다면
욕심을 내고 몸이 더러워져야 재물을 남기고
수치를 생각지 않는 이만이
죽어도 처자에게 재산을 남긴다
하지만 자칫 잘못하면
뇌물을 받고 법을 어겨
대죄인의 이름을 받아
내 몸도 죽고 집안도 망하게 되느니
더러운 관리가 되어서는 안 된다
그대로 정직한 관리가 되어
법을 지키고 직무에 충실하여
죽기까지 비행을 범하지 않는다
선량한 벼슬자는 되지 말 것이니
초나라 재상 손숙오는

죽기까지 정직하여
지금은 처자가 가난한 생활을 하며
나무(薪)를 팔아 생계를 이어가니
재상 같은 것을 해서는 안 된다.

장왕은 우맹의 손을 붙잡고 사과했다. 곧 손숙오의 아들을 불러들여 침구에 4백 호의 영지를 주어 아버지의 제사를 지내도록 했다. 손숙오의 집안은 그 뒤 10대에 걸쳐 번영을 누렸는데 이것은 어디까지나 우맹이 진언의 시기를 잘 맞추었기 때문이다.

▷ 기지(機智)의 사나이

제나라의 위왕이라면 전국 시대의 영웅이지만 그를 섬긴 순우곤(淳于髡)은 기지의 사나이로, 「사기(史記)」에 그의 일화가 기록되어 있다. 먼저 왕에게 간하는 방법부터 소개한다.

순우곤은 제나라 사람의 데릴사위다. 키는 7척(1.6미터)이 못되나, 기지가 좋은 데다 말솜씨가 있어 자주 제후 앞에 사절로 나갔지만 한 번도 모욕을 당한 일이 없었다.
마침 제나라는 위왕이 다스리고 있었다. 왕은 내기 걸기를 좋아했다. 주색에 빠져 밤낮을 가리지 않고 흥청거렸으며, 정치는 중신에 맡긴 채 돌아보지 않았다. 왕이 국사를 돌보지 않기 때문에 관리의 기강은 문란해지고 외국의 침략은 잇달았다.

나라의 운명은 풍전등화처럼 위험에 빠졌다. 그런데도 측근은 어느 한 사람 간(諫)하려 하지 않았다.

그래서 순우곤은 내기를 구실삼아 왕을 간했다.

"우리나라에 한 마리의 큰 새가 있습니다. 어전의 뜰에 앉아 있는데 3년 간을 날지도 않고 울지도 않습니다. 무슨 새일까요?"

왕은 이렇게 대답했다.

"날지 않으면 그만이지만 한 번 나르면 하늘까지 오를 것이다. 그리고 울지 않으면 그만이지만 한 번 울면 사람의 간장을 도려낼 것이다. 그대가 말하려는 것을 알겠다."

왕은 바로 각 현의 지사 72명을 서울에 소집하여 상벌을 내리고 먼저 기강을 바로잡았다. 다시 병을 갖추어 다른 나라를 치기 시작했다.

제후들은 당황하여 빼앗았던 제나라의 영지를 반환했다. 그로부터 36년 간 왕의 위령은 널리 행해졌다.

▷ 인색

위왕 8년(기원전 349년)에 초나라의 제왕은 조나라에 원군을 구하기 위해 순우곤을 보내기로 했다. 조나라의 왕에게 보낼 예물로는 금 백 근과 말 4필이 끄는 마차 10대를 준비했다.

이 예물을 본 순우곤은 갑자기 하늘을 보고 웃기 시작했다. 너무 크게 웃었기 때문에 갓끈이 다 끊어지고 말았다.

"예물이 적다는 건가?"

왕이 이렇게 묻자 순우곤은,
"천만의 말씀입니다." 하고 대답했다.
"하지만 웃는 데는 어떤 이유가 있을 것 아닌가?"
"아닙니다. 저는 지금 동쪽에서 오는 길인데 도중에 길바닥에서 풍작을 빌고 있는 사람이 있었습니다. 돼지 발 하나와 술 한 잔을 놓고 이런 기도를 하고 있었습니다.

좁은 밭에서는 바구니만 가득
넓은 밭에서는 수레만 가득
오곡은 무르익어
내 집에 넘쳐라

변변찮은 제물을 차려놓고 그처럼 욕심부리는 것을 생각하니 갑자기 우스워져서……."
왕은 그 뜻을 바로 깨닫고 곧바로 예물을 천 일(鎰), 백벽(白璧) 10쌍, 마차 백 대로 늘렸다.
순우곤은 그제서야 조나라를 향해 떠났다. 조나라 왕은 정병 10만과 전차 천 대를 내주었다.
초나라는 이런 움직임을 알자 어둠을 타서 군대를 철수시켰다.

▷ 즐거움이 지나치면 슬픔으로 된다

위왕은 아주 기뻐하며 후궁에서 주연을 베풀고 순우곤을 초청하여 술을 내렸다. 그 자리에서 왕은 순우곤에게 물었다.
"선생은 얼마나 마셔야 취하는가."
왕의 이 이야기에 순우곤은 이처럼 대답했다.
"한 말(斗)에도 취하고 한 섬(石)에도 취합니다."
"한 말에도 취하는 정도라면 어떻게 한 섬을 마실 수 있는가. 그 사유를 말해 보오."
"대왕의 어전에서 술을 받는다고 합시다. 옆에는 사법관이 있고 뒤에도 감찰관이 기다리고 있기에 저는 겁에 질려 한 말도 마시기 전에 취하고 맙니다.
귀한 손님이 아버지를 찾아왔다고 합시다. 저는 의복을 갖추고 예의범절대로 그 분을 맞아야 합니다. 때로 술을 받는 데도 그 손님의 장수를 빌며 자주 일어나기 때문에 저는 두 말도 마시기 전에 취하고 맙니다.
오랜만에 반가운 친구를 만났다고 합시다. 추억의 이야기로 흥을 돋구고 부담없이 지껄이고 마시면 다섯, 여섯 말은 마십니다.
마을의 잔치에서 마신다고 합시다. 이 날은 남녀가 각자의 생각대로 자리를 잡은 뒤에 서로 상대를 붙들고 잔을 주거니받거니 하죠. 나중에는 주사위까지 던져 상대할 여자를 정하는 것입니다. 이쯤 되면 남의 여자 손목을 잡거나 곁눈질을 한다하여 누가 책망하지 않습니다. 여기저기 귀걸이와 비녀가 흩어져 있죠. 저도 그만 유쾌하여 술을 여덟 말 정도 마시며 세 번에 한 번은 취해 떨어집니다.
다시 해가 지고 잔치가 한창으로 달했다고 합시다. 남은 주객들이 한 자리에 모여 서로 말을 주고받으며 남녀가 같은 자리에 모여듭니다. 신발은 흩어지고 접시와 술잔이 어지럽게 흩어진 채 이윽고 불은 꺼집니다. 최후로 나만이 주인의 만류로 남아서 문득 어둠 속에 손을 내밀어 보니 내던져진 옷에 닿고, 거기서 부드러운 여인의 체취가 납니다. 이 때는 저도 완전히 정신을 잃을 정도로 취해 한 섬은 마신 것입니다.

술이 지나치면 어지러워지고 즐거움이 지나치면 슬픔이 된다는 말이 있지만, 정말 만사가 그와 같습니다."

사물은 그 도를 넘어서는 안 된다. 지나치면 꼭 쇠약해진다. 순우곤은 이 도리를 말하여 슬며시 왕을 질책했다.

이 말을 들은 왕은,

"좋은 말을 해 주시었소." 하고 말했다.

3. 묵계는 죽은 뒤에도
— 계찰(季札) —

　기원전 6세기, 오(吳)나라에 계찰이라는 공자(公子)가 있었다. 막내아들이었지만 현명했기에 아버지나 형들도 그에게 대를 이어 받게 했다. 하지만 계찰은 사양하여 '의인(義人)'으로 소문났다.
　이 계찰에 얽힌 다음의 고사는 옛날부터 신의의 표본처럼 높이 평가되었다.

　계찰이 여러 나라를 순방하는 길에 먼저 들린 곳이 서(徐)나라였다. 서나라군주는 계찰이 차고 있는 칼이 대단히 마음에 들어 어떻게 물려받으려고 생각했지만 차마 말을 하지 못했다.
　계찰도 그것을 알았지만 중원의 여러 나라를 순행해야 하는 몸이므로 여기서 이 칼을 바칠 수가 없었다. 임무를 끝내고 나서 칼을 바칠 생각으로 그대로 말없이 서나라를 떠났다.
　돌아오는 길에 계찰은 또 서나라에 들렀는데 이미 서나라 군주는 죽고 없었다. 계찰은 곧바로 서군의 묘를 찾아 허리에 찬 칼을 풀어 옆에 있는 나무에 걸고 떠나갔다.
　계찰을 따라다니던 사람이 이상하게 생각하고 물었다.
　"서군은 벌써 죽었습니다. 칼을 바쳐도 받을 수는 없지 않습니까."
 계찰은 이렇게 대답했다.
 "그렇지 않다. 나는 그때 칼을 바치려고 마음을 정했었다. 죽었다고 하여 일단 정했던 일을 다시 뒤집을 수는 없다."

4. 친우가 원수로
— 장이(張耳)와 진여(陳餘) —

진 제국의 말엽에 장이와 진여라는 두 친구가 있었다. 진나라가 망하고 천하가 어지러웠을 때 두 사람은 뜻을 세워 서로 협력하여 조나라에서 중책을 맡게 되었다. 하지만 얼마 안가 권력 싸움으로 서로 죽이고 싶을 정도의 원수가 되고 말았다.

그들은 인간의 유대가 얼마나 허망한 것인가를 잘 나타내고 있다.

▷ 두 사람의 대립

「태사공평(太史公評)」 장이와 진여는 세상에서 걸물로 전해지고 있다. 그들 밑에 모인 사람들은 빈객은 물론 사용인에 이르기까지 모두 뛰어난 인재 였으며 나중에 그들 모두가 여러 나라의 중신 또는 재상이 되었을 정도다.

처음 장이와 진여는 지위도 재산도 없었을 때 상대를 위해서라면 죽음을 마다않을 정도의 친구였다. 두 사람의 우정은 상상할 수도 없는 것이었다. 그런데 이 두 사람이 한나라를 무대로 권력 싸움을 벌이게 되자 상대방을 멸시하는 일에 열중하게 되었다. 처음에는 서로가 없어서는 안될 협력자로 의지하고 합심해 일해 나갔지만 뒷날에는 서로 용납하지 못하는 원수가 된 것이다.

어째서 이처럼 극단적인 것으로 되어 버렸을까. 그것은 두 사람의 관계가 이(利)로만 연결되어 있었기 때문이 아닐까. 세상의 평판이 좋고 찾아오는 손님도 많았다고 하지만 두 사람의 우정을 바탕으로 하고 있었던 것은 태백이나 계자와는 그 성질도 전혀 다른 것이었다.

▷ 두 젊은이

장이는 대량 사람이다. 젊었을 때에 위나라 공자(公子) 무기(無忌 : 신릉군)의 식객으로 있었는데 공자가 죽은 뒤 외황으로 망명하여 거기서 살게 되었다.

그런데 외황의 어느 부자집에 딸이 하나 있었다. 아주 아름다운 미인이었으나 시집간 상대는 변변치 못한 자였다. 그래서 그녀는 남편의 옆을 빠져나와 그 전에 아버지의 식객이었던 사람에게 몸을 의탁했다. 이 사람은 전부터 장이와는 사이가 아주 좋은 친구였다. 그래서 그는 그녀에게 권했다.

"꼭 현명한 남편을 구하려고 한다면 장이 같은 사람을 쫓는 것이 좋을 것이다."

그 여인은 이 말을 받아들였다. 때문에 이 식객은 중간에서 이혼하도록 한뒤, 장이에게 시집을 보냈다.

장이는 망명중인 몸이었으나 그 여인을 아내로 맞고 나자 여인의 친정에서 여러 가지로 돌보아주었기에 먼 곳에서도 빈객이 찾아오게 되었다. 이 소문은 위왕의 귀에 들렸고, 얼마 안 있어서 장이는 외황의 현령에 임명되었다. 이렇게 되니, 그의 명성은 차차 높아졌다.

한편 진여도 대량 사람이다. 학문을 좋아했고 자주 조나라의 고형에 유학했다. 그는 고형에서 재산가인 공승씨(公乘氏)의 딸을 아내로 맞았다. 이것도 역시 보통은 아닌 기량을 인정했기 때문이다. 한편 그는 젊었을 적부터 장이를 존경했고 둘은 죽어도 변하지 않는 우정을 맺었다.

▷ 진섭(陳涉)의 반란군에 가담하다

기원전 225년, 위나라가 진나라에 멸망되자 두 사람은 쫓기는 몸이 되지 만 19년 뒤에 그 진나라도 망하게 된다. 여기 진나라 타도의 반란군 안에서 병사를 이끌고 나란히 출전한 두 사람의 모습을 보자.

진나라가 위나라를 멸망시켰을 적에 장이는 외황에다 집을 짓고 있었다. 한 고조가 아직 하나의 서민에 지나지 않았을 적에 자주 장이에게 놀러왔으며, 몇 달 간을 빈객이 된 일도 있었다.

그런데 위나라를 멸망시킨 지 몇 년 뒤에 진나라는 장이와 진여를 체포하러 나섰다. 위나라 안에서의 그들의 명성이 아주 높았기 때문이다. 진나라는 장이에게 천 금을, 진여에게는 5백

금을 걸고 그 행방을 찾았다. 할 수 없이 두 사람은 이름을 바꾸고 진으로 달아나서 마을의 문지기를 하며 날을 보냈다. 어느 날 두 사람이 마주앉아 잡담을 하고 있는데 마을의 관리가 나타나 억지로 구실을 만들어 진여를 때렸다. 진여가 반항하려고 하자 장이는 발을 밟아 반항하지 못하게 하고 그대로 매를 맞게 했다. 관리가 떠난 뒤 장이는 진여를 뽕나무 아래로 데리고 가서 이렇게 꾸짖었다.

"둘이서 맹세한 것을 잊었는가. 이 정도의 모욕을 참지 못하고 하급 관리를 상대하여 귀중한 목숨을 잃을 셈인가."

진여는 대답할 말이 없었다. 드디어 이 마을에도 두 사람을 체포한 사람에게 상금을 준다는 취지의 진나라 포고가 내려왔다. 그런데 아이러니컬하게도 문지기의 신분인 장본인들이 이 포고를 마을에 알리고 다녔다.

그러는 중에 진섭이 기현에서 봉기했다. 진으로 쳐들어왔을 무렵에는 이 반란군은 몇 만이나 되는 대군에 달하고 있었다. 장이와 진여는 진섭에게 면회를 청했다. 진섭을 비롯하여 그의 측근들은 전부터 두 사람의 명성을 듣고 있었기에 반갑게 맞아들였다.

진섭은 전부터 친분이 있는 진나라 출신의 무신을 장군으로 한 뒤 소소를 호위군의 장(將)을 삼고 또 장이와 진여를 각자 좌우의 교위(校尉 : 장군의 보좌관)를 삼아 병사 3천을 주고 북방의 조나라 땅을 공격하게 했다.

조나라는 처음부터 싸울 뜻이 없어 싸우지 않고 항복한 성만 30곳이 넘었다.

▷ 조(趙)의 고관(高官)으로

반란군의 지도자 진섭은 의심이 많았기 때문에 안심하고 따를 수가 없었다. 그래서 두 사람은 무신을 선동하여 조나라 왕위에 앉게 하고 자신들은 장군과 재상이 되었다.

그런데 장이와 진여의 군이 한단(邯鄲)에 도착했을 적에 우군인 주장의 군대가 패배했다는 소식을 들었다. 주장의 군대는 함곡관으로 쳐들어갔지만 회(虛)에 이르러 진나라 군대의 반격을 받게 된 것이다. 다시 이런 이야기가 전해져 왔다. 여러 장군이 진섭을 위해서 여러 곳을 평정했는데도 대개의 경우 참언에 의해 죄를 받고 마침내 주살되었다는 것이다. 두 사람은 진섭이 자신들의 헌책을 받아들이지 않았을 뿐만 아니라 지위도 장군 아래의 교위밖에 시켜 주지 않은 것에 불만을 품고 있었다. 그래서 두 사람은 무신을 선동했다.
"진섭은 기에서 군사를 일으켜 진을 친 뒤 스스로 왕위에 올랐습니다. 입으로는 진나라에 멸망된 여섯 나라를 부흥한다고 했지만 그 저의는 뻔한 일입니다. 지금 장군은 불과 3천을 거느리고 조나라의 수십 성을 함락시키고 이 하북의 땅에 머무르고 계십니다. 하지만 이제부터 이 땅을 평정해 나가려면 조나라의 왕이 되어야 합니다. 하나 진왕(陳王 : 진섭)은 참언을 믿는 사람이므로 귀국해서 전승을 보고한다고 해도 공을 치하받을 수가 없습니다. 또한 진왕은 자기의 형제를 조나라의 왕으로 세우려고 하며 만일 그것이 뜻대로 안되면 조나라 왕의 자손에게 왕위를 계승케 할 것이 틀림없습니다. 거사하려면 지금 이 기회입니다. 한치의 여유도 없습니다."

이 말을 들은 무신은 곧 생각을 결정했다. 스스로 조왕에 오르고 진여를 대장군, 장이를 우승상, 소소(邵騷)를 좌승상에 임명한 뒤 사자를 보내 이 뜻을 진왕에게 보고했다. 진왕은 열화처럼 화가 나서 무신의 가족을 다 죽이고 단번에 조나라를 제압하려고 했다. 하지만 재상 방군(房君)이 왕에게 이렇게 간했다.

"진나라를 멸망시키기 전에 무신 등의 가족을 다 죽이는 것은 진나라 외에 또 하나의 적을 만드는 일이 됩니다. 그곳은 오히려 독립을 승인해 주고 그런 뒤에 즉각 서쪽의 진나라를 치라고 명령하는 편이 상책인 것으로 압니다."

듣고 보니 과연 그럴 듯했다. 진왕은 방군의 진언을 받아들여 무신의 가족을 인질로 억류하는 한편 장이의 아들 오를 성도군에 봉했다. 그러고 나서 축하의 사자를 무신에게 보내 휘하의 군사를 동원하여 서방의 함곡관을 침공하라고 요청했다. 하지만 장이와 진여는 무신에게 이렇게 진언했다.

"당신을 조왕으로 인정한 것은 본의가 아닙니다. 일시적인 방편으로 승인한 것에 지나지 않으며, 진나라를 멸망시킨 뒤에는 꼭 조나라에 군사적인 압력을 가해 옵니다. 여기서 한 가지 말씀드리고 싶은 것은 군사를 서방으로 보내지 말고 북방의 연(燕)·대를 평정하고 또 남방의 하내 지방을 수중에 넣어 세력 범위를 확대할 필요가 있습니다. 이렇게 하여 남하로는 황하를 방위선으로 하고 북은 연·대를 확보하면 진을 쓰러뜨린 뒤에

인간의 굴레 331

도 진왕으로서는 조나라를 제압할 수가 없을 것입니다."
　조왕은 이 진언을 받아들이고 군사를 서쪽으로 보내지 않은 채로 한광(韓廣)·이양(李良)·장염 등 세 사람의 부하에게 명해서 각기 연·상산(常山)·상당(上黨)을 공략하게 했다.

▷ 친우의 배신

　상산(常山)을 평정하고 돌아온 조나라의 장군 이양(李良)은 돌연 한단(邯鄲)에서 반란을 일으켰다. 왕의 누이에게 모욕을 당한 것과 적국인 진나라로부터 유혹을 받은 것이 동기였다. 이 틈을 타고 진나라 군대가 쳐들어왔으며 조나라는 혼란에 빠졌다. 그런 혼란 속에서 장이와 진여는 사이가 나빠지기 시작했다.

　한단에서는 이양에게 불의의 일을 당하게 되자 무신과 소소가 죽음을 당했으나 장이와 진여는 화를 면할 수가 있었다. 그것은 조나라 안에 두 사람의 정보망이 있었기 때문이다. 탈출에 성공한 두 사람이 병사를 정돈해 보니 몇 만 명에 달했다. 식객의 한 사람이 장이에게 말했다.
　"두 분은 다 다른 나라 출신이라 조나라를 손에 넣기는 어려운 일입니다. 조왕의 자손을 옹립하는 대의명분을 급히 세우는 것이 상책일 것입니다."
　그래서 조왕의 자손인 조헐(趙歇)을 찾아내 조왕으로 세우고 우선 신도에다 도읍을 정했다. 이양이 공격해 왔지만 진여의 반격으로 격퇴되어 진나라 장군 장한의 진영으로 갔다.

장한이 이끄는 진나라 군대가 한단으로 쳐들어와 주민을 하내 지방으로 쫓아버리고 성곽을 철저하게 파괴했다. 위험을 느낀 장이는 조왕인 헐과 같이 거록성으로 철퇴했다. 왕이가 이끄는 진나라 군사는 틈을 주지 않고 거록을 포위했다. 한편 진여는 북방의 상산으로 철퇴하여 거기서 수만의 병사을 모아 군을 재편성한 뒤 남하하여 거록의 북쪽에 포진했다.
　장한은 거록의 남쪽 극원에 진을 치고 황하로 이어지는 군용 도로를 만들고 왕이의 군사에게 군량을 수송했다. 그 결과 왕이의 군사는 식량에 대한 불안이 없어져 거록을 공략하는 데 박차를 가했다. 한편 거록의 조군은 식량과 병력이 다같이 부족했다.
　장이는 몇 번이고 사자를 진여의 진영으로 보내 진여의 군사를 전진시키라고 요청했다. 하지만 진여는 자기의 병력으로 진나라 군사와 대항하기 어렵다고 판단하여 몇 달 동안이나 전진하려 하지 않았다. 장이는 화가 자서 장염과 진택 두 부하를 보내서 진여의 배신을 비난했다.
　"나와 너와는 문경지교(刎頸之交)의 친우였다. 이쪽은 전멸의 위기에 처해 있는데 넌 수만의 병사를 거느리고 있으면서 구원하려 하지 않는다. 서로 죽음으로 맹세한 사이가 아닌가. 적어도 신의를 지키고자 한다면 어째서 죽음을 각오하고 진나라 군사와 겨루지 않는가. 그런 각오로 맞선다면 양군은 모두 살 수 있는 가능성도 없지는 않다."
　여기에 대한 진여의 대답이 이러했다.
　"나는 이렇게 생각한다. 지금 공격에 나선다고 해도 자멸할 뿐 조를 구할 수는 없다. 그리고 내가 죽음을 같이하지 않는 것도 사유가 있다. 조왕과 그대를 위해 진나라에 보복하고 싶기 때문이다. 지금 공격에 나서는 것은 굶주린 호랑이에게 고기를 던져 주는 것과 같은 것, 어떤 이익이 있겠는가."

그래도 장염과 진여는 이렇게 간청했다.

"사태는 급박해 있습니다. 뒤의 일은 생각하지 말고 어서 죽음을 같이하여 신의를 지켜 주십시오."

"내가 죽는다고 한들 아무 소용이 없다. 하지만 그처럼 원한다면 5천 명을 내주겠다."

이렇게 하여 장염과 진택에게 병사를 주어 출격시켰으나 전멸하고 말았을 뿐이다.

▷ 진여(陳餘)의 죽음

시대는 바뀌어 천하의 패권은 초의 항우와 한의 고조가 다투게 되는데, 그때 장이와 진여의 대립도 극도에 달하여, 진여는 '한나라가 장이를 죽여준다면 협력하겠다'고까지 말하게 되는 것이다.

그런데 조왕(趙王) 헐(歇)은 다시 신도에 도읍을 정했다. 장이는 그 뒤 항우를 따라 관중으로 들어갔다.

한의 원년(元年 : 기원전 206년) 2월에 항우는 논공행상을 행하여 제후와 왕을 임명했다. 장이는 여러 곳을 유람한 일이 있었기에 그를 추천하는 사람도 많았다. 항우 자신도 전부터 장이의 명성을 들어 알고 있었다. 그래서 조의 땅을 분할하여 장이를 상산왕에 임명하고 신도를 영유케 했다. 그 때 신도는 양국으로 개칭되었다. 이런 인사 문제를 보고 진여의 식객들이 항우에게,

"진여는 장이와 한몸이 되어 조를 옹립한 사람입니다. 어떻게 해서든지 진여에 대해서도 배려해 주시기를……."

하며 간청했다. 항우는 진여가 관중으로 오지 않고 남피(南皮)에 있다는 것을 듣고 남피 부근의 3현을 봉읍으로 주었다. 또 조왕 헐을 대로 옮겨 왕으로 삼았다.

장이가 자기의 영지로 떠났다는 소식을 듣고 진여는 한결 더 화가 나서 말했다.

"장이와 나는 공로가 같다. 그런데 장이는 한 나라의 왕에 임명되고 난 불과 몇 개 현의 영주에 지나지 않는다. 항우의 처사는 불공평하다."

그 뒤 전영이 초에 갔을 적에 진여는 곧 하열(夏說)을 사자로 보내 이렇게 이야기하게 했다.

"천하의 지배자인데도 항우의 처사는 불공평합니다. 좋은 영지는 하나같이 부하의 장군에게 주고 본래의 국왕을 벽촌의 땅으로 쫓아낸 형편입니다. 조왕도 또한 북방의 변방인 대로 쫓겨났습니다. 저에게 병사를 빌려 주십시오. 그러면 우리 남피를 귀국의 울타리로 삼겠습니다."

전영도 전부터 초나라에 대항하려면 조나라 안에 동지가 있어야 한다고 생각하고 있었기에 바로 병사를 진여의 휘하에 파견했다. 여기에 힘을 얻어 진여는 3현의 병사를 총동원하여 지

금은 상산왕이 된 장이를 습격했다. 장이는 패주하고 말았다. 그는 제후에게 몸을 의탁했으나 적당한 망명처를 찾을 수 없었다.

"한왕과는 전부터 친분이 있지만, 힘이 있는 자는 항우다. 그런데 항우는 나를 왕으로 세워 주었다. 이번엔 초나라로 가서 몸을 의탁하자."

장이가 이렇게 이야기하자 감공(甘公)이라고 하는 점성술사가 반대했다.

"한왕이 관중으로 들어왔을 적에 다섯 별 목(木)·화(火)·토(土)·금(金)·수(水)가 모두 동정(東井 : 성좌(星座)의 이름)에 모였습니다. 동정은 진나라의 성좌입니다. 관중에 제일 먼저 들어온 자가 패자가 되는 셈이므로 초나라는 지금 강대하지만 나중에는 한나라에게 패배할 것이 분명합니다."

장이는 생각을 바꾸어 한나라에 몸을 의탁했다. 그 때 한왕은 영지인 한중으로부터 되돌아와서 3진(三秦 : 항우가 삼분한 관중의 땅)을 평정하고 폐구에서 장한을 포위하고 있었다. 장이가 한왕을 배알하자 한왕은 대단히 후대했다.

한편 진여는 장이를 패주시킨 뒤 다시 조나라의 전영토를 장악한 뒤 조왕을 대에서 맞아 다시 왕위에 오르게 했다. 조왕은 감사의 뜻으로 진여를 대왕으로 세웠다. 그 때에 조왕의 힘이 약해서 조나라는 아직 안정을 보지 못했다.

그래서 진여는 영지로 가지 않고 조왕 아래에서 국정을 보좌하기로 하고, 부하인 하열을 대의 재상으로 삼아 나라를 지키게 했다.

한왕 2년에 한나라는 마침내 초나라에 대해 공격을 개시했다. 그때 한왕은 조(趙)나라에 사자를 보내 협력을 요청했다.

"장이를 죽여준다면 순종하겠습니다."

이것이 진여의 대답이었다. 그래서 한왕은 장이와 비슷한 사람을 찾아내어 그 사람의 목을 자른 뒤에 진여에게 보냈다. 진여는 원군을 보내 한나라를 도왔다. 그러나 그 뒤 한나라가 팽성의 서쪽에서 패한 뒤 또 장이가 죽지 않았다는 것을 안 진여는 바로 한나라에 반기를 들었다.

한왕 3년에 한신(韓信)이 위 땅을 평정하자 한왕은 장이와 한신에게 명해서 조나라의 정경(井徑)을 공략하게 했다. 그 결과 진여는 지수의 강변에서 참살되고 조왕 헐도 양국으로 쫓기다 죽었다.

이렇게 하여 한나라는 장이를 조왕으로 세웠다.

5. 진정한 비예(非禮)
― 월석보(越石父) ―

　상대방을 이해한 것만으로는 진정 이해했다고 할 수 없다.
　이해하면서 대답하지 않는 것은 어쩌면 예의에 벗어난 일이라고 할 수 있다. 상대방을 이해했으면 거기서 알맞은 대접을 진정으로 해야 하는 것이다.

　제나라의 재상 안영(晏嬰)이 어느 날 외출 길에 길가에서 죄수 옷차림의 현인 월석보를 만났다. 놀란 안영은 그 자리에서 자기 마차의 왼편에 매어 두었던 부마를 풀어, 그 말로 월석보의 죄를 갚고, 집으로 데려왔다.
　그런데 집에 돌아오자 안영은 월석보에게 인사하는 것도 잠깐 잊고 그대로 침실로 들어갔다.
　얼마 안 가서 월석보가 안영을 뵙자고 청했다. 교제를 끊고 싶다는 것이다.
　깜짝 놀란 안영이 당황해 몸차림을 바로 한 뒤에 사과하고 이렇게 물었다.
　"나는 미흡한 사람이지만 당신을 재액에서 구해 주었소. 그런데 어째서 이처럼 빨리 절교를 하려는 것이요."

"물론 그 일에 대해서는 진실로 고맙게 생각하고 있습니다. 그건 그렇고, 군자는 자기를 모르는 자에게는 굴복하지만 알아주는 자에 대해서는 능력의 전부를 나타내는 것이라고 들었습니다. 나를 체포한 자는, 나를 이해하지 못했기에 체포했습니다."

하지만 당신은 나를 한 번 본 것뿐인데도 죄를 대신해 주었으니 나를 이해해 준 것입니다. 그런데 이해하면서도 예의를 잊는 처사를 취했습니다. 그렇다면 차라리 옥에 갇혀 있는 것이 더 나을 것입니다."

안영은 이 이야기에 깨달은 바가 있어 월석보를 최상위의 식객으로 대접했다.

陶製의 鳩(前漢)

6. 근친간의 싸움

　인간 관계에 있어서 제일 피비린내나는 것은 근친 관계일 것이다. 이것이 군주의 상속 문제와 얽혀 역사에 파문을 일으킨 예는 고금동서를 막론하고 그 예가 헤아릴 수 없이 많다.
　그 중에서도 현재의 산동성 부근에 있던 노나라에서 기원전 7세기 초엽에 일어났던 일련의 사건은 근친상간에 형수와의 불륜이 겹치고 다시 국제 관계에 영향을 미치는 등 엄청난 사건들이다.
　「사기(史記)」는 그 경위를 차분히 기록하고 있는데…….

　노나라 장공(莊公 : 기원전 693년~661년)의 주변에는 본래 피비린내나는 공기가 자욱히 펴져 있었다. 그는 선대의 환공(桓公)과 이웃 제나라 양공의 누이 문강 사이에서 태어났다. 그런데 이 제나라 출신의 어머니는 어린애가 있는데도 오빠인 제나라 양공과 불륜의 관계를 맺었다. 이 사건이 남편에게 발각되자 오빠인 양공에게 그것을 말했다. 그래서 가끔 제나라를 방문하던 남편인 노나라의 환공을 죽이게 한 뒤, 자기는 다시 노나라로 돌아가려고 하지 않았다.
　이러한 처사에도 노나라는 제나라에 대해 어떻게 할 수가 없었을 뿐 아니라, 뒤에 양공의 뒤를 이은 제나라의 환공이 천하의 패자가 되자 그 앞에 무릎을 꿇지 않으면 안되었다.

그리고 장공 자신도 한편 여성 관계로 근친 증오의 소용돌이에 휘말리게 되었다. 뒤에 소개하는 사건은 제나라의 환공이 패자가 된 지 17년이 되던 때의 일이다.

▷ 피의 숙명

노나라 장공 32년(기원전 662년)의 일이다. 장공에게는 사랑하는 여자가 있었다. 대부(大夫) 당씨의 큰딸로, 전에 장공이 높은 집을 지을 적에 당씨의 집을 바라보고 한눈에 반해 꼭 부인으로 맞겠다고 결심했던 여자다. 그 여인이 낳은 아들이 반(斑)이다.

반이 나이가 들자 대부 양씨의 딸에 반해 그 여자의 집을 자주 드나들게 되었다. 어느 날 마부 낙(犖)이 담 밖에서 그 여자를 희롱하는 것을 보았다. 크게 흥분한 반은 낙을 채찍으로 때려 눕혔다. 이 이야기를 들은 장공은 반을 불러 이렇게 말했다.

"낙이라는 자는 힘이 있는 자다. 그런 일까지 있었으면 죽여버렸어야 한다. 매만 때려서 놓아주었다면 언제 보복해 올지 모르는 일이다."

반이 그 기회를 엿보고 있는 사이에 장공은 병에 걸려 눕게 되었다.

장공에게는 동생 셋이 있었는데 첫째동생은 경보(慶父), 둘째동생은 숙아(叔牙), 막내동생은 계우(季友)다. 장공의 정부인은 제나라의 공녀로서 이름은 애강(哀姜)이라고 했다. 애강에게는 아들이 없었지만 애강의 제(弟) 숙강(叔姜)이 개(開)를 낳았다. 적자가 없었기에 장공은 총희(寵姬) 당씨의 딸이 낳은 반에게 뒤를 잇게 하려는 생각까지 가지고 있었다. 병으로 누웠을 적에는 장공은 동생 숙아를 불러 그 의향을 타진했는데 숙아의 대답은 이러했다.

"부자 상속(父子相續)과 형제 상속의 어느 쪽도 좋다는 것이 노나라의 관습입니다. 적자는 없지만 둘째형 경보가 있으니 뒤를 잇는 문제는 아무 염려도 없다고 생각합니다."

숙아는 경보에게 뒤를 잇게 하려고 한다.— 불안해진 장공은 막내동생 계우를 불러 의견을 물어 보았다.

계우는 이렇게 약속했다.

"목숨을 걸고서 반에게 뒤를 잇게 하겠습니다."

"하지만 숙아는 경보에게 뒤를 잇게 하려고 한다. 어떻게 하면 좋겠느냐."

"제게 맡게 주십시오."

계우는 장공의 명이라고 하고 형 숙아를 대부 침무(鍼巫)의 집으로 불렀다. 또한 숙아가 짐독을 마시도록, 침무를 통해 협박했다.

"이것을 마신다면 가족의 안전을 약속합니다. 그렇지 않으면 그대는 물론 가족의 생명도 없어진다는 것만 아십시오."

숙아는 반항하지 못한 채 짐독을 마시고 죽었으며, 그의 아들이 후계자가 되었는데, 이 분이 바로 숙손씨(叔孫氏)다.

▷ 민공(湣公)의 즉위

8월 계해일에 장공(莊公)이 죽었다. 계우는 장공이 유언한 대로 반(斑)을 노군(魯君)으로 세웠다. 하지만 반은 외가인 당씨의 집에 가서 장공의 상을 치르느라고 궁중에는 들어가지 않았다.

한편 경보는 숙강(叔姜)이 낳은 개(開)를 노군으로 세웠으면 하고 생각을 품고 있었다. 전부터 그의 형인 장공의 정부인 애강(哀姜)과 밀통하고 있었기 때문이었다.

그런데 장공이 죽자마자 벌써 반을 새 임금으로 세웠다. 때문에 경보는 마부 낙(犖)을 당씨 집으로 보내서 반을 없애게 했다. 그렇게 되자 반을 임금으로 세웠던 계우는 진나라로 망명해 버렸다.

그리하여 경보는 자신이 뜻했던 대로 개를 노나라 임금으로 세웠다. 이 이가 민공이다.

▷ 불륜(不倫)의 결과

민공 2년(기원전 660년), 경보와 애강의 불륜의 관계는 더욱 심해져 갔다. 뒷날에 애강과 경보는 민공 암살을 계획하게끔 되었다. 성공하면 경보를 노나라 군주의 자리에 앉게 하려는 것이었다. 이 계획에 따라 경보는 대부 복기(卜齮)에게 명하여 무위문(武闈門 : 궁중의 문 이름)에서 민공을 습격하여 죽였다.

진나라로 망명 가 있던 계우는 이 소식을 듣자 민공의 동생 신을 데리고 노나라의 이웃인 주나라로 달려왔다. 그리고 노나라에 사자를 보내 신의 입국을 허가해달라고 요구했으며 노나라 안에서도 경보를 주살하라는 소리가 높았다.

경보는 공포에 싸여 결국 거(莒)나라로 달아나고 말았다. 그 결과 계우는 별애로 없이 노나라에 들어가 신을 노군으로 세울 수가 있었다. 이 이가 바로 희공(僖公)인데 희공도 장공의 아들이지만 민공과는 배 다른 형제다.

애강도 자신의 위험을 느껴 바로 주나라로 도망쳐 버렸다.

계우는 선물을 갖추어 거나라로 가서 경보를 인계해 줄 것을 요구했다. 경보가 국외 추방 명령을 받고 노나라로 돌아오자 계우는 사람을 시켜 경보를 죽이려 했다. 경보는 대부 해사를 사자로 보내 구명 운동을 했지만 계우는 그것을 들어 주지 않았다. 해사는 대성통곡을 하면서 돌아왔다. 그 소리를 들은 경보는 보고를 기다리지도 않고 자결하고 말았다.

애강이 경보와 난행을 거듭하면서 노나라를 혼란에 빠뜨린 것은 제나라 환공에게까지 알려졌다. 환공은 누이 애강을 주나라에서 제나라로 불러들인 뒤에 죽여서 그 시체를 노나라로 보냈다. 최대한의 벌을 가하려고 한 것이다. 하지만 희공은 애강의 시체를 정중히 장사지냈다.

7. 궁중(宮中)의 가화(假花)
— 등통(鄧通)·한언(韓嫣)·이연년(李延年) —

옛날 중국 지배자의 역사를 채색하던 인물로서 궁정 안에 피었던 2개의 열매를 맺지 못하는 꽃, 다시 이야기해서 두 내시가 있었다. 하나는 환관이라고 불리우는 거세당한 남자다. 남성의 기능을 잃은 그들에게 안심하고 궁정의 안살림을 맡겼던 것이다. 이 습관은 이집트와 그리스에도 있었다고 하는데, 중국에서도 기원전 14세기의 갑골문자에 이미 기록되어 있다고 한다.

진(秦)나라의 조고(趙高)는 환관 중의 대인물이었다.

사마천이 굴욕적인 거세의 형을 받은 것은 너무도 유명하다. 그의 경우는 하나의 형벌로 강제적인 것이었으나, 환관의 대부분은 내시가 되기 위해서 자진하여 거세한 사람이라고 한다.

또 하나는 황제의 기분을 맞추어 주던 남색이다.「사기(史記)」속의「영행열전(佞幸列傳)」이 바로 이 남색을 중심으로 엮어진 책이다.

그러면 여기서 역사의 비밀한 그늘까지 살펴보기로 하자.

▷ 색(色)으로 봉사한 남자들

"경작을 해도 흉년이 들면 수확이 오르지 않으며, 충성을 다 바쳐도 주군의 인상이 좋지 않으면 출세를 바랄 수가 없다."
이 말은 정말 옳은 말이다.
색(色)을 가지고 사람의 기분을 맞추는 것은 여자에 한한 것만이 아니다. 남자 가운데도 색을 가지고 주군을 섬긴 자가 있다.
옛날부터 그처럼 색으로 주군의 총애를 받은 자가 적지 않았는데 이것은 한(漢)의 세계에서도 마찬가지다.
한나라의 고조는 호방한 분이었는데 아첨을 잘하는 적(籍)이라는 소년을 총애했다. 이 혜제는 굉(閎)이라는 소년을 총애했다. 이 두 소년은 특별한 재능이 있었던 것은 아니었으나 아첨을 잘했기에 총애를 받고 황제와 동침을 하게 되었던 것이다. 그 때문에 중신이 정무를 주상하려면 언제나 이 두 소년을 통해야만 되었다. 그래서 혜제의 시대에는 중신들이 모두 준의(봉황을 닮은 새)의 깃을 단 갓과 자개로 장식한 띠를 매고 연지와 백분을 바르게 되었다. 이것은 소년처럼 보이게 해서 황제의 총애를 얻으려는 것이었다. 이 두 소년은 뒤에 안릉(安陵 : 혜제의 묘소)에서 여생을 보냈다.
다시 문제의 시대에 이르러 일반 신하로는 등통, 환관으로는 조동과 북궁백자, 이 세 사람이 문제의 총애를 받았다. 조동은 길흉을 점치는 점성과 기후를 보는 기술로, 북궁백자는 자애로 가득찬 유덕자로서 총애를 받아 항상 문제와 수레를 같이 탔다. 하지만 등통은 어떤 특기도 없었다.

▷ 황제의 종기를 빤 사나이

색으로 섬겨서 마침내 장관의 대우까지 받은 자가 곧 기원전 2세기 중엽 한나라의 문제를 섬긴 등통이다. 그는 뱃사공에서 출세하여 천하의 통화를 지배하게 되었다.

등통은 촉군의 남안에서 태어났다. 배를 잘 만들었기에 황제 전용의 뱃사공이 되었다.

어느 날 문제가 꿈을 꾸었다. 하늘에 오르려고 했으나 좀체로 오를 수가 없었다. 그때 어떤 황색의 제모를 쓴 사람이 밀어 주어 하늘로 오를 수가 있었다. 뒤를 돌아보니 그 사나이의 의복은 등 뒤의 꿰맨 곳에 실밥이 풀려 있었다. 잠을 깬 문제는 배를 타고 궁중 안에 만들어 놓은 큰 연못 속에 있는 점대라는 누각으로 건너갔다. 문제는 꿈속에서 나를 밀어 올려 준 자는 누구일까, 생각하면서 뱃사공들을 둘러보자 그 가운데 한 사람이 눈에 띄었다. 의복 등 뒤를 꿰맨 곳이 실밥이 풀어져 있는 것이 꿈속에서 본 그 사람과 닮은 자였다. 바로 그를 불러 이름을 물었다. 성은 등(鄧)이고 이름은 통(通)이라고 했다. 등은 등과 통한다. 결국 하늘로 오른다는 뜻이다. 문제는 대단히 기뻐했다. 그 뒤 등통에 대한 문제의 총애는 날로 깊어 갔다.

등통은 예의 바르고 성실하게 궁정에서 일했으며, 공무 이외에는 외부 사람들과 어울리려고 하지 않았다. 휴가를 주어도 외출하려고 하지 않았는데 그 때문에 문제의 사랑이 점점 깊어져서 수십 번에 걸쳐 막대한 금액을 하사하고 장관 대우의 관직에까지 승진시켰다.

문제는 가끔 등통의 집에 가서 놀기를 즐겼다. 그렇다고 해서 등통에게 총애를 받을 만한 특별한 능력이 있었던 것은 아니었다. 그리고 훌륭한 인물을 추천하지도 못했다. 그는 그저 성실히 문제의 상대가 되어 주는 것으로 그의 마음에 든 것뿐이었다.

어느 날 문제는 유명한 관상가에게 등통의 관상을 보게 했다.

"하여간 빈곤해져서 굶어 죽을 상입니다."

"가난해진다는 것은 당치도 않은 일이다. 내가 뒤를 보아주고 있는데……."

문제는 화가 나 이렇게 소리치고는 바로 등통에게 촉(蜀)의 엄도에 있는 동산을 하사하고 동전의 주조권을 인가했다. 얼마 안가 등통이 만든 사전이 천하에 유통되어 등통은 대단한 부를 쌓아올리게 되었다.

문제가 종양을 앓을 때의 일이다. 등통은 문제의 곁을 떠나지 않고 그 부스럼에 입을 대고 고름을 빨아냈다. 그런 어느 날 기분이 썩 좋지 않은 문제는 전에 없이 차분한 어조로 등통에게 이렇게 물었다.

"이 세상에서 내 일을 제일 염려해 주는 자는 누구일까."

"물론 태자(太子)님이실 것입니다."

그래서 태자가 문안하러 왔을 때 문제는 종양을 빨라고 명했다. 태자는 빨기는 빨았지만 무심히 얼굴을 찌푸렸다. 뒤에 태자는 등통이 항상 문제의 종양을 빨아 주고 있다는 것을 알고 부끄러움을 느꼈다. 그 뒤 태자는 등통을 미워하게 되었다.

문제가 승하고 태자가 즉위하여 경제(景帝)가 되자 등통은 관직에서 물러나게 되어 집에 있게 되었다. 얼마 안 있어 '등통이 법을 어기고 주조한 동전을 국경 밖으로 운반하고 있다'고 밀고한 자가 있었다. 바로 관리에게 등통을 체포하도록 명하고 엄중히 취조를 한 결과 죄는 명백했다. 등통은 가산 전부를 몰수당했다. 그 밖에도 막대한 벌금을 물어야 했다.

등통은 무일푼이 되었다. 경제의 누이가 되는 장공주(長公主)가 금품을 하사했는데 그것마저 관리가 몰수해버려 등통의 손에는 갓에 꽂을 비녀 하나도 남지 않았다. 때문에 장공주는 의식만을 대 주기로 했다.

결국 등통은 동전 한푼 가지지 못한 채 남의 신세만 지다가 이 세상을 떠났다.

▷ **황제의 동생을 땅바닥에 꿇어앉히다**

한 제국 제5대 무제(武帝 : 사마천과 같은 시대) 때, 황제의 동생이 무제의 총신에 의해 땅바닥에 꿇어 엎드리게 된 사건이 있었다. 총신은 이 사건을 사유로 얼마 안 가 실각하게 되지만…….

무제의 총신이라면 일반 신하로는 한왕의 손인 한언(韓嫣),

환관으로는 이연년(李延年)을 들 수 있다.

한언은 궁고후(弓高侯 : 한왕 신(信)의 아들)의 얼손(孼孫 : 아들의 첩이 낳은 아이)에 해당한다. 무제가 교동왕(膠東王)이었을 때 그는 무제와 같이 공부를 하며 가까워졌다. 무제가 태자로 되니 그 관계는 차차 더 친밀해졌다.

한언은 말을 잘 타고 활을 잘 쏘았고 더욱이 아첨을 잘 했다. 제는 즉위하자 흉노족 토벌에 마음을 썼는데, 한언은 전에 만족의 전술을 배운 일이 있었기에 흉노의 군사에 정통했다. 그래서 한얼은 차차 신임을 얻게 되어 상대부의 직위에까지 올랐다. 무제로부터 하사되는 물품도 등통(鄧通)에 비할 정도였다. 밤에는 항상 무제와 침소를 같이했다.

그 무렵 강도왕(江都王 : 무제의 동생)이 참근하러 왔다. 무제와 강도왕은 황실 전용 수렵장인 상림원에서 사냥을 같이 하게 되었다. 그 날 길가에는 통행이 금지되고, 무제가 출발하기 전에 먼저 한언은 사냥할 짐승의 상태를 조사하라는 명령을 받았다. 그는 부거(副車)를 타고 기마 백 기 정도를 거느리고 짐승의 상태를 조사하고 돌아왔다. 강도왕은 멀리서 이것을 보고 천자의 행렬이라고 생각하고 따르던 자들을 물리치고 자기 혼자서 배알하기 위해 길바닥에 엎드렸다. 한언은 단숨에 그 앞을 지나쳐 가면서 인사도 하지 않았다. 한언이 지나가고 난 뒤 강도왕은 화가 치밀었다.

그래서 어머니 황태후에게 눈물을 글썽이며 이렇게 이야기했다.

"이런 정도라면 영지 같은 것은 필요 없습니다. 한언처럼 바로 곁에서 섬기는 편이 더 좋습니다."

황태후는 이 때부터 한언 실각의 눈치를 엿보게 되었다.

무제를 곁에서 섬긴 관계로 한언은 남자의 출입이 금지된 궁전 안에까지 출입하였다. 그러던 중 그는 궁녀와 정을 통하게 되었다. 이 소문이 황태후의 귀에까지 들어갔다. 화가 난 황태후는 이때라고 생각하여 무제에게 사자를 보내서 한언을 죽이라고 명했다. 무제는 황태후에게 번의를 간청했으나 허사였다. 한언은 이렇게 해서 죽었다.

▷ 내시의 운명

마찬가지로 무제를 섬긴 환관의 이야기가 있다. 제왕의 사랑을 받을 때는 화려했으나 그 사랑을 잃게 되면 덧없는 운명이 되고마는 것이다. 환관만이 아니라 본편에서 보아온 것처럼 「영행열전」에 기록된 총신은 다같이 그 말로가 비참하다. 사마천은 이것을 의식하고 취급한 것이 틀림없다. 그래서 「영행열전」의 끝머리에서 '애정에서 증오로의 변화, 이 얼마나 잔혹한 것인가'라고 한탄하고 있다.

이연년(李延年)은 중산(中山 : 하북성 정현) 출신이다. 부모 형제자매가 모두 예술가인 가정에서 태어났다. 그 자신도 예술인이었는데 법을 어겨 궁형에 처해져 천자의 사냥개를 기르라는 명령을 받았다.

그런데 연년에게는 춤 잘 추는 누이(뒤의 이(李)부인)가 있었다. 이 누이가 평양 공주(平陽公主)의 추천으로 무제 앞에서 춤을 추게 되었다. 무제는 한눈에 반해 대궐로 맞아들였다. 연년도 누이 덕분으로 높은 벼슬까지 오르게 되었다.

연년은 노래를 잘 불렀고 새로운 곡도 지을 수 있었는데 그 당시 무제는 열심히 제사를 지냈는데 그 때 시(詩)를 짓게 하고는 거기에 곡을 붙이게 했다. 연년은 무제의 마음에 들도록 신작의 가사에 맞추어 작곡을 해서 불렀다.

그의 누이도 무제의 총애를 받아 아들을 낳았다. 연년은 2천 석을 배령하고 협성률(協聲律 : 음악을 관리하는 관청의 장관)에 임명되어 밤에는 무제와 침소를 같이했다. 연년에 대한 무제의 총애는 한언에 못지 않았다.

그 뒤 연년의 동생이 궁녀와 밀통하는 등 대궐 출입에 있어서 절도가 없었다. 그 사유로 얼마 안가 누이 이부인이 죽자 연년은 무제의 총애를 잃고 동생과 같이 주살되고 말았다.

Ⅳ

여인군상(女人群像)

1. 부부의 정리(情理)

「사기(史記)」의 세계에서는 여러 형태의 여자들이 활약하고 있다. 악녀를 대표하는, 은나라 주왕(紂王)을 사로잡았던 달기(妲己)를 비롯하여 한 제국의 후궁에 이르기까지 여자들의 계보, 그 중에서 후세에 와서 임의로 유형화시켰다고 생각되는 것도 적지 않지만 권력투쟁과 지배자를 주름잡던 여성의 존재가 예리하게 묘파되어 있다.

중국의 역사에서는 당(唐) 고종의 황후로 뒤에 스스로 제위에 오른 측천무후(則天武后 : 7세기) 등 여걸이 많다. 「사기(史記)」가 취급한 시대에는 한나라 고조의 황후였던 여후(呂后 : 기원전 2세기)가 그 절정을 이루고 있다. 그야말로 스케일이 큰 여성을 배출하고 있는 것이다.

전국 말기의 사상서인 「한비자(韓非子)」는 정치에 개인의 애정이 개재되는 것을 위험하다고 말하고 있다. 여기에 대해서 「사기(史記)」는 '부부가 서로 사랑하면 만물를 낳는다「외척세가(外戚世家)」'고 말하고, 그 때문에 신중을 요한다고 기록하고 있다.

여기서는 한나라 외척의 계보를 기록한「외척세가(外戚世家)」를 중심으로 하여 여성이 등장하는 또 다른 몇 가지 사화를 소개한다.

전설 시대에 있어서도 명군의 그늘엔 뛰어난 여성이 있었고, 폭군의 그늘엔 언제나 악녀가 있었다.

약간 도시적인 취급 방법이기는 하나 「사기(史記)」의 기술은 악녀에 대해서는 눈이 부실 정도의 채색을 하고 있으면서도 정녀(貞女)에 대해서는 형용사만이고 거의 구체적인 기술은 없다. 그것은 무슨 이유일까.

그 이유는 어떻든 「사기(史記)」는 한(漢)의 외척을 다룬 「외척세가」의 서두에서 논리나 윤리로 가를 수 없는 부부의 정리에 대하여 함축성 있는 문장을 남기고 있다.

옛날부터 하늘의 명을 받아 왕조를 세운 제왕, 그리고 그 사업을 이어받은 명주는 반드시 그 몸에 뛰어난 덕을 갖추고 있었을 뿐 아니라 후비의 내조의 공이 있었다는 것을 잊어서는 안 된다.

예를 들면 하(夏)가 번영하게 되었던 이면에는 도산씨의 딸 교(僑)의 힘이 컸고, 걸(桀 : 하나라 최후의 왕)이 쫓겨난 것은 말희(末喜)를 무턱대고 사랑한 것이 원인이다.

은(殷)이 번영하게 되었던 이면에는 시조 설을 낳은 유융씨(有娀氏)의 딸 간적(簡狄)이 있었고, 주왕(紂王 : 은나라 최후의 왕)이 죽음을 당한 것도 유소씨(有蘇氏)의 딸 달기에게 빠져 있던 것이 그 원인이었다.

주(周)가 번영한 이면에는 후직을 낳은 강원과 문광을 낳은 태임이 있었고, 유왕(幽王 : 서주(西周)의 최후의 왕)이 체포된 것은 포사(褒奴)를 편애한 것이 원인이다.

그래서 「역경(易經)」은 남성을 나타내는 건과 여성을 나타내는 곤의 조화와 대립을 기본적인 사상으로 했으며, 「시경」은 부부의 사랑에 대한 자세를 노래한 관저의 시(詩)로부터 시작했고, 「서경(書經)」은 요(堯)가 두 딸을 순에게 시집보낸 것을 찬미했지만, 「춘추(春秋)」는 열수라고 하는 인물이 아내를 맞으면서 예(禮)를 무시한 것을 비난하고 있다.

부부의 관계는 인간 도덕의 근본이 되는 것이다. 예(禮)의 실천에 있어서 혼인을 가장 신중히 해야 한다고 하는 것은 바로 그 때문이다.

음양 12의 음률이 잘 조화되면 그 힘은 4계절의 순환을 순조롭게 할 수가 있다. 음과 양의 상호 작용은 만물을 낳고 기르는 근원이다. 부부의 인연을 맺는 것도 신중한 배려가 필요하다.

하지만 사람은 도를 넓힐 수는 있어도 천명을 움직일 수는 없는 것이다. 과연 부부의 애정은 무엇보다도 강한 힘을 가지고 있다. 주군도 신하로부터 이것을 빼앗을 수는 없으며, 어버이도 자식으로부터 이것을 빼앗을 수는 없다. 하물며 아랫사람이 윗사람으로부터 이것을 빼앗을 수는 없다. 하지만 부부의 애정이 깊다고 할지라도 자식을 갖지 못하는 경우가 있다. 자식을 얻었다고 하여 남편의 사랑을 잃는 자가 있다.

이것이 천명이 아니고 무엇이겠는가.

한나라 長安의 瓦當

공자가 좀처럼 천명에 대해 언급하지 않는 것은 설명하기가 곤란했기 때문이다. 천명을 간파하고 인위의 한계를 안다는 것은 대단히 어려운 일이다.

2. 미녀(美女)의 간계
— 춘신군(春申君)의 비극 —

　전국 말기, 초나라는 이웃의 강국인 진의 압력을 받아 왕이 억류되는가 하면 태자가 인질이 되기도 하는 형편이었다.
　이런 위기에 처하여 초나라를 지켜낸 것은 재상 춘신군이었다. 그는 진나라의 횡포에 굴하지 않고 진나라 왕을 설득해서 침략을 중지시키고, 인질이 되어 있던 초나라의 태자를 자신의 목숨까지 걸고 탈출시키기도 했다.
　그 자신은 명승지인 소주(蘇州)의 성주(城主)로서 거느린 식객이 3천 명이고, 초나라 재상으로 25년을 지냈다.
　이렇게 위세가 당당했던 춘신군이 비참한 최후를 고한 것은 일개 여성 때문이었다.

▷ 당신의 아들을

　초나라 고열왕(考烈王)에게는 자식이 없었다. 재상인 춘신군은 이것을 걱정하여 자식을 많이 낳겠다고 생각하는 여인을 찾아 차례로 왕의 곁으로 보냈으나 좀체로 자식을 얻을 수는 없었다.

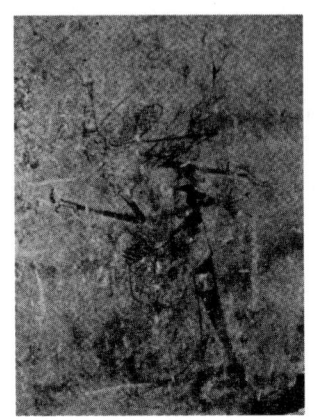
鳳夔人物帛畵

조(趙)나라 사람으로 이원(李園)이라고 하는 사나이가 있었다. 누이가 미모였기에 어떻게 해서든지 누이를 초나라 왕의 측실로 보내려고 생각했다. 하지만 반드시 아들을 낳으리라고는 믿을 수 없다. 만일 아들을 낳지 못하면 곧 왕의 총애를 잃게 된다.

그래서 이원은 먼저 춘신군을 찾기로 하고 그 식객이 되었다. 얼마 있다가 휴가를 얻어 귀국했는데 일부러 기한보다 늦게 돌아왔다. 춘신군이 그 사유를 묻자 그는 이렇게 대답했다.

"제나라 왕이 제 누이를 탐내 사자를 보냈기 때문에 그 대접에 골몰하다 보니 이렇게 늦었습니다."

"그래서 누이를 왕에게 보냈느냐?"

"아니요. 아직은······."

"나에게 한 번 보여주지 않겠느냐?"

"분부대로 하겠습니다."

이원은 바로 누이를 춘신군에게로 데리고 왔다. 춘신군은 그 여인이 아주 마음에 들어 곁에 두었다. 얼마 안가 그 여인이 임신한 것을 눈치챈 이원은 누이에게 한 가지 꾀를 가르쳐 주었다.

이원이 가르쳐 준대로 그 여인은 기회를 보다가 춘신군에게 이렇게 말했다. "초나라 재상이 된 지 벌써 20여 년이 되었습니다. 초나라 왕께서는 당신에게 대해 형제 이상의 대우를 하고 있습니다. 만일 왕이 승하하게 되면 왕의 형제 중에서 어떤 분이 왕위에 오르게 될까요. 누가 왕위에 오르든지 자신의 마음에 드는 사람을 등용시킬 것이 틀림없습니다. 그렇게 되면 그대는 반드시 멀어질 것입니다. 그뿐만이 아닙니다. 그대는 오랫동안 재상이라는 높은 자리에 있으면서 마음대로 모든 일을 처리해 왔기에 왕의 형제에 대해서 예에 벗어난 일도 한두 번이 아닙니다. 형제가 왕위에 오르게 되면 틀림없이 화가 미칠 것입니다. 이렇게 되어서는 재상의 인수와 강동의 봉지도 안전치는 못합니다.

지금 저는 임신 중에 있습니다. 이 사실은 어느 누구도 모릅니다. 또 당신의 총애를 받은 지 얼마 되지 않았습니다. 그러니 당신이 말씀을 잘 하셔서 초나라 왕에게 보내 주신다면 저는 꼭 왕의 총애를 받을 것입니다.

하늘의 가호로 아들을 낳게 된다면 그것은 당신의 아들이 왕이 된다는 것입니다. 결국 초나라는 모두 당신의 것이 됩니다. 뜻밖의 죄를 뒤집어쓰는 데에 비해 어느 쪽이 더 좋으냐는 것은 알고 있으리라 믿습니다.”

과연 옳은 말이라 생각한 춘신군은 바로 초원의 누이를 별관으로 옮긴 뒤 초나라 왕에게 진상했다. 초나라 왕은 이 여인을 총애했고 얼마 뒤 아들이 태어났다. 왕은 이 애를 태자에 봉하고, 이원의 누이를 후(后)로 했다. 그리고 이원을 귀하게 여겨서 정무(政務)를 맡게 하였다.

이렇게 되자 이원은 춘신군의 입에서 말이 새어나오지나 않을까 혹은 춘신군이 교만해지지나 않을까 하여 겁을 먹었다. 그래서 은밀히 자객을 길러 춘신군을 죽여버리려 했다. 하지만 이 비밀을 알고 있는 자가 국내에 적지 않았다.

▷ 운명(運命)의 기로

춘신군의 애첩이 임신한 채 시치미를 떼고 왕의 후가 되어 태자(사실은 춘신군의 아들)를 낳은 지 5년 가까운 세월이 흘렀다. 이대로 지나면 고열왕(考烈王)이 승하하고 나면 춘신군이 '초나라 왕의 생부'가 될 판이었는데…….

춘신군이 초나라 재상이 된 지 25년째 되던 해 고열왕이 병으로 눕게 되었다. 춘신군의 빈객인 주영이 춘신군에게 이렇게 말했다.

"이 세상에서는 뜻밖에 행운이 찾아오는가 하면 터무니없는 불행으로 화를 입게 되기도 합니다. 이런 화와 행운이 언제 닥쳐올지도 모르는 세상에서 당신은 언제까지고 총애를 받는다는 보증도 없이 군주를 섬기고 계십니다. 일단 무슨 일이 일어났다고 하면 그 위난을 구해 줄 인물이 필요하지 않겠습니까."

"생각지도 않는 행운이란 무엇을 이야기하는가?"

"당신은 초나라 재상이 된 지 20여 년이 되었습니다. 이름은 재상이지만 사실은 초나라 왕이나 같습니다. 지금 초나라 왕은 병이 들어 누워 있고 언제 승하하실지 모르는 실정입니다. 앞으로 당신은 이윤(伊尹)이나 주공(周公)처럼 어린 왕을 보좌하여 국정을 보살피다가, 왕이 성장한 뒤에 정권을 넘겨 주느냐 아니면 당신 자신이 군주가 되어 초나라를 다스리느냐의 두 가지 길이 있습니다. 이것이 제가 말씀드리는 뜻밖의 행운이라는 것입니다."

"그러면 불행이란 또 무엇을 말하는 것인가."

"이원(李園)의 존재입니다. 그는 국정에 참여 못하는 것을 원망하고 당신을 죽이려고 그 기회만 엿보고 있습니다. 그 때문에 미리부터 자객을 양성하고 있습니다. 초나라 왕이 승하하시면 그 때가 바로 기회입니다. 이원은 먼저 궁중에 들어가 권력을 수중에 넣고 당신을 죽여서 비밀이 누설되지 않게 할 것이 틀림없습니다. 이것이 제가 말씀드리는 예기하지 못한 불행이라는 것입니다."

"그럼 위난을 구해 줄 인물이란?"

"부디 저를 낭중에 임명해 주십시오. 왕이 승하하고 나면 이원은 제일 먼저 궁중에 들어가서 실권을 잡으려고 할 것입니다. 그 때야말로 저는 당신을 위해 이원을 죽이는 것입니다. 이것이 제가 말씀드린 위난을 구할 인물입니다."

"그것은 그대의 지나친 생각이야. 이원은 소견이 좁은 사내야. 나는 지금까지 그를 보살펴 왔어. 그런 짓을 할 리는 없지."

주영은 자신의 진언이 받아들여지지 않음을 알자 자기에게 화가 미칠 것이 두려워 도망하고 말았다.

▷ 암살

 그로부터 17일이 지난 뒤 초나라의 고열왕(考烈王)이 서거했다. 그 날 이원은 궁중에 들어가 실권을 잡은 뒤에 극문(棘門) 안에 자객을 잠복시켰다. 춘신군이 극문을 들어서자 자객의 칼이 춘신군의 몸을 찔렀고, 그의 잘린 목은 극문 앞으로 내던져졌다.
 이렇게 하여 이원의 누이가 낳은 아들이 왕위에 올랐다. 그가 바로 초나라의 유왕이다.

▶ 결단을 내려야 할 때
 춘신군과 같은 인물이 어째서 그처럼 명약관화한 음모에 말려들었는가. 사마천은 「춘신군열전」의 끝머리에서 이렇게 말하고 있다.
 "나는 초나라를 방문했을 적에 춘신군의 옛 성과 집터를 보았는데 정말 볼 만한 것이었다.(사마천은 춘신군이 암살된 지 약 백년 뒤에 태어났다.)
 춘신군이라면 젊었을 적에 이웃인 진나라 소왕을 설득시켰는가 하면 진나라의 인질이 되어 있던 초나라의 태자를 자기 몸을 희생시켜 가며 탈출시키는 등 지혜와 재주가 크나큰 인물이었다.
 그런데 그런 춘신군이 이원 정도에게 죽음을 당한 것은 노쇠해졌기 때문이다. 옛말에 결단을 내려야 할 때 결단을 내리지 않으면 오히려 화를 입게 된다고 했는데 시기에 알맞은 주영(朱英)의 진언을 받아들이지 않는 것이 좋은 예이리라."

3. 딸과 아내와 어머니

역사의 단면에 순간적으로 모습을 보이는 여인의 성품. 제중(祭仲)의 딸, 안자(晏子)의 마부(馬夫)의 아내와 또 정나라 장공(莊公)의 어머니⋯⋯.
이 세 여인의 모습을 그려보자.

▷ 아버지냐 남편이냐

기원전 700년부터 696년까지 재위한 정(鄭)나라 여공이 선대로부터의 중신인 재중(祭仲)을 암살하려다 실패했다.
그런데 그 이면에는 이런 이야기가 전해지고 있다.

정나라 여공 4년(기원전 697년)의 일이다. 정나라에서는 선대 장공(莊公)의 총신인 제중이 국정을 맡고 있었다. 여공은 이것이 못마땅했다.
그래서 제중의 사위 옹규에게 제중의 암살을 명령했다. 옹규의 아내는 제중의 딸이다.
옹규의 아내는 이 계략을 알고 어머니를 찾아갔다.
"아버지와 남편 중 어느 한쪽을 택해야 하는 결단을 내려야 한다면 어느 쪽을 택해야 합니까?"

"아버지는 이 세상에서 단 한 분뿐이지만 이 세상의 남자는 모두 남편이 될 수 있는 것이다."

그래서 옹규의 아내는 아버지에게 남편의 계략을 알렸다. 제중은 선수를 쳐 옹규를 죽인 뒤에 그 시체를 거리에 돌렸다.

▷ 마부(馬夫)의 아내

제나라 재상 안자(晏子)가 외출할 때의 일이다.

마부의 아내가 문틈으로 남편의 모습을 엿보았다. 남편의 대개(大蓋 : 마차의 햇빛을 가리는 것)를 받쳐들고 말에 채찍질을 하면서 재상의 마부라는 데에 만족을 느끼는 것처럼 의기양양한 모습이었다.

얼마 뒤에 일을 마치고 돌아온 남편에게 아내가 친정으로 돌려보내 달라고 말했다. 남편이 그 사유를 묻자 아내는 이렇게 대답했다.

"안자는 키가 6척도 안 되는 몸인데도 일국의 재상으로서 그 이름은 제후에게 떨치고 있습니다. 더구나 외출하는 모습은 아주 생각이 깊으셔서 겸허한 태도였습니다. 그런데 당신은 어떻습니까. 8척이나 되는 대장부가 마부 일을 하면서도 아주 만족스러운 태도였습니다. 이런 사람과는 같이 살 수가 없습니다."

그 뒤 마부의 태도는 일변하여 겸손해졌다. 안자가 이상히 여겨 그 사유를 물었다. 안자는 사실대로 대답했다. 안자는 그 사실을 듣고 마부를 대부로 올려 세웠다.

▶ 어진 아내냐, 아니면 무서운 아내냐

이러한 아내를 두고서 '남편의 힘을 돋우어 주는 어진 아내'로 보느냐 또는 '남편의 볼기를 때리는, 어떻게 할 수 없는 무서운 아내'로 보느냐 하는 문제에 대해, 읽는 사람의 사정으로 그 해석을 달리하고 있다는 것은 진정 흥미있는 일이다.

▷ 편애의 결과

어머니가 자식들 가운데 어느 하나를 편애했기에 집안에 소동을 일으킨 일이 군주제 밑에서는 적지 않다. 기원전 8세기, 정(鄭)나라에서 왕의 동생 단(段)이 일으킨 반란(反亂)은 그 전형이라고 할 수 있다.

정나라 무공 10년(기원전 761년)에 무공은 신후(申侯)의 딸을 아내로 맞았는데 이 부인이 바로 무강(武姜)이다. 무강은 태자 오생(寤生)을 낳을 때 난산으로 고생을 했기에 태자에게 정이 가지 않았다. 얼마 뒤 동생 단(段)이 태어났다. 이 때는 순산을 했기에 부인은 이 단을 편애하게 되었다.

27년 무공이 병으로 자리에 눕자 부인은 단을 태자에 봉할 것을 무공에게 간청했지만 허락하지 않았다. 그 후에 무공이 승하하고 오생이 즉위했는데 이 이가 바로 장공(莊公)이다.

장공 원년(元年)에 장공은 동생 단을 경(京)에 봉하고, 단을 태숙이라고 불렀다.

제중이 장공에게 간했다.

"경이라는 땅은 국도보다도 넓습니다. 그런 곳에 봉한다는 것은 참으로 위험한 일입니다."

"이것은 어머니의 희망이시다. 결코 거절할 수 없는 일이다."

경에 부임한 단은 군비를 착착 정비한 뒤에 어머니 무강과 함께 정나라 습격의 음모를 꾸몄다.

장공 22년, 단은 끝내 난을 일으켰고, 무강은 국내에서 이에 호응했다. 장공은 토벌군을 보내 단을 패주시키고, 그를 뒤쫓아 경을 쳤다. 경에서도 사람들이 모두 단을 등졌고, 단은 어쩔 수 없이 언으로 도망갔다. 하지만 언도 함락되자 마침내 이웃 나라 공으로 도망하고 말았다.

이렇게 되니 장공은 어머니 무강을 성영(城穎)으로 옮기기로 했다. 그때 어머니에게 딱 잘라 이렇게 이야기했다.

"죽어서 황천에 가기까지는 어머니를 만나지 않겠습니다."

▶ 모자(母子)의 정(情)

여기엔 후일담이 있다. 장공은 어머니가 미워 그렇게 잘라 말을 했지만 1년이 지나자 어머니가 불쌍하게 생각되어 만나고 싶었다.

그러나 '황천에 가기까지는……' 하고 말을 한 뒤라 그럴 수도 없었다. 장공이 이렇게 고민을 하자 신하 중에 지혜 있는 자가 있었다.

그는 '황천이라고 하는 것은 지하(地下)를 뜻하는 것입니다. 땅을 파고 거기서 만나뵙도록 하십시요' 하고 말했다.

지금 생각하면 진정 어리석은 이야기지만 타부가 큰 의미를 가지고 있던 시대의 일이다.

왕은 굴을 파고 어머니를 만났다.

4. 한 제국의 궁중 비화

기원전 2세기, 한 제국을 건설한 고조의 비(妃)인 여후(呂后)의 권세는 대단한 것이었으나 여후가 죽자 여씨의 세력은 일소되고 말았다.

따라서 황제가 바뀔 적마다 궁중의 세력 판도도 변화를 일으켜 나간다. 초대 고조로부터 5대의 무제에 이르기까지 여후를 제외한 다른 여인들에 대해서 사마천은 「외척세가」라는 한 권의 책 속에 소상하게 기록하고 있다.

여후에 대해서는 「여후본기」라는 독립된 한 권의 책이 되어 있다.

▷ 여씨(呂氏) 일문(一門)의 번영과 멸망

그러면 먼저 한 고조가 죽은 뒤 15년 동안에 일어난 궁중 내부 세력의 흥망에 대해 살펴보기로 하자.

한나라가 번영했을 때 여아구(呂娥姁 : 여후)가 고조의 황후가 되고 그 장남이 태자가 되었다. 하지만 만년에 미모가 전과 못하다고 해서 고조의 애정은 점차로 식어지고 그 대신 척부인

(戚夫人)이 총애를 독차지하게 되었다. 그 결과 척부인이 낳은 공자(公子) 여의(如意)를 태자에 봉하려는 음모가 자주 일어났다.

고조가 승하한 뒤 여후는 척씨 일족을 깡그리 죽이고 조왕 여의의 목숨도 빼앗았다. 측실들 가운데 목숨을 건진 자는 고조의 은총을 별로 받지 못한 사람뿐이었다.

여후의 장녀(長女)는 선평후(宣平侯) 장오의 아내가 되었고, 그의 딸이 혜제(제2대)의 황후가 되었다. 여후는 이것을 이중의 결연이라고 기뻐하며 자식을 얻으려고 갖은 수단을 다 썼지만 결국 자식을 얻지 못했다. 그 때문에 후궁이 낳은 자식을 황후의 자식으로 삼았다.

혜제가 승하했을 적에 천하를 통일한 지 얼마 되지 않았기에 제위 계승에 대해서도 명확한 규정은 없었다. 그 때문에 여후는 자기의 일족을 편중하여 여씨 일문(一門)을 제왕으로 세워서 세력을 부식하고, 다시 여녹의 딸을 어린 황제의 황후로 맞아들여 여씨 일족의 세력 기반을 한결 더 굳히려고 했으나, 결국은 실패로 끝났다.

여후는 죽은 뒤 고조의 묘소 장릉(長陵)에 합장되었다. 여족과 여산 등은 주살당할 것이 두려워 반란을 꾀했지만 한실(漢室)의 중신들은 이것을 진압하고 하늘의 가호로 여씨 일족을 멸했다. 다만 혜제의 황후(여후의 손)만이 북궁(北宮)에 거주하도록 허용되었을 뿐이다.

세 황제에게는 대왕이 오르고 한 제국의 조묘를 이어받았다. 이 이가 제3대 문제이다. 이렇게 된 것도 모두 하늘의 뜻이라고 하겠다. 천명이 아니고서야 어찌 이와 같은 변천을 주재할 수 있겠는가.

▶ 척부인(戚夫人)

고조가 승하한 뒤 여후에게서 '사람돼지'로 되는 잔혹한 복수를 당했다.

▷ 박후(薄后)의 전화위복

고조(高祖)의 총애를 받던 여인들은 고조가 승하한 뒤 여후에게서 가혹한 처벌을 받았다.

그러나 박후(薄后)만은 단 한 번의 사랑을 받았을 뿐이고, 조용히 살고 있었다. 그 때문에 여후의 질투를 받지 않았으며, 그 여인이 낳은 아들이 기원전 179년부터 157년까지 재위한 제3대 문제가 되었다. 불운이 바뀌어 행복이 된 예이다.

박태후의 아버지는 오나라 사람으로 성은 박씨(薄氏)이다. 그리고 진나라가 번영했을 때 위 왕실의 종가의 땅 위오와 밀통하여 박희(薄姬 : 뒤의 박태후)를 낳았다. 아버지는 그 뒤 산음(山陰)에서 죽었으며, 그곳에 묻혔다.

얼마 뒤에 제후가 바로 진나라에 반기를 들게 되자, 위표도 병사를 일으켜 스스로 위왕이라고 했다. 이 때 위오는 그 딸을 위왕의 궁중으로 보냈는데, 위오가 점쟁이 허부를 찾아가서 딸의 장래를 점쳐 보았다. 그런데 딸의 장래는 틀림없이 천자의 어머니가 된다는 점괘가 나왔다. 그때 항우와 한왕 유왕이 형양 부근에서 대결 중이었는데 그 승패의 향방은 좀체로 가릴 수가 없었다. 위표는 처음에 한과 결속하여 초의 항우와 겨루고 있었다. 그런데 허부의 점괘를 듣고 장래는 천자의 아버지가 된다고 마음속으로 기뻐하며 한나라와 손을 끊고 중립을 지키다 얼마 뒤에 그 당시 힘이 강했던 초의 항우와 손을 잡았다.

그래서 한나라는 조참(曹參) 등에게 위나라를 치게 한 뒤에 위표를 잡아 영지를 몰수하고 한나라의 직할군에 편입시켰다. 이 때 박희도 붙잡혀서 노예가 되어 베 짜는 여인이 되었다.

위표를 처형한 뒤 가끔 베 짜는 방을 찾은 고조는 박희의 미모에 눈이 팔려 후궁으로 불러들였다. 하지만 박희는 그 때뿐이었고 1년이 지나도록 잊혀져 있었다. 박희는 젊었을 때부터 관부인(管夫人)과 조자아(趙子兒), 두 사람과 사이가 좋아 세 사람은 언제나,

"누가 먼저 귀인이 되더라도 서로 잊지 않기로 합시다." 하고 약속까지 하고 있었다. 박희도 후궁으로 들어갔을 적에 관부인과 조자아는 이미 고조의 총애를 받는 몸이 되어 있었다.

어느 날 고조가 하남궁의 성고대에서 쉬고 있었다. 옆에 있던 두 사람은 박희와 약속했던 일을 이야기하고 웃었다. 그 소리를 고조가 듣고 꾸중을 하며 사유를 묻자 두 사람은 그 연유를 자세히 말했다.

고조는 박희가 불쌍해져 가슴이 뭉클해짐을 느끼고 그 날로 불러내 잠자리를 같이 하였다.

박희는 조용히 속삭이듯이 말했다.
"지난 밤 제 배에 창룡이 임신되는 꿈을 꾸었습니다."
"그것은 길조(吉兆)다. 내가 그 꿈을 이루어 주지."
이렇게 하여 박희는 단 한 번의 정을 받았는데도 아들을 낳았다. 이 아들이 바로 대왕(代王 : 문제)이다. 하지만 그 뒤 박희는 고조의 머리에서 다시 잊혀지고, 고조의 얼굴을 볼 기회마저도 없었다.
고조가 승하하자 척부인(戚夫人)을 비롯하여 고조에게 총애를 받던 측실들은 여후의 미움을 사서 감금되었고 궁중에서 한 발자국도 나갈 수가 없었다. 하지만 박희는 고조와 거의 얼굴을 맞댄 일이 없었기에 이 위기를 모면, 대왕이 된 아들을 따라가서 대왕의 태후(太后)가 되었다. 태후의 동생 박소(薄昭)도 같이 대로 갔다.
대왕이 즉위한 지 17년이 되던 해에 여후가 승하했다. 후계자의 인선 문제로 회의가 열렸을 때, 외척인 여씨의 정권에 대하여 원한이 골수에 사무친 중신들은 모두 박씨의 온후함을 찬양하며 대왕을 맞이하여 문제로 세웠다. 그리고 태후의 칭호를 황태후라고 바꾸고, 동생 박소는 지후에 봉했다.
박태후의 어머니는 벌써 이 세상을 떠나 역양의 북쪽에 묻혀 있었다. 문제가 즉위하자 태후의 아버지에게는 다시 영문후의 칭호를 추증하고 묘소인 회계군에는 3백 호의 묘령을 두고 군수 이하의 관리에게 묘지나 묘의 관리를 명했다. 그리고 예식에 따라 공양을 행하게 했으며 역양의 북쪽에는 영문후 부인의 묘소를 만들게 한 뒤에 모든 물건도 영문후의 묘소와 꼭 같이

했다.

 박태후는 어머니가 위 왕가 출신이며 일찍 부모를 잃은 자기를 키워준 사람이 바로 위씨 일족의 유력자들이었다는 것을 잊지 않았다. 그래서 위씨 일족을 복귀시키고 친고의 차에 따라 그에 상당하는 상을 주었다.

 한편 박씨 일족으로 후에 봉해진 자는 단 한 사람뿐이었다.

 박태후는 문제가 승하한 지 2년 뒤, 다시 말해서 경제(景帝)가 즉위하기 2년 전에 승하하여 남릉에 모셨다.

 여후 때에 장릉을 만들어 장사지냈기에, 여기에 따라 문제의 패릉 근처에 새로 능묘를 만든 것이다.

▷ 세력 다툼

 기원전 156년부터 141년까지 재위한 제4대 황제 경제(景帝) 때는 궁중의 인간 관계는 한층 복잡해지고 여인들의 갈등도 격화되었다.

 그 틈에서 어부지리를 얻은 이가 왕태후였다. 왕태후는 세력 다툼을 교묘히 이용해서 세력 있는 자를 고립시키고 또 계략을 써서 죽여버렸다. 그래서 그 여인이 낳은 아들이 한 제국의 판도를 확대한 무제가 되는 것이다.

 왕태후는 괴리(槐里) 출신으로 어머니는 장아라고 했다.

 장아는 연왕(燕王) 장도의 손녀이다. 관리의 왕중(王仲)에게 시집가서 아들 신(身)과 두 딸을 낳았다. 하지만 남편이 죽자 다시 장릉의 전씨와 재혼하여 아들 분(紛)과 승(勝)을 낳았다.

그 중 장아의 큰 딸은 김왕손(金王孫)이라는 사람과 결혼하여 딸 하나를 낳았다. 어느 날 장아가 두 딸의 앞날을 점쳐 보았더니 모두 고귀한 신분이 된다고 한다. 하지만 장아는 딸들에게 의지하고 싶지 않다고 하면서 시집간 딸을 김씨에게서 다시 데려오려고 했다. 김씨는 장모가 하는 짓에 화가 나서 친정으로 돌려보내지 않고는 태자의 후궁으로 보내버리고 말았다.

그런데 이 여인, 다시 이야기해서 훗날 왕부인(王夫人)이 된 이 여인은 완전히 태자의 마음에 들게 되어 세 딸과 아들 하나를 낳았다. 아들을 임신했을 적에 태양이 자기 뱃속으로 들어오는 꿈을 꾸었다. 태자는 이 이야기를 듣자,

"그것은 길조(吉兆)다." 하고 기뻐했다. 이 아들이 태어나기 전에 문제가 승하하고 태자가 즉위하여 경제가 되었다. 따라서 이 아들은 경제가 즉위하고 난 뒤에 태어난 것이다.

장아는 차녀 아구(兒姁)도 태자의 후궁으로 보냈다. 아구도 태자의 총애를 받고 네 아들을 낳았다.

경제는 태자로 있을 적에 박태후(薄太后)의 주선으로 박씨 일족의 딸을 정실로 맞아들였다. 하지만 그녀는 자식을 낳지 못했고 경제의 총애도 받지 못했기에 박태후가 승하하자 황후의 자리에서 쫓겨나고 말았다.

경제의 장남 영은 제나라에서 맞아들인 율희(栗姬)가 낳은 아들이다. 경제는 영을 태자로 봉했다.

그런데 경제의 누이 장공주 표는 자신의 딸을 태자 영의 정

실로 들여보내고 싶어했지만 뜻밖의 반대에 부딪히고 말았다. 그것은 태자의 어머니 율희였다. 그 여인은 질투심이 강한 여인이었다. 그 이유로 후궁의 여인들은 모두 율희를 멀리한 채, 장공주의 도움으로 경제를 뵙고 모두 율희보다 총애를 더 받았다. 율희는 이것을 원망하고 있었기에 장공주의 청혼을 처음부터 거절해 버렸다.

그래서 장공주는 이번 율희의 처사에 분해서 자꾸만 경제에게 율희에 대한 나쁜 이야기를 했다.

"율희는 그대의 마음에 든 부인이나, 여관과 만날 때는 꼭 시종을 시켜 뒤에서 침을 뱉게 한 뒤에 괴상한 주문을 외게 하는 것 같다."

경제는 율희에 대해서 혐오감이 생겼다. 경제는 병이 들고 기분도 썩 좋지 않은 날이 많았다. 이렇게 되자 왕에 대한 아들들의 일이 마음에 걸려 견딜 수가 없었다. 그래서 율희에게 부탁했다.

"내가 죽은 뒤에 저 자식들을 부탁하오."

"평상시에는 냉대를 하다가 지금 와서 새삼스럽게……."

이렇게 생각한 율희는 화가 나서 응하지 않을 뿐 아니라 말까지 불손하게 했다. 경제는 흥분했지만 그 자리에서는 꾹 참고 태연한 체했다.

한편 장공주는 날마다 경제에게 왕부인의 아들을 칭찬했다. 경제도 늘 유망한 애로 생각하고 있었으며 그 애가 태어날 때 태양의 꿈을 꾼 일도 있어서 태자로 봉할 생각은 있었지만 막상 결단은 내리지를 못하고 있었다.

왕부인은 경제가 율희를 탐탁하게 여기지 않으며 화도 아직 풀리지 않은 것을 알고 은밀한 공작을 했다. 시종관에게 사람을 보내 율희를 황후로 맞이하도록 왕에게 진언하라고 일렀다.

시종관은 정무 보고를 끝내고 나자 경제에게 이렇게 진언했다.

"어머니가 귀하면 그 아들도 귀한 것이고 아들이 귀하면 그 어머니도 귀한 것이라고 합니다. 태자의 어머니가 일반 부인과 동격이라는 것이 아무래도 부자연스러운 일입니다. 황후로 봉하는 것이 옳을 줄 압니다."

이 말을 들은 경제는 격분하여 이렇게 말했다.

"그것은 네가 참견할 일이 아니다."

경제는 시종관을 투옥하고 사형에 처했다. 그리고 태자를 폐하여 임강왕으로 격하시켰다. 그 때문에 율희의 분노는 절정에 달했으며 경제를 만나지도 못한 채 마침내 분사하고 말았다.

이렇게 해서 왕부인이 황후에 오르고 그 아들이 태자에 오른 것이다. 황후의 오빠 신은 개후(蓋侯)에 봉해졌다.

경제가 승하하자 태자는 황제가 되었다. 이 때 황태후(王夫人)의 어머니 장아는 평원군이 되고 의붓동생인 전분(田蚡)은 무안후에, 전승은 주양후에 봉해졌다.

경제에게는 아들 열 셋이 있었는데 하나는 황제가 되고, 열두아들은 다같이 왕이 되었다. 왕태후의 동생 아구는 일찍 죽었지만 그녀의 네 아들도 다같이 왕이 되었다. 또 왕태후의 장녀는 평양공주에, 둘째딸은 남궁공주에, 셋째딸은 임려공주에 봉해졌다.

▶ 역효과 이용의 트릭

왕부인이 경제에게 율희를 황후로 맞도록 진언케 한 것은 가공할 만한 역효과를 노린 심리적 트릭이었다. 말할 것도 없이 그 여인은 그 진언에 의해 경제가 율희를 다시 미워하게 되리라는 것을 계산하고 있었던 것이다.

▷ 무제의 여인들

한(漢)의 이름을 세계에 떨친 무제는 재위 54년(기원전 140년~87년) 동안에 크나큰 권력 구조를 쌓아 올렸는데……. 후궁에는 미녀(美女)가 몇 천 명이나 되고, 황제의 총애를 받으면 그 인연으로 제각기 제후나 왕이 되었다.

위황후는 자(字)를 자부(子夫)라고 한다. 비천한 집안에서 태어난 위황후가 성이 위씨인 것은 평양후(平陽侯)의 영지에 살았기 때문일 것이다.

자부는 평양공주(平陽公主 : 왕태후(王太侯)의 장녀(長女))의 구가자의 일원이다. 그런데 무제는 바로 초에 몇 년 동안 자식을 낳지 못했다. 그래서 평양공주는 양가의 자녀 수십 명을 언제나 자기 집에 머물게 한 뒤 무제의 눈에 들도록 했다.

어느 날 무제는 패상에 나가 불제를 드리고 돌아오는 길에 평양공주의 처소에 들렀다. 공주는 즉시 처녀들이 교대로 무제의 시중을 들게 했지만 아무도 무제의 마음에 드는 자가 없었다. 잔치가 한창일 때 창가대가 나왔다. 그 창가대의 일원인

위자부가 마음에 들었다.

그 날 무제가 옷을 갈아입을 때 자부는 즉석의 의상 담당자로서 무제를 모시게 되어 대기실에서 무제의 총애를 받았다. 제자리에 돌아온 무제는 더없이 기분이 좋아 공주에게 금 천 근을 주었다.

공주는 자부를 측실로 정해 곧바로 궁중으로 보냈다. 자부가 수레를 타고 막 출발할 적에 공주는 그의 등을 가볍게 두들기며 말했다.

"가서 몸조심하고 잘 모셔야 한다."

그러나 자부는 궁중에 들어간 후 1년이 지나도록 무제의 총애를 받지 못했다. 그 무렵 무제는 궁중의 불필요한 여관(女官)을 정리해서 집으로 돌려보내고 있었다. 그래서 위자부는 무제를 뵙겠다고 간청하고, 울면서 고향으로 내려 보내기를 원했다. 불쌍히 생각한 무제가 자부를 침소로 불렀다. 자부는 곧 임신을 하여 무제의 총애를 한 몸에 지니게 되었다.

자부의 오빠 위장군(衛長君)과 동생 위청(衛靑)은 시종(侍從)이 되었다. 그리고 자부 자신은 그 뒤 점점 더 총애를 받아 딸 셋과 아들 하나를 낳았는데 그 아들의 이름은 거라고 했다.

무제는 태자 시대에 대장공주(大長公主)의 딸(성은 진씨)을 정부인으로 맞이했다. 태자가 즉위하자 이 진씨(陳氏)가 정황후(正皇后)로 되었으나 그에게는 자식이 없었다. 하지만 무제가 태자에 봉해질 때 자기 어머니 대장공주의 역할이 컸다 해서 아주 교만했다.

그러나 위장부에게 무제의 애정을 독점당하게 되니, 진황후로서는 참고 견딜 수가 없었다. 진황후는 자주 자살을 기도했다. 이런 일은 한층 더 무제의 분노를 사게 했다. 그리고 진황후가 무당을 불러들여 저주의 주문을 외우고 있는 것이 발견되자 무제는 그만 진황후를 폐위시키고 위자부를 황후로 세웠다.

진황후의 어머니 대장공주는 경제(景帝)의 누이(무제의 숙모)다.

대장공주는 몇 번이나 무제의 누이인 평양공주를 붙잡고 무제의 처사를 꾸짖었다.

"내가 없었다면 오늘의 무제는 있을 수 없었습니다. 그런데도 내 딸을 돌보지 않는다는 것은 어떤 이유입니까. 범인(凡人)들처럼 들뜨지 말고 좀더 자중해야 할 것입니다."

그러나 평양공주는 상대를 하지 않았다.

"자식이 없으니 어쩔 수 없는 일이지요."

진황후는 어린애를 얻으려고 의사에게 9천 만 전(錢)의 금을 썼으나 어떤 효과도 없었다.

이렇게 하여 위자부가 황후가 되었다. 오빠 위장군은 그 전에 죽었기 때문에 동생 위청이 장군에 임명되더니 흉노족 토벌에 큰 공을 세워 장평후로 봉해졌다. 위청의 세 아들은 아직 어린애였지만 그들도 모두 후(侯)로 봉해졌다.

또 위황후의 배 다른 언니로 위소아(衛小兒)가 있는데 그의 아들 곽거병(霍去病)도 군(軍)에서 공을 세워 관군후(冠軍侯)에 봉해지고, 표기장군의 칭호를 받았다. 그리고 위청은 대장군이 되었다.

새로 위황후가 낳은 아들 거(據)는 태자가 되었다. 이렇게 하여 위씨의 인척이 되는 다섯 명은 군공(軍功)에 의해 후에 봉해졌다.

위황후의 미모가 시들자 조의 왕부인이 사랑을 받게 되어 아들을 낳았다. 이 아들은 제왕(齊王)에 봉해졌다.

이 왕부인이 젊어서 죽자 중산(中山)의 이부인(李夫人)이 사랑을 받게 되어 아들을 낳았는데 이 아들은 창읍왕(昌邑王)에 봉해졌다.

이부인도 젊어서 죽었는데 오빠 이연년(李延年)은 궁정 악사로서 무제의 마음에 들어 협률도위(協律都尉)의 칭호를 받았다. 협률이라고 하는 것은 궁정의 악사에 대한 옛 명칭이다. 하지만 연년의 동생이 후궁에서 간음죄를 범했기에 형제는 물론이고 그 일족이 처형되었다.

하지만 그 당시 연년의 맏형인 이광리(李廣利)만은 이사장군(貳師將軍)으로 대원(大宛)에 원정나가 있었기에 죽음을 면하여 돌아왔다. 무제는 이씨 일족을 다 죽인 데 대해 가슴 아프게 생각했기에 이광리를 해서후(海西侯)로 봉했다.

또 한 사람의 측실에게는 두 아들이 있었는데 저마다 연왕(燕王)과 광릉왕(廣陵王)에 봉해졌다. 이 두 왕의 어머니는 무제의 총애를 받지 못하고 괴로운 여생을 보냈다.

이부인이 죽은 뒤에는 윤첩여(尹婕妤)를 비롯하여 몇 여인이 차례로 총애를 받았지만 모두 노래와 춤으로 무제의 눈에 든 데 지나지 않는다. 제왕의 배우자(配偶者)로서 어울리는 여성은 역시 왕후(王侯)의 가문이 아니면 안 된다.

VI

정치(政治)의 원점(原點)

정치(政治)는 악(惡)이다.
정치는 타협(妥協)이다.

「사기(史記)」의 갖가지 기록은 마치 이런 것을 입증하기 위해 씌어진 느낌이 든다. 「사기(史記)」에서 뿐만 아니라 현실의 정치나 생활, 그리고 인간의 활동 상황이 악에 차 있고 타협으로 만들어지고 있다. 이대로 가다가는 사실 인간이 어떤 경지에까지 빠져들게 될지 모른다.

때문에 여기에 브레이크를 가할 이유가 있지 않을까.

중국의 역사에서는 '악'이나 '타협'인 정치를 제어(制御)하는 것으로서 2개의 브레이크가 사용되고 있다.

그 하나는 '민중의 마음'이고 또 하나는 '요(堯)·순(舜)의 치세(治世)에의 복귀'다. 정치의 진자(振子)가 악의 극(極)에 의해 흔들릴 때 '민중의 이반(離反)'이라고 하는 브레이크가 가해지고 '변혁의 논리'가 싹트기 시작한다.

그런 경우의 목표가 '요·순'으로 대변(代辯)되는 유토피아인 것이다. 그리고 타협은 끊임없이 원칙에 비추어서 피이드백(Feedback - 어떤 방식을 보강 수정하기 위해 현재 효과의 일부를 먼저 상태로 되돌려 보내는 것)되는 것이다.

「사기(史記)」의 근저를 흐르는 정치의 원점을 종장(終章)으로 하여 지금까지의 이야기를 마무리하기로 하자.

1. 민중(民衆)의 마음

　고대 중국의 민중에 있어서 이상적인 정치는 '정치를 느끼지 않게 하는 정치'라고 하는 것이 '고복격양의 설화'(십팔사략(十八史略))이다.
　이 이야기는 「사기(史記)」에는 없으나, 성천자(聖天者)의 신임이 두터웠던 요가 민정 시찰차 거리에 나왔을 적에 한 노인이 배를 두드리고 땅을 치며,

　　해가 뜨면 일을 하고 해가 지면 일손을 놓는다.
　　우물을 파면 물이 솟아난다
　　밭을 갈면 밥을 먹게 된다
　　천자(天子)가 무슨 필요 있는가

라고 노래하고 있었다.
　이 노래를 들은 요는 선정(善政)이 베풀어지고 있는 것으로 만족했다고 한다. 이 '이상적인 정치'를 '이상적인 관리'로 바꿔서 말할 수도 있지 않을까.
　다시 이야기해서 '관리(管理) 없는 관리'야말로 최고의 관리라고 할 수 있는 것이다.

▷ 최선의 정치란

인간 생활의 이상이란 대체 무엇을 말하는 것일까. 노자(老子)는 일찍이 이런 이야기를 했다.

"백성이 제각기 현재 그대로의 의식주에 만족하고 자급자족의 생업을 즐기고 있어서 쉽게 이웃 나라까지 왕래하려고 하지 않는다. 이런 상태야말로 태평의 극치인 것이다."

하지만 이것은 백성의 욕망을 억제하고 태고(太古)의 세계로 다시 돌려보내라는 공론(空論)에 지나지 않는다.

나(사마천)는 이렇게 말하고 싶다. 신농(神農) 이전의 세계는 알 수가 없다. 「시경(詩經)」「서경(書經)」에 나오는 순(舜)과 우(禹)의 시대 이후로 접어들어 인간은 차츰 관능(官能)의 만족을 좇게 되어 안락과 권세를 탐내는 습성은 이미 헤어나기 어려운 것으로 되어버렸다. 따라서 노자의 묘설(妙說)을 사람들에게 다녀도 귀를 기울이는 사람은 없을 것이다.

이런 민중의 본성에 따라 다스리는 자가 바로 이상적인 정치가라고 할 수 있다. 여기 비해서 이(利)를 내세우고 백성을 자기가 생각하는 방향으로 움직이려고 하는 자가 그 다음이고, 백성을 가르치며 이끌어 가려는 자는 또 그 다음이며, 법에 의해 통제하려는 자가 그 다음이 해당되고, 완력으로 백성을 지배하려는 데까지 이르게 되면 그것은 이미 위정자(爲政者)라고 할 수는 없다.

▷ 강제(强帝)는 받아들여지지 않는다

 백성들의 마음은 물과 같다. 막으면 넘쳐 흐르고, 내버려두면 흘러간다. 초나라 재상 손숙오의 '정치적 실험'은 그것을 증명하고 있다.

 초나라에 손숙오라는 야인(野人)이 있었다. 재상 우구가 자기 대신에 손숙오를 등용하라고 장왕에게 진언하여 3일 뒤에 그는 재상에 취임했다.
 그 뒤부터 손숙오는 덕치주의(德治主義)에 의해 정치를 했기에 차츰 그 성과가 올랐다. 상하(上下)의 싸움은 없어지고 풍속은 순화되었다. 금령(禁令)은 엄하게 하지 않았지만 관리들은 부정도 않았고 범죄는 근절되었다.
 그리고 그는 백성에게 임업(林業)을 장려하여 가을부터 겨울에 걸쳐 나무를 베게 했고 봄부터 여름 동안 강(江)의 물이 붇는 시기에 출하(出荷)를 시키도록 했다. 이렇게 하여 백성은 저마다 이익을 얻어 누구나 생활을 즐겼다.

▷ 민중(民衆)의 선량(善良)함과 정치(政治)

 모든 것을 정치의 책임으로 돌리는 것은 부당한 것일 게다. 하지만 민중이 본래의 선량함을 발휘하느냐 않느냐는 것은 정치에 달려 있는 것이다.

정나라 소군(昭君) 때 대부(大夫)의 한 사람에 자산(子産)이라고 하는 이가 있었다. 소군은 처음에 마음에 드는 서지를 재상으로 등용했다. 하지만 성과는 조금도 오르지 않고 상하의 싸움이 그치지 않았고, 부자(父子)까지도 서로 적대시하여 싸우는 형편이었다. 때문에 대궁자기(大宮子期)의 진언에 따라 자산이 재상이 되었다.

자산이 재상이 된 지 1년. 정나라에서는 애들이 장난을 하지 않게 되었다. 백발의 노인이 무거운 짐을 드는 일도 없고 미성년자가 밭에 나가는 일까지 없어졌다.

2년 뒤, 시장에서는 에누리라는 것이 없어졌다.

3년 뒤엔 밤이 되어도 문을 잠그지 않게 되었다. 길에 떨어진 물건을 함부로 줍는 이도 없었다.

4년 뒤엔 농민이 쟁기를 밭에 놔둔 채 집으로 돌아오게 되었다.

5년 뒤에는 전쟁도 없어졌고, 척적(尺籍 : 군령(軍令) 기록판)도 쓸모 없게 되었다. 복상(服喪)의 기간은 명령을 내리지 않아도 지키게 되었다.

자상은 정나라 재상이 된 지 26년 만에 죽었다. 그 때 성인들은 모두 통곡하고 노인도 어린애처럼 울부짖으며 이렇게 말했다.

"자상은 우리를 남겨 놓은 뒤 세상을 떠나셨다. 이제부터 누구를 의지하면 좋단 말인가."

▷ 법령(法令)의 한계(限界)

공자(孔子)는 이처럼 말하고 있다.
"위정자(爲政者)가 권력의 갓을 쓰고 법률 만능(法律萬能)의 정치를 행하면 백성은 법률의 허점만을 이용하려는, 말하자면 수치를 모르는 백성으로 될 것이다. 덕치주의에 철저하고 예(禮)를 기초로 하여 질서 유지를 꾀한다면 백성은 수치를 알게 되며 부정을 하지 않게 될 것이다."

또 노자(老子)는 이렇게 말한다.
"덕 위의 것은 덕이 되려고 노력하지 않는다. 때문에 참된 덕이 된다. 덕 아래 것은 덕이 되려고 노력한다. 때문에 덕이 되지 않는다. 또한 법령이 마련되면 마련될수록 범죄자는 증가하는 것이다."

여기서 나(司馬遷)의 의견을 말하겠다.

정말 공자·노자의 말 그대로다. 법령은 어디까지나 정치의 하나의 수단이고, 선악을 제어하는 근본이 되는 것은 아니다.

옛날 진의 시대에도 법망이 미치지 않는 곳이 없었다. 그런데도 꼬리를 물고 일어나는 범죄는 막지 못했다. 마침내 관리는 책임 회피에 바빠졌고 백성은 빠져나갈 길을 찾기에 급급해져, 망국(亡國)의 길을 걷게 된 것이다. 당국이 취한 대책이라고 하면 사태가 긴박하게 되었을 적에 강압적인 수단뿐이었고, 이것을 태연히 실행할 수 있는 자는 신경이 무딘 자뿐이었다. 도덕을 느끼는 자라면 그 자리에 앉아 머리를 싸매었을 것이다.

그러므로 공자는 '나라도 재판을 담당하게 된다면 보통 사람처럼은 할 수 있다. 다만 나는 재판 그 자체를 불필요하게 하고 싶다'고 말했고, 노자는 '선비라는 말뿐인 무리들은 도(道)를 들으면 배를 움켜쥐고 웃어 버린다'고 말한 것이다.

▷ 요(堯)에서 순(舜)으로

제요(帝堯)는 중신을 모아놓고 이렇게 의논을 했다.
"뒤를 누가 이어받도록 하면 좋겠는가."
방제(放齊)가 먼저 발언했다.
"큰아드님 단주(丹朱)는 뛰어난 분입니다. 적임이라고 생각합니다."
"아니다. 단주는 덕(德)이 모자랄 뿐 아니라 싸움까지 좋아한다. 그로서는 도저히 감당할 길이 없다. 누군가 다른 사람이 없을까."
이번에는 환두가 나섰다.
"공공(共工)은 어떻습니까. 이미 충분한 공적을 쌓은 것으로 알고 있습니다만……."
"아니다. 공공은 말은 잘하지만 속엔 불순한 생각을 품고 있다. 경건한 것 같지만 실은 하늘을 무시하고 있는 것이다. 도저히 일을 맡을 그릇이 못된다."
요는 덧붙여 이렇게 물었다.
"아아, 4악(四嶽)이여. 지금은 홍수(洪水)가 대지(大地)를 쓸어버리고 산을 삼킬 듯한 기세에 있으며, 백성들의 고통은 말이 아니다. 이 홍수를 막고 다스릴 자가 없단 말인가."

모두 이구동성으로 대답했다.

"그렇다면 역시 곤(鯀)이 좋을 것 같습니다."

"아니다, 곤은 자기 마음대로 하려는 기질이 있다. 명령에 충실치 않고 얼마 안가 일족(一族)에게 손해를 줄지 모른다. 그로서도 안 된다."

"달리 사람이 없습니다. 어쨌든 등용하신 뒤에 그 임무에 부족하면 경질하시도록 하는 것은 어떻겠습니까."

중신 가운데 한 사람이 이렇게 건의했다. 결국 요는 이 의견에 따라 곤을 등용했다.

곤이 요의 뒤를 이은 지 9년이 되었으나 전연 성과가 오르지 않았다.

마침내 요는 곤을 단념한 뒤 다시 중신들에게 물었다.

"아아, 4악(嶽)이여, 내가 제위(帝位)에 오른 지 이미 70년이 된다. 경들 가운데 천명(天命)에 순종하여 내 뒤를 이을 자가 없는가."

"저희들은 모두 덕이 부족한 몸입니다. 어찌 제위를 더럽힐 수가 있겠습니까."

"그렇다면 내 친족이 되는 자만이 아니라 세상에 숨어사는 자도 포함하여 누구든 적합한 인물을 천거하기 바란다."

그러자 다같이 이렇게 진언했다.

"우순이라는 인물이 있습니다. 민간으로서 아직 독신자입니다."

"우순이라면 나도 이름은 듣고 있지만 어떤 인물인가."

"맹인의 자식으로 아버지는 완고하고 어머니는 엄격하고, 동생은 오만한 그런 집에 있으면서 효도를 잘 하고 일가들의 화목을 도모해서 잘못된 일은 하지 않도록 힘쓰고 있습니다."

"그 정도의 사람이라면 한 번 등용해 보자."

이렇게 해서 요는 우순을 불러들여 자신의 두 딸과 결혼시켰다. 우순이 두 여인을 어떻게 교화(敎化)하느냐에 따라서 그의 덕을 측정하려는 것이다. 우순은 두 여인을 궁정에서 자신이 사는 규수 부근으로 맞아들여 여자로서의 길을 걷도록 가르쳤다. 요는 감탄하여 바로 우순을 사도(司徒 : 민중 교화를 위한 관리)에 임명하고 오상(五常)의 가르침을 담당케 했다. 가르침은 순식간에 퍼져 갔고 그래서 백관(百官)을 관할케 했다. 그러자 백관 모두가 솜씨 있게 일을 처리해 나갔다.

'우순은 성인이다'라고 느낀 요는 마침내 후계자를 발견했다고 생각했다. 바로 우순을 불러,

"지난 3년 동안 그대가 일하는 것을 보아왔는데, 계획이 치밀한 데다가 입 밖에 낸 것은 반드시 이루고 있다. 그대라면 안심이다. 내 대신 제위에 오르도록 하라."

우순은 자신의 덕이 부족하다는 이유로 사양했지만 다음해 정월(正月) 1일 마침내 문조(文祖)의 묘 앞에서 요의 제업을 이어받았다. 문조라고 하는 것은 요의 시조(始祖)를 말한다.

정치의 원점 393

2. 변혁의 논리(論理)
— 탕세 —

 옛날부터 선전포고를 한다든가 또는 지배자에게 반기를 들 때 궐기를 위한 결의서의 전용문처럼 쓰이는 문장이 있다. '탕세(湯誓)'라는 것이 그것이다. 이것은 포악한 하왕조(夏王朝)의 걸왕(桀王)에 대하여 참고 참아오던 은의 탕왕이 마침내 일어나 전지역에 격문(檄文)을 띄운 문장으로, 다시 이야기해서 '탕왕의 호소'인 것이다.
 주군(主君)을 치는 것은 인륜(人倫)에 벗어난다. 하지만 도리를 벗어난 주군은 이미 주군으로서의 자격을 잃은 것이다. 주군이 아닌 자를 치는 것이므로 결코 인륜에 벗어나는 일은 아니다. 이것이 당시에 하나의 변혁의 논리였다.

 탕왕은 다음과 같은 선언을 했다.
 "오라, 모든 사람들아. 와서 내 말을 들어라. 내가 지금 걸왕을 치는 것은 반란을 일으키려고 하는 것은 아니다. 걸왕의 죄가 너무도 심하기에 나는 그대들의 소리에 따라 일어나는 것이다. 하씨(夏氏)에게 죄가 있기에 나는 상제의 뜻을 좇아 그 죄를 바로잡지 않을 수 없다. 걸왕의 죄상은 너무도 많다. 하늘은 이제 그를 주살하도록 명하셨다.

　백성들은 이렇게 말하고 있다. 걸왕은 우리 백성들의 생활을 하지 않고 우리의 수확을 모두 빼앗고 가혹한 정치를 하고 있다고. 또 이렇게 말하고 있다. 걸왕에게 죄가 있어도 우리는 어떻게 할 수가 없다고. 걸왕은 군신(君臣)과 같이 그대들의 업을 방해하고 하(夏)나라 전부를 황폐케 했다. 그로부터 그대들은 일에 대하여 태만하게 되었으며 단란한 생활도 잃게 되었다.

　하지만 그대들은 다만 그저 이런 날이 언제까지나 계속될 것인가, 우리가 망할 때는 그대도 같이 망하리라. 라고 원망의 소리만을 중얼댈 뿐이다.

　하나라의 덕이 이처럼 쇠퇴해진 지금 나는 기필코 일어나서 걸왕을 쳐야 한다. 그대들에게 바라는 것은 그대들이 나와 같이 걸왕에 대하여 하늘의 벌을 내리도록 하라는 것이다. 그리고 나는 그대들에게 응분의 보상을 하리라. 그대들은 내 말을 믿어 주기 바란다. 난 결코 식언(食言)을 하지 않으리라.

　그대들이 만일 내 말대로 따르지 않는다면 그대들은 말할 것도 없고 처자(妻子)에 이르기까지 형륙(刑戮)을 면하지 못하리라는 것도 명심해 주기 바란다.

VII

경제의 역할

「사기(史記)」의 권말은 편집 후기라고 할 수 있는 「태사공 자서(太史公自序)」였지만 그 바로 앞, 즉 실질적인 최종권은 「화식 열전(貨殖列傳)」이라고 한다.

귀에 익지 않은 이 말은 '재화를 모은 사람들'이라고 해석하는 편이 좋을지도 모른다. 이 「화식 열전」을 쓰게 된 취지에 대하여 사마천은 '아무 계급 관직도 없으면서 정치를 문란케 한다든가 백성을 괴롭히는 일 없이 정당한 거래를 해서 재산을 모은 자가 있다. 그래서 이 「화식 열전」을 썼다'라고 기록하고 있다.

「사기(史記)」는 여러 곳에서 마음의 존엄을 강조하고 있다. 하지만 이 「화식 열전」에서는 경제의 큰 역할을 논하여 일종의 유물론을 전개하고 있다. 또한 '공자(孔子)가 덕(德)을 설파할 수 있었던 것도 돈 많은 제자가 뒤를 돌보아 주었기 때문이다'라고까지 이야기하고 있다.

고전적인 역사책이면서 이만큼 경제에 대해서 논한 것도 없다. 시대 고증적인 고찰은 차지하고라도 '생산과 부의 원점' '물질과 마음' 등을 생각하는 실마리가 될 것이다.

1. 의식이 만족해야

물론 사마천의 시대와 오늘의 경제 체제는 전혀 다르다. 하지만 사마천은 그 무렵에 이미 인간의 모든 활동의 기본이 되는 것은 경제 활동에 있다고 본 것이다. 그러면 그는 인간의 경제 활동을 어떻게 보았을까.

▷ 경제 활동은 인간의 본능

농민은 식량을 만들고, 산을 가진 자는 목재나 광물을 내고, 공장의 직공은 기구를 제조하고, 상인은 물자를 유통시킨다.
이런 직업들은 위로부터의 지도나 강제에 의해서 형성된 것은 아니다. 인간은 누구나 자신의 재능에 따라 힘을 다해서 욕망을 채우려고 한다. 이 인간의 본능적인 행위가 꼭 경제 활동인 것이다.
때문에 물건의 값이 싸면 비싼 곳으로 가져가며 비싸면 싼 곳에서 사들이는 이런 안배(按配)에 따라 인간의 경제 활동은 마치 물이 높은 곳에서 낮은 곳으로 흐르는 것처럼 쉬지 않고 확대되어 가는 것이다. 그래서 재화는 누가 명령하는 것도 아닌데 저절로 생기고, 자연적으로 유통되는 것이다. 실로 경제 활동이야말로 자연 법칙의 인간 세계에 있어서 볼 만한 모습이라고 해도 무방할 것이다.

「주서(周書)」에 이런 이야기가 있다. 농업이 잘 안되면 식량이 부족하고, 공업이 번창하지 않으면 기구가 결핍되며, 상업이 정체되면 물자의 유통이 원활치 못하다. 또 산림·광산업의 활동이 멎으면 원재료(原材料)가 감소된다.

원재료가 부족하면 개발은 침체될 수밖에 없다. 그 이유로 산림 광산업을 포함한 4개의 산업은 인간의 토대인 것이다.

이 토대의 크고 작음이 사회의 번영과 쇠미(衰微)를 결정하는 것이므로 앞에서 말한 4개의 산업은 국가를 부강하게 하고 개인을 부유하게 하는 열쇠라고 할 수 있다.

빈부의 차가 생기는 것은 결국 경제 운용(運用)의 여하에 달린 것이기에 외부로부터 주어져서 부자가 된다든가 빼앗겨서 가난해진다고 할 수가 없는 것이다.

▷ 경제는 정치 도덕의 기초

예를 든다면 태공망(太公望)이 영구(營丘)에 봉해져서 제(齊)나라를 건국했을 때 영내(領內)의 토질은 알칼리성이 강해서 농업에는 적합하지 않았고 인구도 적었다.

그래서 태공망은 베 짜는 일을 권장하여 기술을 높이고 또 생선과 소금을 수출하여 교역의 진흥을 꾀했다. 그 결과 여러 곳에서 사람과 물자가 잇달아 제나라로 집중하기 시작했다.

그래서 제나라는 많은 물자의 집산지가 되고 주변의 제후도 그 부강에 경의를 표하고 내조하게 되었다.

 그 뒤 제나라의 국력은 한때 쇠퇴해진 일도 있었지만 관중(管仲)이 재상이 되자 경제 관청을 설치하고 물가 조정법을 세워 완벽하게 재건하는데 성공했다. 그 결과 제나라의 환공(桓公)은 패자(覇者)로서 제후를 통솔하고 천하를 하나로 통합할 수가 있었다. 관중 자신도 저택을 세 곳에다 두고 배신이면서도 열국의 군주보다도 더 부유했다. 그래서 제나라는 위왕(威王)과 선왕(宣王)에 이르기까지 그 부를 자랑하였다.

 '그날그날을 살아가기에도 부족한 사람에게 예의를 말한들 그것이 무슨 소용이 있겠는가. 생활의 여유가 생기게 되면 도덕 의식은 저절로 높아진다'라고 이야기한 관중의 명언은 사실 그 자신의 실천에서 얻어진 결론이었다.

 도덕이란 생활의 여유가 있는 데서 생기는 것이다. 군자가 부(富)하게 되면 덕을 행하려 하고, 소인도 부하게 되면 소인대로 자기의 생활 방법을 돌이켜 보게 되는 것이다. 고기는 깊은 물에 살며 짐승은 깊은 산 속에 사는 것처럼, 사람은 부유해야만 인의(仁義)의 마음을 품게 되는 것이다.

 따라서 인간은 풍족하면 풍족할수록 덕망도 높아지지만 일단 부를 잃게 되면 찾아오는 사람도 없고 실의(失意)의 경지에 빠지고 만다는 것이다. 중국에 있어서는 물론 이적(夷狄)에 있어서도 한층 더할 것이다.

 '부호의 자식은 거리에서 처형되는 일이 없다'고 하는 속담은 참으로 옳은 말이다. '이(利)를 위해 모일 때는 모두 웃으며 모이지만 이가 사라지면 제각기 흩어지고 만다'고 하는 노래도 있지 않은가. 왕후(王侯)·대부(大夫)까지도 가난을 두려워하는 것이다. 하물며 서민이야 태평하게 있을 수가 있겠는가.

▷ 공자를 뒷받침한 재력

자공(子貢)은 공자에게서 배운 뒤 위(衛)나라를 섬겼고, 조(曹)나라와 노(魯)나라의 지방에서 물건을 사고 팔아 재산을 모았다.

공자의 문하에서는 자공이 월등히 부유했다. 같은 문하생인 원헌이 식사도 못하고 뒷거리에서 묻혀 살 때 자공은 사두마차(四頭馬車)를 탔으며 마부를 거느리고 비단으로 제후와 교제했다.

공자의 이름이 많이 세상에 알려진 것도 자공이 음으로 양으로 공자를 도왔기 때문이다. '부자가 되면 될수록 덕망도 높아진다'고 하는 말도 바로 이것을 두고 한 말이다.

▷ 마지막 목표는 부

현명한 사람들이 묘당에서 계략을 짜고 조정에서 논의를 거듭하며 목숨을 걸고 절의를 지키는 것이나 또 산의 동굴에 사는 은둔자(隱遁者)가 순결함을 가지고 유명해지려는 것도 모두 최종의 목표는 부를 위한 것이 아니겠느냐. 그러므로 청렴한 관리도 오랜 세월을 지내면 재산을 모으게 되고, 욕심 없는 상인도 뒤엔 부자가 되는 것이다.

재산을 모으는 것은 인간의 본능으로, 누가 가르쳐 주지 않아도 모두 이 욕망에 따라 행동한다. 그리고 용감한 병사들이 전장에서 앞장서 성(城)을 공격하고 적진을 함락하여 격퇴시킨다든가 또는 적장(敵將)을 무찌르고 적기를 빼앗으며 날아오는 화살을 꺼리지 않고 돌격하며 불과 물을 두려워하지 않고 전진하는 것은 후한 상을 받기 위한 것이다.

거리의 무뢰한들이 강도·살인·유괴를 행하고 묘지를 파헤치고 화폐를 위조하고 작당을 하여 세력권을 확장한다든가 또는 의리를 위해서는 목숨을 버리는가 하면 뒷거리에서 나쁜 짓을 저지르며 법을 두려워하지 않으며 위험 속으로 뛰어드는 것도 사실 두고 보면 모두 재물을 그 목적으로 하는 것 외엔 아무 것도 아니다.

그리고 조(趙)와 정(鄭)의 미녀들이 화장을 짙게 하고 거문고를 타며 긴 옷소매를 날리면서 멋있는 신발로 춤을 추고 눈짓을 하거나 천리를 멀다 않고 두루 돌아다니며 노소를 가리지 않고 아양을 떠는 것도 모두 부귀를 위한 마음에서다.

또 상류 계급의 귀공자들이 멋쟁이 모자를 쓰고 칼을 허리에 차고 마차를 거느리는 것도 부귀의 귀공자다운 몸차림을 위한 것이다. 수렵이나 낚시질을 위하여 새벽에 나선다든지 밤이 깊어서야 돌아온다든가 빙설(氷雪)이나 맹수 같은 것도 문제시하지 않고 산이나 계곡을 뛰어다니는 것도 미각을 만족시키는 위한 것이다.

도박이나 경마, 닭싸움이나 개싸움에 혈압을 올리며 열중하는 것은 언뜻 보기엔 시간의 낭비 같고 장난에 지나지 않는 일

같지만 실상은 그것도 역시 부귀를 자랑하고 위세를 부리며 손해를 싫어하는 생각의 표현인 것이다.

의술이나 마술, 그밖의 모든 여러 기능으로 입신출세하고 있는 사람들이 고심참담하여 전력을 다하는 것도 크나큰 보수를 바라기 때문이다. 관리가 극형에 처해질 것을 알면서도 법률을 어기고 문서나 공인을 위조하는 행위도 뇌물의 유혹에 빠지기 때문이다. 농민·공인·상인이 저축과 이윤의 증가에 힘을 쓰는 것도 좀더 많은 부를 구하고 재산을 늘리려는 것밖에 아무 것도 아니다.

부를 위해서는, 인간은 지혜와 기능만이 아니고 있는 힘을 다하는 것이 상식이며 여력을 가지고 남을 돕는다는 그런 일은 있을 수 없는 일로 생각된다.

하지만 '백 리나 먼 곳에서 나무를 팔지 말며, 천리나 되는 먼 곳에 쌀을 팔지 말라'는 속담도 있듯이, 곡물이나 재물은 1년이건 10년이건 그때그때의 생활을 유지시켜 주는 방편에 지나지 않는다. 때문에 백년대계를 세우려면 남에게 은혜를 베풀어야 한다.

▷ 습속(習俗)도 경제에 영향을 미친다

세상에는 물자가 풍부한 지방이 있는가 하면 부족한 지방도 있으며, 백성들의 습속도 여기에 따라 변한다. 가령 소금에 대하여 이야기한다면, 산동(山東)에서는 해염을 사용하지만 산서에서는 암염을 사용하며, 화남(華南)이나 한북(漢北) 지방에서도 곳에 따라 자신의 고장에서 나는 소금이 사용되고 있다.

　이와 같은 경제 조건의 차이에 따라 각 지방의 특색을 대강 살펴본다면 먼저 초(楚)·월(越)의 지방에서는 땅이 넓은 데 비해 인구가 적어서 쌀을 주식으로 하거나 생선을 부식으로 하고 있다. 쌀을 만드는 데에는 논의 마른 풀을 태워서 그것을 그대로 사용해서 모를 기른다. 잡초가 싹트기 시작할 적에는 논에 물을 대기에 잡초를 베는 수고를 하지 않아도 좋다. 초목의 열매나 생선이나 조개 같은 것도 풍부하기에 상인으로부터 살 필요는 없다.

　이처럼 식량이 풍부하며 굶을 염려가 없는 그 지방의 자연적 혜택 때문에 주민은 대개 태만하거나 계획성이 없으며 저축은 거의 모른다. 때문에 양자강이나 회하 이남 지방엔 굶어 죽는 자가 없는 대신에 백만장자도 나오지 않는다.

2. 계연(計然)의 경제이론

 기원전 6~5세기경 월왕 구천을 섬긴 범여는 충신으로 알려져 있지만 본래는 '경제인'이었다. 조왕이 패업을 달성한 뒤 그는 은퇴하여 상인으로 성공하였다.
 그와 같이 조왕에게 등용된 계연은 범여의 스승이라고 한다. 계인의 꾀는 오늘날 보면 별것이 아니지만 2천여 년 전의 이론이란 것을 생각하면 놀랄 만한 것이다.

▷ 경제의 전망

 옛날 월왕 구천은 회계산에서 곤경에 처해 있을 때 범여와 계연을 등용했다. 계연의 이론은 이런 것이다.
 '전쟁이 가까워졌다는 것을 알면 누구나 그 준비를 갖추는 것이다. 마찬가지로 그때그때 무엇이 필요하게 되는가는 사전에 알 수 있을 것이다. 이 도리를 완전히 파악하고 있으면 수급의 움직임을 훤히 알 수 있다.
 오행설(五行說)에 의하면 목성(木星)이 금(金~西)에 가 있는 해는 풍년이고, 수(水~北)에 있는 해는 수해(水害)가 있고, 목(木~東)에 있는 해는 흉년이 들고, 화(火~南)에 있는 해는 가뭄이 든다고 하는데 가뭄이 들 때는 앞으로 닥쳐올 수해를 대비해서 배(舟)를 사들이고, 수해 때는 반대로 수레를 사들이는 안배를 미리미리 앞일에 대해 준비를 하는 것이 경제의 원리라고 하겠다.

풍년과 가뭄은 6년에 한 번 정도 일어나고, 12년에 한 번은 대흉년(大凶年)이 찾아오는 것인데, 쌀값이 한 말에 20전이라는 싼 값이 되면 농민이 피폐해지고 90전이라는 비싼 값이 되면 상업이 잘되지 않는다. 상업이 잘 안되면 물자의 유통이 막히게 되고, 농민이 피폐하게 되면 식량의 생산이 되지 않는다. 농업과 상업 다같이 잘되기 위해서는 비싸서 80전을 넘지 않아야 하며 싸다고 해도 30전 이하로 내려가지 않도록 해야 한다. 쌀값을 안정시키고 물자의 유통을 원활하게 해서 관세나 시장세의 수입을 높이는 것이 내정의 근본인 것이다.

물자 저장의 원칙은 품질의 유지를 그 첫째 요건으로 한다. 교역을 할 때는 변질되기 쉬운 물자는 오래 두지 말아야 하며, 한편 비싼 물자를 언제까지나 가지고 있는 것도 피해야 한다. 수요와 공급의 비율에 착안하고 있다면 가격 변동의 추세는 일목요연한 것이다.

물가가 최고에 달하면 또 떨어지는 것이고, 물가가 최하로 떨어지게 되면 또한 상승하게 된다. 물가가 오르면 아끼지 말고 팔아버리고 물가가 떨어졌을 적에는 즐거이 사들여야 할 것이다. 화폐와 물자는 흐르는 물과 같이 끊임없이 순환시키는 것도 긴요한 것이다.

구천은 계연의 경제 이론을 10년 간을 실천했다. 그 결과 국가 재정은 풍부해지고 병사들에게는 후한 상을 줄 수가 있게 되었다. 때문에 병사들을 서로 다투어 공을 세우려 감전 분투 했으며, 마침내 강국인 오나라에 보복할 수 있었고 중원에까지 군사를 진격시켜 5패의 하나로 손꼽히게 되었다.

3. 소봉가(素封家)들
— 백규(白圭) · 나씨(倮氏) · 청녀(淸女) · 탁씨(卓氏) ·
편씨(郵氏) · 조간(刁間) · 임씨(任氏) · 무염씨(無鹽氏) —

▷ 황제도 머리 숙인다

오씨현(烏氏縣)의 나씨는 목축업을 하고 있었다. 가축의 수가 늘자 그것을 모두 팔아 그 돈으로 제일 좋은 비단 짜는 기계를 사서 만족의 왕에게 바쳤다. 왕은 아주 기뻐하며 그 대상으로 나씨가 팔아 없앤 가축의 10배를 주었다. 그의 가축은 증가에 증가를 거듭하여 한 마리 한 마리 세어서는 끝이 나지 않으므로 가축을 놓아 기르는 계곡의 수에 의해 말이나 소의 수를 헤아리는 정도였다. 진나라의 시황제는 그에게 제후에 해당하는 대접을 했고, 대신들과 같이 참조하도록 했다.

또 파(巴)의 청(淸)이라고 하는 과부의 집은 선조가 수은광을 발견한 이래 몇 대를 거처 그 이익을 독점했기에 이루 측정할 수 없을 만큼 많은 부를 쌓았다. 그 여인은 과부이면서 사업을 잘 지켰으며, 그 재산 때문에 도둑을 맞는 일이나 그 밖의 외적(外敵)으로부터 침범을 당하는 일도 없었다.

시황제는 그 여인이 정부임을 인정하고 서울에 초대하여 여

회청대라고 부르는 저택을 세워 주었다.

　나씨는 시골의 문장주에 지나지 않았고, 청은 변방의 과부에 지나지 않는데도 제후에 해당하는 대접을 받았으며 널리 이름을 떨치게 된 것은 오로지 부의 힘 때문이다.

▷ 착안점

　촉(蜀)땅 탁씨(卓氏)의 조상은 조(趙)나라 사람으로 제철업에 종사해서 부유하게 되었다.

　처음 그 발단은 진나라가 조나라를 멸망시킨 뒤 주민들을 변방으로 이주시킨 때로 거슬러 올라간다. 탁씨는 고용인들을 모두 잃고 가산도 빼앗겼기에 부부가 손수레를 끌고 이주자의 무리 속에 끼게 되었다. 이주를 당한 자들 가운데 여유가 있는 사람은 관리에게 뇌물을 써서 가까운 곳을 골라 가맹에 자리를 잡았다. 하지만 탁씨만은 다른 데 착안을 했다.

　'가맹은 땅이 좁을 뿐 아니라 토질도 좋지 않다. 듣자니 문산의 산기슭엔 비옥한 들이 있고 큰 토란들이 많아 굶는 일이 없는 곳이라했고 또한 상업이 발달하여 교역도 활발하다고 한다.'

　그는 자진하여 먼 곳으로 이주하겠다고 신청하고 먼 임공으로 이주했다. 임공에 자리를 잡은 탁씨는 바로 기분을 새롭게 가다듬어 새 출발을 했다. 그는 철산으로 들어가서 철기 만드는 일에 힘을 쓰고 지혜를 짜내어 교역을 시작했다. 이렇게 해서 그의 재산은 전·촉의 주민을 압도하게 되었다. 노비의 수는 천 명에 달했으며, 마치 왕자를 연상케 할 정도였다.

▷ 인색한 것도 철저하면

노나라 사람들은 일반적으로 검소하지만 그 가운데에서도 조의 병씨는 아주 극단적이었다. 대장간에서 시작하여 거부가 되었지만 아들로부터 손자에 이르기까지 '허리를 굽혔으면 무엇이든 주워라. 또 위를 쳐다보았으면 무엇이건 받아라'를 가훈으로 삼았다.

제나라의 습관으로는 노복을 경멸했지만 조간만은 이것을 존중했다. 교활한 노예는 사람들로부터 미움을 사고 있지만 조간은 그런 노예들을 채용하여 생선이나 소금 장사에 종사시켰다. 그는 거마를 거느리고 태수·대신(大臣)들과 교제하는 신분이었는데도 점점 노예들을 신임하고 그들의 힘을 이용하여 마침내 수천만의 부를 쌓아올렸다. 이 무렵에 '작위를 받겠는가, 아니면 조간의 노예가 되겠는가'라는 이야기가 나돈 것은 조간이 유능한 노예에게 풍족한 생활을 시키면서 그들의 힘을 충분히 발휘하도록 해 주었다는 것을 나타내고 있다.

▷ 물건을 훔쳐도 요령이 있어야

선곡에 임(任)씨 조상은 독도의 창고 관리였다. 진 제국이 붕괴됐을 적에 유력한 사람들은 모두 앞을 다투어 황금이나 보석을 약탈했다.

하지만 임씨만은 창고의 곡물을 감추어 두었다. 그 뒤 초(楚)와 한(漢)이 형양에서 오랫동안 공방전을 전개했기 때문에 백성들은 농사를 지을 수가 없었다. 그래서 쌀값은 한 섬에 1만 전까지 뛰어올랐다. 그 결과 다른 사람들이 약탈하였던 금·은 보석은 모두 임씨의 손에 들어왔다. 임씨는 거부가 되었다.

인간은 부호가 되면 사치한 생활을 하게 된다. 하지만 임씨는 검소한 생활을 하며 농경과 목축업에 힘을 썼다. 그리고 일반 농민이나 목축업자와는 달이 농업이나 목축에 필요한 것은 싼 것을 사지 않고 값은 비싸더라도 품질이 좋은 것을 사들였다. 이렇게 하여 여러 대에 걸쳐 그 부귀가 계속되었는데 임씨의 선대는 '우리 집에서 경작하고 우리 목장에서 생산된 것이 아니면 의식에 사용하지 말라. 그리고 수확이 끝날 때까지는 술이나 고기를 입에 대지 말라'고 하는 가훈을 엄수했다.

이 규칙에 의해 임씨는 그 고을의 모범자로 존경을 받았으며 재산을 모으는 한편 폐하의 존경을 받게 된 것이다.

| 역자 주요 약력 |

■ 이주훈(李柱訓)
1919년 황해도 배천 출생. 중고교 교사 역임. 신문기자·일요신문 스포츠·편집국장 대행·조선일보·소년조선일보 편집위원. 대한 성공회 성미가엘 신학원수료 신부 서품. 현재 한국문인협회원·한국아동문학가협회·성공회 대전 교구 신부로 있으며 81년 대한민국 문학상을 수상했음. 장단편 창작동화집 수십권을 냈으며 역서다수.

■ 유소림(兪小林)
호는 금당(金堂)·현덕(玄德)·시인·소설가·아동문학가. 1966년〈소설계〉현상모집과 월간〈문학〉지에 신인상 당선. 중앙일보 신춘문예(1975년) 등으로 문단 데뷔함. 그동안 소설3권, 수필1권, 시집1권 등을 냈으며 번역서는다수가 있으며 본 사마천 사기는 역자가 2년여간 애써 내놓은것이다.

사마천의 사기 (3권)

2016년 7월10일 7판인쇄
2016년 7월15일 7판발행

저　자　|　사마천
역　자　|　사상사회연구소
대　표　|　장삼기
펴낸이　|　신지현
펴낸곳　|　도서출판 사사연

등　록　|　2006. 2.8 제10-1912호
주　소　|　서울 강서구 강서로29 55 301
전　화　|　02-393-2510
팩　스　|　02-393-2511

인　쇄　|　성실인쇄
제　본　|　동신제책사
홈페이지　|　www.ssyeun.co.kr
이메일　|　sasayon@naver.com

값 11,000원

ISBN 978-89-85153-77-5 (세트)
　　　978-89-85153-80-5

잘못 만들어진 책은 바꿔드립니다.

|春秋戰國時代|